CÓMO TRANSFORMAR EL HOMBRE INTERIOR

JOHN LOREN Y PAULA
SANDFORD

CASA
CREACIÓN
A STRANG COMPANY

La mayoría de los productos de Casa Creación están disponibles a un precio con descuento en cantidades de mayorco para promociones de ventas, ofertas especiales, levantar fondos y atender necesidades educativas. Para más información, escriba a Casa Creación, 600 Rinehart Road, Lake Mary, Florida, 32746; o llame al teléfono (407) 333-7117 en Estados Unidos.

Cómo transformar el hombre interior por John Loren y Paula Sandford
Publicado por Casa Creación
Una compañía de Strang Communications
600 Rinehart Road
Lake Mary, Florida 32746
www.casacreacion.com

Copyright © 2008 por Casa Creación
Todos los derechos reservados

Originally published in English under the title:
Transforming the Inner Man
Copyright © 2007 by John Loren and Paula Sandford
All rights reserved.
Published by Charisma House, A Strang Company,
Lake Mary, Florida 32746

Traducido por María Mercedes Pérez, Carolina Laura Graciosi, María Bettina López, María del C. Fabbri Rojas y Jésica Dalto. Revisión y edición: María del C. Fabbri Rojas

Diseño interior por: Hilda M. Robles
Diseño portada por: Rafael Sabino

Library of Congress Control Number: 2008921138
ISBN: 978-1-59979-128-9

Impreso en los Estados Unidos
08 09 10 11 12 * 6 5 4 3 2 1

CONTENIDO

INTRODUCCIÓN

En 1906, en la calle Azusa, comenzó la caída del Espíritu Santo profetizada desde hacía tiempo para los últimos días. (Vea Joel 2:28-29.) Desde entonces, el milagro de la presencia del Espíritu Santo se ha expandido ininterrumpidamente. El Señor está devolviendo a la Iglesia los dones de Efesios 4:11: apóstoles, profetas, evangelistas, pastores, y maestros. Hombres y mujeres están siendo levantados para servir en lugares elevados: "El don del hombre le ensancha el camino" (Proverbios 18:16, RV2000). Maravillosos dones están poniendo a muchos en eminencia. Todo eso es bueno y debe ser celebrado. Pero demasiados líderes destacados están cayendo. Algunos caen por inmoralidad, otros por presiones de sus familias y organizaciones, entre otras. Los ataques demoníacos están aumentando.

Un gran problema es que muchos líderes son como caballeros con grandes agujeros abiertos en sus armaduras, y Satanás sabe cómo atraer precisamente a las personas y circunstancias correctas (o equivocadas) para derribarlos. Muchos no han tenido sus "once años en Tarso" como tuvo Pablo. En Tarso, Dios convirtió el corazón de un fariseo en el del amoroso santo que escribió la mayoría de las epístolas del Nuevo Testamento. Lo que ha estado faltando en la iglesia durante este presente gran derramamiento del Espíritu de Dios es una teología correcta y el conocimiento de cómo son santificados los corazones de los creyentes después de haber nacido de nuevo. A través de la historia de la Iglesia, se fueron desarrollando disciplinas y prácticas para la santificación y transformación. Los creyentes sabían que su conversión no había puesto fin al proceso de cambio; lo inició. Pero esa sabiduría ha estado perdida en su mayor parte para esta generación.

Lo que ocurrió fue que en Estados Unidos, cuando comenzó el movimiento hacia el oeste, la gente empezó a salir hacia el otro lado de los montes Allegheny, buscando tierra y una vida mejor. Entonces, por primera vez en la historia moderna, la Iglesia fue confrontada con una población en movimiento. La gente había sido más bien estacionaria, vivía cerca de su lugar de nacimiento y asistía a la misma iglesia durante toda su vida. Excepto unos pocos congregacionalistas y anabaptistas, todos eran miembros de iglesias estatales, sostenidas por impuestos. En Estados Unidos, surgió el voluntarismo: iglesias que eran sostenidas por donaciones voluntarias. Había nacido el electivismo, y, por primera vez, cada uno eligió (escogió) dónde ir a la iglesia. El espacio acabó con el control eclesiástico. En la época en que la respuesta a un problema debía venir desde la madre patria, la situación se había mantenido por necesidad invariable durante mucho tiempo. Las viejas maneras de ser iglesia ya no funcionaron. Por lo tanto, los líderes tuvieron que crear maneras de atender a una población rápidamente cambiante. Una de las respuestas más convincentes fue una reducción del evangelio a su más simple mensaje: asuste a los pecadores en manos de un Dios enfadado y luego condúzcalos a los brazos de un amoroso Salvador, Jesús. En la frontera estadounidense, había nacido el avivamiento de "serrín y lágrimas"; la predicación evangelística de avivamiento no había existido antes. Dio algún buen fruto. En el primer y segundo Grandes Despertares de Estados Unidos, casi el 60 por ciento de la población fue convertida, y muchos más escucharon la proclamación del evangelio.

¡Pero ese evangelio reducido no sabía nada de santificación y transformación después de haber nacido de nuevo! Muchos que escucharon, fueron llamados a predicar y, desde luego, no sabían nada de ministrar el corazón dolorido de los ya creyentes. John y Charles Wesley lo sabían en parte, y desarrollaron un método de santificación después de la conversión, por lo que la iglesia que fundaron es llamada hasta el día de hoy la iglesia "metodista". Pero en el rápido fluir del evangelismo de la frontera, aun eso se perdió.

Con el tiempo, los predicadores comenzaron a afirmar de la experiencia del nuevo nacimiento más de lo que la Escritura podía justificar. No es excesivo hacerlo, porque nuestra experiencia de salvación logra hasta un grado: nuestra dirección es cambiada del infierno al cielo, nuestros pecados son perdonados y nuestra culpa es lavada en la sangre, nuestra carne recibe un golpe mortal, somos restaurados al compañerismo con el Padre y, con los otros, se nos da un nuevo corazón, y somos llenados con el Espíritu Santo. Pero nuestra conversión no termina el proceso de ser transformados al amoroso carácter de Jesús; lo empieza. Sin embargo, los predicadores del avivamiento, empezaron a afirmar que en el momento en que recibimos a nuestro Señor, nuestro carácter completo es cambiado, y nos hacemos totalmente nuevas criaturas. Posicionalmente, eso es verdad. Pero Pablo, quien más que todos los otros apóstoles hizo claro que somos salvos únicamente por la gracia, también estableció claramente que debíamos ocuparnos "en vuestra salvación con temor y temblor" (Filipenses 2: 12), que recibimos nuestra salvación (carácter sanado y transformado) como "el fin de vuestra fe" (1 Pedro 1:9), no el comienzo. Pero para los muchos cristianos que solamente conocían un concepto de conversión que decía que fueron cambiados, más que el hecho verdadero que todavía debía suceder, ese hecho bíblico se perdió.

El predominio de esa teología truncada ha significado que los líderes que son levantados hoy sean, en gran parte, inconscientes de la necesidad de traer sus prácticas carnales a morir en la cruz después de haber nacido de nuevo. (Vea Colosenses 3:9–10.) Una doctrina correcta y la práctica de la santificación y la transformación han estado, por lo tanto, perdidas para la iglesia moderna. Ésa es quizás la principal razón de que hoy tantos líderes estén cayendo. Este libro, el primero de una serie de cuatro, intenta llenar esa brecha. Revelaremos cuáles son muchas de las prácticas carnales que deben ser colocadas bajo los efectos saludables de la confesión, el arrepentimiento, la muerte en la cruz y el renacimiento a lo nuevo después de la conversión. Enseñaremos cómo reconocer hábitos que murieron posicionalmente cuando recibimos a Jesús, pero que han vuelto a cobrar vida para corromper a muchos. (Vea Hebreos 12:15.) Nos proponemos preparar al Cuerpo de Cristo (como en Efesios 4:11-12) para ministrarnos a las profundas heridas y hábitos los unos a los otros con la verdadera gracia salvadora. Deseamos fervientemente revelar cómo los horribles eventos de nuestra vida no son totalmente derroches y pérdidas, sino el verdadero suelo del que saldremos capacitados para ministrar a otros. Porque nuestro Señor sufrió y fue tentado, Él puede socorrer a quienes sufren y son tentados (Hebreos 2:18), ¡y lo mismo es válido para nosotros! ¡La transformación significa que Satanás no ha ganado ninguna victoria en nuestra vida! Este libro y lo tres siguientes están diseñados para hacer de Romanos 8:28 una realidad en nuestra vida: que todas las cosas operan en conjunto para bien de quienes son llamados de acuerdo con el propósito divino.

Realmente, "mi pueblo fue destruido, porque le faltó conocimiento" (Oseas 4:6). He aquí las claves de conocimiento para la santificación y transformación de cada cristiano. Queda en nosotros asirlas y poner por obra sus revelaciones para hacer libre a su pueblo. Después de todo, es lo que Él dijo que vino a hacer: "A pregonar libertad a los cautivos, y vista a los ciegos; a poner en libertad a los oprimidos" (Lucas 4:18). Siga leyendo, y conviértase en alguien que ministre al herido y deforme corazón de la gente de su pueblo.

CAPÍTULO 1

SANTIFICACIÓN Y TRANSFORMACIÓN

"Y el mismo Dios de paz os santifique por completo; y todo vuestro ser, espíritu, alma y cuerpo, sea guardado irreprensible para la venida de nuestro Señor Jesucristo."

—1 TESALONICENSES 5:23

LA TRANSFORMACIÓN —LA TRANSFORMACIÓN TOTAL— es posible para cada creyente. Pero el proceso no es fácil, y requerirá morir y renacer constantemente. Durante muchos años, Paula y yo hemos sido ministros de oración, al ser pioneros en el campo de la sanidad interior. (Preferimos el término "ministro de oración" a "consejero", porque nuestro enfoque está basado en principios bíblicos y oración, más bien que en psicología. Aunque empleamos algunos conceptos psicológicos, solamente lo hacemos cuando coinciden con los principios bíblicos.) El Señor ha abierto nuestros ojos para comprender que hay una gran diferencia entre pecados específicos y las ocultas prácticas pecaminosas de la carne que yacen en sus raíces.

Antes de empezar, tenemos que aclarar nuestro uso del término *carne*. En este contexto, lo estamos usando para describir nuestros impulsos pecaminosos. Esto no debe ser confundido con otras maneras en que lo usa la Escritura para describir la santidad del cuerpo humano, como en Génesis 2.23: "Esto es ahora hueso de mis huesos y carne de mi carne". La *carne* de este versículo fue creada a imagen de Dios (Gen 1:26), y continúa cargando su imagen a pesar de la Caída: "El hombre... pues él es imagen y gloria de Dios" (1 Corintios 11:7, NVI, énfasis añadido). En sus esfuerzos para lidiar contra el pecado, demasiados cristianos han perdido de vista ese significado de "carne", haciendo parecer que el cuerpo mismo, tanto como nuestra humanidad, es intrínsecamente malo. Pero debido a que la idea central de este libro es cómo lidiar contra el pecado, usaremos el término *carne*, a menos que se especifique lo contrario, para describir los impulsos pecaminosos que hemos heredado de Adán.

Los *pecados* necesitan el perdón. Pero nuestra *carne*, que da a luz al pecado, sólo puede ser tratada mediante nuestra propia muerte en la cruz. El perdón nos es dado exclusivamente por Jesús. La muerte sobre la cruz requiere nuestra participación. No es suficiente orar por perdón si dejamos de llamar a la carne a morir en la cruz. Ni es suficiente morir diariamente al yo en la cruz, arrepintiéndose del comportamiento pecaminoso, a menos que seamos conscientes de cómo llegar hasta el corazón para poder morir y renacer donde se formaron esas prácticas y comportamientos pecaminosos. La transformación total de nuestro corazón no puede realizarse completamente hasta que pongamos el hacha a las raíces. Las raíces yacen escondidas, bajo la superficie. Creo que la mayor falta de la iglesia es no saber cómo transformar el corazón en el nivel profundo de las *causas*, tratando con los pecados y la inclinación hacia el pecado. Sin tratar al nivel de las raíces, la verdadera santificación y transformación no puede ser completamente consumada en el Cuerpo de Cristo.

Hemos sido como niños pequeños, tanteando inconscientemente con la llave en la puerta de la santificación. "Mirad bien, no sea que alguno deje de alcanzar la gracia de Dios; que brotando alguna *raíz* de amargura, os estorbe, y por ella muchos sean contaminados" (Hebreos 12:15, énfasis añadido). Debemos comprender que la plena visión de transformación interior solamente puede ser cumplida por la muerte y el renacimiento *constantes*. Dios no solamente quiere restaurar a los hombres a la vida abundante (Juan 10:10). También quiere levantar hijos perfeccionados.

El ministerio al hombre interior no es meramente una herramienta para sanar a *algunas* personas *con problemas*; ¡es una clave vital para la transformación de *cada* corazón de *cada* cristiano *normal!* En este libro, quiero ayudarle a comprender que esa transformación requerirá más que el simple aceptar a Cristo como Señor y Salvador. Quiero ayudarlo a aprender a aplicar la cruz de Cristo, mediante la oración y el consejo, a las estructuras pecaminosas construidas en su corazón a través de su vida. Porque, aunque cada obra pecaminosa fue completamente lavada cuando usted aceptó a Jesús como su Señor, no todas las partes de su corazón fueron inmediatamente capaces de apropiarse por completo de las buenas noticias de ese hecho.

"Cuídense, hermanos, de que ninguno de ustedes tenga un *corazón pecaminoso e incrédulo* que los haga apartarse del Dios vivo."

—HEBREOS 3:12 (NVI), ÉNFASIS AÑADIDO

Echaremos una mirada de cerca a fundamentadas interpretaciones bíblicas y evangélicas de nuestra carne, así como también consideraremos enseñanzas psicológicas importantes. La psicología, en la medida en que sigue las enseñanzas de sus fundadores, propone que la vida escribe sobre nosotros quiénes somos, que estamos condicionados por lo que nos pasa *a* nosotros. Tiende a pasar por alto el pecado y a hablar de condicionamientos, minimizando, por lo tanto, la culpa. La sana teología sostiene que muchas de nuestras costumbres provienen de nuestra propia carne, muy separadas causalmente de los sucesos de nuestra vida. Como cristianos, creemos que lo que ya está en nosotros por la herencia de Adán, influye en nuestra interpretación de todo lo que nos pasa drásticamente en la elección de nuestras respuestas. Aún más, el pecado adánico suele inclinarnos a elecciones erróneas antes de que los acontecimientos empiecen a moldearnos injustamente (más sobre esto después). No se trata simplemente de que la vida nos haga cosas; primero nosotros le hacemos algunas cosas a la vida.

Los psicólogos quieren restaurar al individuo a un nivel de funcionamiento; los cristianos quieren perdonar y guiar a morir y renacer. En este libro, quiero que el creyente que quiere experimentar la transformación total comprenda cómo Dios hace madurar un alma. Tomaremos la vida entera, especialmente para la transformación de la carne. Le mostraré pasos para llegar hasta las profundidades de su corazón con el poder de la cruz y la resurrección, así usted podrá efectuar el cambio duradero por la muerte y el renacimiento constantes.

TRATAR CON EL CORAZÓN

Durante muchos años, yo había reflexionado sobre la cuestión de la continua perversidad y debilidad de la Iglesia a despecho de la presencia de la Palabra, el Espíritu Santo y los dones. Vi que un elemento de la mayor importancia que se echaba de menos en la vida y el ministerio de la Iglesia era su falta de comprensión de la necesidad y maneras de lograr la santificación y transformación interior. En pocas palabras, el corazón nunca ha sido eficazmente tratado. "Y curan la herida de mi pueblo con liviandad, diciendo: Paz, paz; y no hay paz" (Jeremías 6:14; vea también Jeremías 8:11).

Ciertos pasajes de la Escritura empezaron a levantarse de golpe ante mí:

"El Espíritu del Señor está sobre mí, porque me ha ungido para anunciar buenas nuevas a los pobres. Me ha enviado para proclamar libertad a los presos y *dar vista a los ciegos*, para *poner en libertad a los oprimidos*, para proclamar el año del favor del Señor."

—Lucas 4:18–19, NVI, ÉNFASIS AÑADIDO

"No se *amolden* al mundo actual, sino sean *transformados* mediante la renovación de su mente. Así podrán comprobar cuál es la voluntad de Dios, buena, agradable y perfecta."

—Romanos 12:2 , NVI, ÉNFASIS AÑADIDO

"*Haced morir, pues, lo terrenal en vosotros: fornicación, impureza, pasiones desordenadas, malos deseos y avaricia, que es idolatría...* No mintáis los unos a los otros, habiéndoos despojado del viejo hombre con sus hechos."

—Colosenses 3:5, 9, ÉNFASIS AÑADIDO

"*Vestíos*, pues, como escogidos de Dios, santos y amados, de entrañable misericordia, de benignidad, de humildad, de mansedumbre, de paciencia."

—Colosenses 3:12, ÉNFASIS AÑADIDO

"*Mirad bien*, no sea que alguno deje de alcanzar la gracia de Dios; que brotando alguna raíz de amargura, os estorbe, y por ella muchos sean contaminados."

—Hebreos 12:15, ÉNFASIS AÑADIDO

"¡Ay de vosotros, escribas y fariseos, hipócritas! Porque limpiáis *lo de fuera* del vaso y del plato, pero *por dentro* estáis llenos de robo y de injusticia. ¡Fariseo ciego! *Limpia* primero *lo de dentro* del vaso y del plato, para que también lo de fuera sea limpio."

—Mateo 23:25–26, énfasis añadido

"Vosotros también, como piedras vivas, *sed edificados* como casa espiritual y sacerdocio santo, para ofrecer sacrificios espirituales aceptables a Dios por medio de Jesucristo. Por lo cual también contiene la Escritura: He aquí, pongo en Sion la principal piedra del ángulo, escogida, preciosa; y el que creyere en él, no será avergonzado."

—1 Pedro 2:5–6, énfasis añadido

Comprendí entonces que el Espíritu Santo se propuso abrir una puerta al ministerio para todo el Cuerpo de Cristo. No se trataba meramente de que unas pocas superestrellas sanaran a unos pocos con problemas, sino de la santificación y la maduración de cada miembro del cuerpo, hecha por Él, *por todos, para todos.* Él no solamente quería sanar recuerdos específicos, ni quería meramente perdonar pecados particulares. Él se propuso levantar un ministerio de Juan el Bautista para colocar el hacha a cada raíz de cada árbol (Lucas 3:9). Está levantando a su "mensajero" para purificar a la Iglesia entera, y a través de ella, al mundo: "Se sentará como fundidor y purificador de plata; purificará a los levitas y los refinará como se refinan el oro y la plata. Entonces traerán al Señor ofrendas conforme a la justicia" (Malaquías 3:3, NVI).

"A mí, que soy menos que el más pequeño de todos los santos, me fue dada esta gracia de anunciar entre los gentiles el evangelio de las inescrutables riquezas de Cristo, y de aclarar a todos cuál sea la dispensación del misterio escondido desde los siglos en Dios, que creó todas las cosas; para que la multiforme *sabiduría de Dios sea ahora dada a conocer por medio de la iglesia* a los principados y potestades en los lugares celestiales."

—Efesios 3:8–10, énfasis añadido

Excesivamente entusiasta e igualmente diligente, traté de escribir esta visión para el Cuerpo de Cristo. Eso fue en el invierno de 1968-69 en Wallace, Idaho. De noviembre a marzo, ¡la nieve alcanzaba más de seis pies de profundidad! Yo escribía en hojas de papel colocadas sobre una mesa de nuestra casa rodante. Regresando de una misión de predicación, descubrí que el peso de la nieve en proceso de derretirse había empezado una filtración en el techo de la casa rodante, en un sólo lugar: ¡directamente sobre mi mesa de trabajo! Todo estaba empapado. Las líneas de escritura de cada página se borronearon, y todas las páginas se pegaron juntas. ¿De qué mejor modo el Señor podía haber declarado: "¡John, estás totalmente equivocado!ª"?

Vinieron entonces los "siete años de comer hierba", de los cuales escribimos en *La misión de Elías*, capítulo cuatro. Durante ese tiempo, fui viendo una rectificación muy importante de mi pensamiento, como ¡trastornar el mundo! (Hechos 17:6.) Mi ilustración de la transformación podía haber sido representada por el cuerpo de un hombre en el que podían superponerse cruces sobre llagas aquí y allá hasta que el hombre entero fue limpiado y se sanó. Pensaba que a medida que el Señor transformara una área problemática después de la otra, nos pondríamos cada vez mejor, cada vez más santos, hasta que por fin llegáramos al hombre perfecto, que yo pensaba había sido prometido en Efesios 4:15–16.

DAR MUERTE AL PODER DEL CONTROL

¡Fui viendo en esos siete años de sufrimiento que el Espíritu Santo *no* se propone mejorarnos o hacernos cada vez mejores! Él se propone llevarnos a morir completamente y hacernos nuevos. Aprendí también que, de este lado de la muerte física, la transformación del hombre interior no reforma nuestra carne de una vez y para siempre, *sino que más bien da muerte a su poder para controlarnos*, y nos viste con la justicia de Jesús. "Pero gracias a *él* ustedes están unidos a Cristo Jesús, a quien Dios ha hecho nuestra sabiduría, es decir, nuestra justificación, santificación y redención" (1 Corintios 1:30, NVI, énfasis añadido). Si, de este lado de la perfección final de la humanidad, el Espíritu Santo transformara cualquier área de la carne de un hombre que pueda depender de la supuesta rectitud de esa dimensión de su carácter, ese hombre inevitablemente dejaría de depender de Jesús y empezaría a confiar en su propia carne. Por lo tanto, su perfección debería ser total, o no podría escapar de la corrupción del orgullo. Perdería la gratitud a Jesús por la salvación continua. Por lo tanto, el Señor sana de modo que podamos tener confianza y reposo, pero solamente en *su capacidad* de guardarnos, no en la fuerza de *nuestro* carácter o *nuestra* voluntad para hacer lo recto. Paradójicamente, somos sanados cuando aprendemos a no confiar para nada en nuestra propia carne, sino simplemente a descansar en Él. La permanencia de nuestro cambio está en la resolución de Dios, no en nada supuestamente sólido que se pueda haber edificado o cambiado en nosotros, excepto una renovada capacidad de confiar en Él. "Porque nosotros somos la circuncisión, los que en espíritu servimos a Dios y nos gloriamos en Cristo Jesús, *no teniendo confianza en la carne*" (Filipenses 3:3, énfasis añadido).

Se hizo claro para mí que, como muchos consejeros cristianos, usando los correctos conceptos psicológicos, habían fundado erróneamente su posición en supuestos básicos de la psicología, estaba resultando mucha confusión. Los psicólogos podrían enmendar nuestra autoimagen para que pudiéramos tener confianza *en nosotros mismos*. Pero Cristo daría muerte a toda nuestra carnal confianza en nosotros mismos, para que nuestra única autoimagen llegue a ser: "Todo lo puedo *en Cristo* que me fortalece" (Filipenses 4:13, énfasis añadido). La autoimagen es algo que *nosotros* construimos, en lo que equivocadamente aprendemos a confiar.

Una autoimagen hace que necesariamente centremos nuestro esfuerzo en nosotros mismos: para vivir de acuerdo con ella y asegurarnos de que otros lo vean y recompensen. Debemos defenderla, construirla y reconstruirla, etcétera. Pero la identidad de un cristiano es un don, algo que Dios construye en nosotros, no algo que deba ser visto, recompensado o defendido.

La verdadera sanidad no viene, entonces, de hacer que una cosa descompuesta trabaje lo suficientemente bien, sino de liberarnos del poder de esa cosa descompuesta con el propósito de que ya no pueda gobernarnos, y enseñándonos a que confiemos en la justicia *de Cristo* para brillar en y a través de ella. Quienes curan restaurando la autoimagen hacen que las personas confíen en algo reparado en la carne, meramente reconfigurando sus antiguas prácticas carnales, que tarde o temprano los condenan al fracaso, mientras que el Señor sana dejando en su sitio la parte rota, y dominándola con su naturaleza. Nuestra confianza como cristianos solamente puede estar en la rectitud de Él en nosotros y por nosotros, ¡siempre!

¡Así que el mundo gira al revés! El mundo arreglaría la cosa descompuesta y reconstruiría el orgullo y la confianza personal. El Señor dice: "¡No arreglaremos nada! Usaremos eso roto para dar gloria a Dios, y desde esa conciencia de pecado, construiremos cada día una nueva confianza en el Espíritu Santo de Dios, para cantar la belleza de la naturaleza de Cristo en nosotros para que todos la vean". No deberemos decir: "Tendremos cuidado de darte toda la gloria a ti". Cuando realmente comprendemos nuestra muerte al pecado, ¡Él ya lo tiene todo! *Nosotros* no hacemos nada. *Él* lo hace todo. Por lo tanto, para el alma, en ese sentido no hay "sanidad", solamente muerte y renacimiento. El Antiguo Testamento habla de restaurar el alma (Salmos 23:3; 19:7; etc., LBLA[b]), pero los cristianos debemos traducir eso con el significado de morir y renacer continuamente a la justicia de Jesús.

> "Porque somos sepultados juntamente con él para muerte por el bautismo, a fin de que como Cristo resucitó de los muertos por la gloria del Padre, así también nosotros andemos en vida nueva. Porque si fuimos plantados juntamente con él en la semejanza de su muerte, así también lo seremos en la de su resurrección; sabiendo esto, que nuestro viejo hombre fue crucificado juntamente con él, para que el cuerpo del pecado sea destruido, a fin

de que no sirvamos más al pecado. Porque el que ha muerto, ha sido justificado del pecado. Y si morimos con Cristo, creemos que también viviremos con él."

—ROMANOS 6:4-8.

Precisamente en este crucial punto teológico, muchos consejeros profesionales han conducido las embarcaciones de la gente contra las rocas. Quienquiera que busque reconstruir otra autoimagen (aparte de Cristo en nosotros) trabaja contra la cruz.

"Todos los que quieren agradar en la carne, éstos os obligan a que os circuncidéis, solamente para no padecer persecución a causa de la cruz de Cristo. ... Pero lejos esté de mí gloriarme, sino en la cruz de nuestro Señor Jesucristo, por quien el mundo me es crucificado a mí, y yo al mundo."

—GÁLATAS 6:12–14

Sugerimos que el lector sustituya "ser circuncidados" por "buscar su autoimagen y vivir de acuerdo con ella", y vuelva a leer estos versículos bajo esa luz.

Todo esto podría sonar como si pensáramos que no debemos, en el mundo o en Cristo, tratar de construir un buen carácter. "Si de todos modos estamos condenados a fallar, ¿por qué intentarlo?" Aunque Dios puede destruir lo que hemos construido separados de Él, Él nunca desalienta nuestros intentos de edificar nuestro carácter. "La tierra da fruto por sí sola; primero el tallo, luego la espiga, y después el grano lleno en la espiga" (Marcos 4:28, NVI). Dios sabe que por mucho que lo intentemos, tarde o temprano descubriremos que necesitamos un Salvador. Sabe que cuando lo que hemos construido se pase de maduro, nuestra obra y nosotros caeremos para morir, y entonces, sea de madera, heno o rastrojo será quemada en el fuego, dejando en el proceso el rastro de sabiduría que permitirá que Él nos vuelva a construir con piedra y plata y oro (1 Corintios 3:11-15). Así que Dios quiere una residencia estable que construye sólidamente en el alma. Aunque Él puede y hace fracasar al orgullo, prefiere cambiar el rumbo de un carácter maravillosamente formado mediante muerte y renacimiento, porque entonces tendrá en su herencia no sólo la gloria de la sabiduría, sino también la belleza de los años.

SANTIFICACIÓN

Bueno o malo, cualquiera sea el carácter formado en nosotros deber venir a muerte y reforma en Cristo. La santificación no es el proceso de quitar cada mancha de corrupción hasta que todo el carácter brille como algo hermoso (como yo pensaba). Lejos de vernos a nosotros mismos como capaces de conseguir la perfección, debemos recordar que "tenemos este tesoro en vasos de barro" (2 Corintios 4: 7), y hemos venido a descansar en Jesús a ese respecto.

Al final del ministerio de Pablo, cuando unos hombres tomaron pañuelos de su cuerpo y los colocaron sobre los enfermos, estos se recuperaron (Hechos 19:12). Pablo escribió: "Palabra fiel y digna de ser recibida por todos: que Cristo Jesús vino al mundo para salvar a los pecadores, *de los cuales yo soy el primero*" (1 Timoteo 1:15, énfasis añadido). No era que Pablo hubiera sido un pecador y era ahora un santo inocente. ¡La madurez le había dado una creciente conciencia del *pecado presente* hasta saber que él mismo era el primero de los pecadores! En efecto, él estaba diciendo: "Aún no he llegado. ¡Sigo pensando que soy mejor que *algunas* personas!". Estaba en un proceso desde el reconocerse a sí mismo como habiendo cometido pecado digno de muerte a darse cuenta de que su muerte ya era un *hecho* debido a sus pecados: "[Dios] nos dio vida juntamente con Cristo cuando todavía estábamos *muertos* a causa de nuestros pecados. Por la bondad de Dios han recibido ustedes la salvación" (Efesios 2:5, DHH, énfasis añadido). Pablo vio que Jesucristo no murió simplemente por *los pecados* sino por *el pecado*. No somos meramente pecadores. ¡Cada parte de nuestro ser ha quedado infectada con el pecado! Como Pogo lo dijo tan elocuentemente: "Encontramos al enemigo ¡y somos nosotros!". "Yo sé que en mí, es decir, en mi naturaleza pecaminosa, *nada bueno* habita. Aunque deseo hacer lo bueno, no soy capaz de hacerlo" (Romanos 7:18, NVI, énfasis añadido). "Al que no conoció pecado, por nosotros lo hizo pecado, para que nosotros fuésemos hechos justicia de Dios en él" (2 Corintios 5:21). El resultado de tal comprensión de la profundidad de nuestro pecado es que la naturaleza de Dios eclipsa todas nuestras ineptitudes y se glorifica a través de ellas.

Jesús no solamente fue el sacrificio perfecto por nuestros *pecados*, sino que también se volvió como nosotros en todos los aspectos (Hebreos 2:14-16). Desde la caída de Adán y Eva, el pecado es nuestra inclinación irresistible. En eso es en lo que Jesús se transformó y por lo que murió. La suya no fue simplemente una muerte física en la cruz. Habiéndose convertido todo lo que Él era en nuestro pecado, Él murió en todo cuanto era: corazón, mente, alma y cuerpo. Es desde esa completa muerte que Jesús nos levanta para ser nuevas criaturas en Él. Realmente, *somos* nuevas criaturas. "De modo que si alguno está en Cristo, nueva criatura es; las cosas viejas pasaron; he aquí todas son hechas nuevas" (2 Corintios 5:17).

Sin embargo, queda un peligro. Podemos olvidar que debajo de la gloriosa nueva vestidura de Jesús, el óxido de nuestra propia corrupción espera reafirmarse en cuanto nos alejemos de Él.

Después de todo, nos gustaría sentir que somos muy buenas personas. Por cierto, hicimos algunas cosas horribles. Pero Jesús pagó el precio por ellas, y ahora podemos ser los "buenos muchachos" que Dios nos creó para ser. ¡No de ese modo, gente! Usted no puede despellejarse y ponerse lo bueno. Fue el todo lo que se infectó, y ahora debemos "despojarnos" del viejo hombre, y "revestirnos" del nuevo (Colosenses 3). Es así como tenemos la nueva naturaleza: la llevamos puesta.

Lo que le ha faltado a la Iglesia es morir cada día y renacer en Cristo. ¡Hemos cantado engreídamente que muerte y renacimiento han sido cumplidos, cuando el proceso solamente ha comenzado!

El verdadero santo que escribió que la salvación era un don gratuito, no por obras (Efesios 2:8-9), también escribió: "*ocupaos* en vuestra salvación con temor y temblor" (Filipenses 2:12, énfasis añadido). La *sangre* de Jesús quita nuestros pecados, y la *cruz* redime, justifica y hace expiación, mientras que su *resurrección* restaura y da nueva vida. Pero es nuestro personal y diario *tomar nuestra cruz* lo que continúa el necesario sacrificio de nuestro viejo hombre. Sólo cuando esa diaria obra de continua santificación acaece por completo, aparece el hombre de fe maduro, ya sea en un individuo o en el Cuerpo de Cristo colectivamente (Efesios 4:16). Desde el nacimiento en adelante, cada uno de nosotros está tratando de construir una identidad que podamos aceptar. El esfuerzo es el mismo, ya queramos ser como Dios, amables y buenos, o poderosos o malvados. El intento es construir una estructura de carácter que opere de la manera en que queremos que lo haga. Demasiados cristianos, sin ser conscientes de ello, siguen tratando de *usar* al Señor para construir esa buena identidad. Sus oraciones y actos tienen ese fin. Pero ese no es el designio del Señor. No quiere que desarrollemos una identidad exitosa. Toda esa búsqueda de construir algo que podamos aceptar y en lo cual descansar es precisamente lo que debe morir en la cruz. Seguir tratando de edificarnos a nosotros mismos se basa realmente en la lucha por aceptar lo que somos, como si pensáramos que si lográsemos desarrollar algo suficientemente fuerte o agradable, podríamos llegar a estar en paz con nosotros mismos y olvidar la búsqueda para vencer la corrupción oculta en nuestro corazón. Pero la simple buena noticia es que la búsqueda ya terminó. Ya fuimos aceptados, ahí donde estamos, tal como somos. El amor del Señor es incondicional. *Él* nos edificará.

El Señor quiere que nos aceptemos tal como somos, corrompidos y sin cambiar, pues entonces le permitimos expresar su bondad y justicia en nosotros a través de su Espíritu Santo. "Acercándoos a él, piedra viva, desechada ciertamente por los hombres, mas para Dios escogida y preciosa, vosotros también, como piedras vivas, *sed edificados* como casa espiritual y sacerdocio santo, para ofrecer sacrificios espirituales aceptables a Dios por medio de Jesucristo" (1 Pedro 2:4-5, énfasis añadido). Note la voz pasiva: "sed edificados", no "edifíquense a sí mismos". El llamado no es a edificar; el llamado es a morir.

"Así que, hermanos, os ruego por las misericordias de Dios, que presentéis vuestros cuerpos en sacrificio vivo, santo, agradable a Dios, que es vuestro culto racional. No os conforméis a este siglo, sino transformaos por medio de la renovación de vuestro entendimiento, para que comprobéis cuál sea la buena voluntad de Dios, agradable y perfecta."

—ROMANOS 12:1-2

"Y decía a todos: Si alguno quiere venir en pos de mí, niéguese a sí mismo, tome su cruz cada día, y sígame."

—LUCAS 9:23

"Con Cristo estoy juntamente crucificado, y ya no vivo yo, mas vive Cristo en mí; y lo que ahora vivo en la carne, lo vivo en la fe del Hijo de Dios, el cual me amó y se entregó a sí mismo por mí."

—GÁLATAS 2:20

"Pero los que son de Cristo han crucificado la carne con sus pasiones y deseos."

—GÁLATAS 5:24

La tragedia es que demasiados cristianos siguen tratando de edificar más bien que de descansar en Él. La santificación es el proceso por el cual llegamos al descanso en Él. La santificación es muerte y renacimiento diarios. ¡La santificación es esa parte de la maduración de los hijos de Dios que es realizada por el Espíritu Santo sólo por medio de la cruz de Cristo, cargada individualmente! El producto final de la santificación es no sólo una nueva persona, sino también una persona limpia. "Pero en una casa grande, no solamente hay utensilios de oro y de plata, sino también de madera y de barro; y unos son para usos honrosos, y otros para usos viles. Así que, si alguno se limpia de estas cosas, será instrumento para honra, santificado, útil al Señor, y dispuesto para toda buena obra" (2 Timoteo 2:20-21).

Antes de la Caída, santificación y maduración eran una y la misma cosa: el simple crecimiento firme, en humildad en la santa sabiduría de Dios, tal como Jesús "crecía en sabiduría y en estatura, y en gracia para con Dios y los hombres" (Lucas 2:52), y sin pecado. La caída del hombre, descendiendo de generación a generación (Deuteronomio 5:9), demanda muerte y renacimiento. En cada edad, la tarea de Dios ha sido levantar a sus hijos. Siendo el pecado lo que es, desde Adán y Eva Él siempre ha estado dedicado a cambiar corazones. La sanidad del hombre interior no es nueva; solamente le damos al proceso nuevos nombres. El hecho nuevo es que hoy Dios está llamando a la totalidad del cuerpo en el que mora Cristo al servicio y a la madurez. La madurez viene por la Palabra y la santificación. La santificación ocurre cuando los cristianos aprenden a hablarse el uno al otro la verdad en amor (Efesios 4:15).

TRANSFORMACIÓN

La *transformación* es ese proceso de muerte y renacimiento por medio del cual lo que era nuestra debilidad se convierte en nuestra fuerza. La santificación domina el poder del pecado cancelado, pero la transformación vuelve el desastre en gloria. Al igual que la tarea de sanidad interior, la transformación del hombre interior no es el trabajo de unas pocas superestrellas. Es la tarea de todo el Cuerpo de Cristo, en dolores de parto para el continuo nacimiento del cuerpo: "Hijitos míos, por quienes vuelvo a sufrir dolores de parto, hasta que Cristo sea formado en vosotros" (Gálatas 4:19).

La transformación es el trabajo del Cuerpo total de Cristo para prepararnos a todos como una novia adornada para su esposo.

La transformación avanza mediante quebrantamientos: "El Señor está cerca de los quebrantados de corazón, y salva a los de espíritu abatido" (Salmos 34:18, NVI). Mientras seguimos confiando en nuestra propia justicia, su gracia tiene poco espacio para expresar la justicia de Él. Pero cuando somos agudamente conscientes de nuestro pecado y quebrantamiento, su vida tiene mayor libertad para ser la vida de resurrección en nosotros. Realmente, su poder "se perfecciona en la debilidad" (2 Corintios 12:9).

Las buenas noticias del Evangelio no son meramente un indulto, que deja el registro del pecado y no dice nada del cambio en el pecador. (En términos legales, el *indulto* solamente dice que el pecador no seguirá siendo castigado, mientras que el *perdón* borra el registro del pecado.) La buena noticia es la justificación (que en Cristo todo el libro de deudas está pagado y nos encontramos nuevamente a cuenta). La buena noticia es también, pero no meramente, la redención, que en Cristo Jesús fuimos vueltos a comprar de manos de la muerte. ¡La buena noticia es la victoria completa! No sólo estamos afuera de la cárcel gratis, sino que ¡también pasamos ADELANTE y ganamos $200 con todas nuestras hipotecas pagadas y casas y hoteles que cobran el alquiler otra vez!

No es como si empezáramos del punto cero en una escala del uno al diez, llegáramos al punto dos, cayéramos y fuéramos devueltos por gracia al punto dos para empezar de nuevo. Es como si habiendo caído en el dos, hubiéramos regresado como el hijo pródigo al punto siete o mayor para ponernos el anillo y el manto de autoridad, habiéndonos vuelto a través de lo que tuvimos que atravesar, más sabios y más ricos que si nunca hubiéramos caído; así como el corazón del hijo pródigo conoció más del amor de su padre que su hermano mayor (Lucas 15:11–32).

No se trata de que, sencillamente, nuestros lugares yermos pasaron a ser confortables. Cada páramo de nuestra vida personal se convirtió en parte del árbol de la vida de Apocalipsis 22:2, "para la sanidad de las naciones". Nuestros desiertos se tornaron huertos gloriosos para alimentar a otros. Ése es el gozo del Evangelio y el significado de la transformación: no simplemente volver, sino volver llenos de victoria para ministrar a otros. La gracia nunca dice que salgamos corriendo a pecar para hacernos más sabios. Más bien, siendo el pecado tan espantoso como es y debiendo ser tan deplorado, ¡la parte final de él, por la locura del Evangelio, es la gracia de Dios para convertir la peor degradación en nuestra mayor gloria! Algunos han dicho ingenuamente lo que no está en la Palabra de Dios: "Si usted no ha olvidado, usted no ha perdonado", y "Usted debe olvidarse de que alguna vez pecó." Lejos de olvidar nuestros pecados, debemos recordarlos con gratitud y gozo. Dios "olvida" nuestro pecado, pero esto no quiere decir que Él contraiga amnesia. Más bien, se "olvida" en el sentido de que no vuelve a tomar en cuenta nuestros pecados contra nosotros. Nuestro olvidar debe ser semejante al suyo. Habiendo caído, recordar quiere decir que no podemos justificar el culpar a otro, y que estamos preparados por "lo malo que fuimos" y "lo malo que hicimos" para ayudar a otros ante los mismos apuros y trampas.

TRANSFORMADOS PARA MINISTRAR

Aquí está el significado específico de la palabra *transformación*. La muerte y el renacimiento solos podrían parecer connotar que lo viejo fue un completo desperdicio y no debería haber existido en absoluto, y que la nueva criatura no tiene ninguna relación con ello, sea lo que fuere. Pero la transformación nos eleva: "Por haber sufrido él mismo la tentación, puede socorrer a los que son tentados" (Hebreos 2:18, NVI). Por causa de lo que hemos sido, estamos capacitados para ministrar. La nueva criatura en Cristo ahora valora las lecciones aprendidas al luchar contra el viejo hombre. Si no aprecia lo que ha llegado a ser en Cristo y se sigue estremeciendo de vergüenza, la transformación aún no está completa, porque en los fracasos y corrupciones del viejo hombre fue formado el oro de la sabiduría: "como la plata refinada, siete veces purificada en el crisol" (Salmos 12:6, NVI).

"Bendito sea el Dios y Padre de nuestro Señor Jesucristo, Padre de misericordias y Dios de toda consolación, el cual nos consuela en todas nuestras tribulaciones, para que podamos también nosotros consolar a los que están en cualquier tribulación, por medio de la consolación con que nosotros somos consolados por Dios. Porque de la manera que abundan en nosotros las aflicciones de Cristo, así abunda también por el mismo Cristo nuestra consolación. Pero si somos atribulados, es para vuestra consolación y salvación; o si somos consolados, es para vuestra consolación y salvación, la cual se opera en el sufrir las mismas aflicciones que nosotros también padecemos. Y nuestra esperanza respecto de vosotros es firme, pues sabemos que así como sois compañeros en las aflicciones, también lo sois en la consolación."

—2 CORINTIOS 1:3-7

La perla es uno de los símbolos de la sabiduría porque la sabiduría se forma de la misma manera en que es formada una perla. Un grano de arena se vuelve una molestia, forzando a la ostra a que lo envuelva con capas de perla. Igualmente la irritación del pecado, crucificado y cubierto con la sangre y la justicia de Jesús, escribe en nuestros corazones una sabiduría de un valor incalculable que sobrepasa al de los rubíes (Jeremías 31:33; Proverbios 3:15; 8:11).

La "curación de los recuerdos", como enseñan algunos, parece decir que debemos borrar lo viejo. Ni la curación verdadera ni la transformación borran jamás lo pasado. Eso sería invalidarlo más bien que celebrarlo. La transformación dice: "Por esta razón hemos vivido y pecado y hemos sido redimidos, que de las cenizas de lo que hemos sido y hemos hecho ha surgido el ministro que somos", y es el motivo por el que preferimos no usar el término *curación de los recuerdos*.

La transformación sostiene implícitamente que nada en nuestras vidas se desperdicia nunca. La gracia previniente de Dios es tan completa que en nuestras vidas no hay ningún suceso sin el cual pudiéramos ser mejores. La transformación, por lo tanto, confirma que Satanás no ha ganado ninguna victoria entre los salvos, porque desde el plan preliminar de la Creación, así como Dios planeó tornar la humilde cruz en la más alta victoria, ¡así Él tornó para gloria *cada* aspecto de nuestras (aparentemente) derrotadas vidas! Como C. S. Lewis escribió en su libro *El gran divorcio*, la transformación celebra que la lagartija que monta en nuestras espaldas es justamente lo que se transformará en noble corcel para llevarnos a la victoria en la lucha por otros. Los alcohólicos transformados ministran mejor a los alcohólicos. El que estuvo deprimido sabe por sus propias experiencias de desierto cómo dar de comer a los oprimidos la única clase de maná que pueden recibir. Los juzgadores se vuelven bondadosos dispensadores de piedad. Los corazones de piedra se hacen corazones de carne para derretir almas heladas (Ezequiel 36:26).

La transformación no es, por lo tanto, sinónimo de la curación (a menos que llamemos "curación" a lo que la transformación realmente es). La palabra *curación* parece insinuar que algo que funcionó antes se descompuso así que lo arreglamos. En nuestro pensamiento carnal formado en el mundo, curar puede significar "restaurar algo que fue bueno para que vuelva a funcionar como antes", como un buen automóvil con un defecto oculto, que le causa un funcionamiento defectuoso hasta que un mecánico lo descubre y arregla. Eso está bien. Las cosas buenas se deben arreglar. Pero esa analogía no se puede aplicar al alma humana. Al cuerpo, sí. Nuestros cuerpos son buenos y limpios, lavados por la sangre de Jesús (Hechos 10:15), y, con frecuencia, deben ser arreglados. Pero ninguna estructura de nuestra carne puede ser remendada; cada parte debe morir y renacer. En ese sentido, el alma humana no debe ser arreglada: "Nadie pone remiendo de paño nuevo en vestido viejo; porque tal remiendo tira del vestido, y se hace peor la rotura. Ni echan vino nuevo en odres viejos; de otra manera los odres se rompen, y el vino se derrama, y los odres se pierden; pero echan el vino nuevo en odres nuevos, y lo uno y lo otro se conservan juntamente" (Mateo 9:16-17). El ser interior no está inclinado hacia la bondad moral, que debe ser restaurada: "Y yo sé que en mí, esto es, en mi carne, no mora el bien; porque el querer el bien está en mí, pero no el hacerlo" (Romanos 7:18).

Morimos y fuimos hechos perfectos, posicionalmente, en cada parte de nosotros, en cuanto recibimos a Jesús como Señor y Salvador: "porque con una sola ofrenda hizo perfectos para siempre a los santificados" (Hebreos 10:14). A Abraham fue dada la tierra de Canaán cuando recién llegó allí (Génesis 15:7-21), pero tomó siglos de sufrimiento, prisión, éxodo, pruebas, caminata en el desierto, y conquista antes de que los israelitas poseyeran, en efecto, lo que ya era posicionalmente suyo. De igual manera, todo nuestro ser recibió un golpe mortal en el momento de nuestra conversión. Esa salvación en lo íntimo debe llegar a manifestarse en la totalidad de nuestras vidas (Filipenses 2:12). ¡Pero nuestro ser entero no siempre es consciente de o está listo para morir y renacer! Por sentido común, de este lado de la muerte, no podíamos soportar ser totalmente transformados en un momento. El Señor se propone *poner* sus leyes en nuestras mentes y *escribirlas* en nuestros corazones (Jeremías 31:3; Hebreos 8:10). Esa *escritura* dura un tiempo doloroso (1 Pedro 5:6-10). Requiere un proceso lento. Ésa es una razón para la iglesia y, dentro de ella, para el ministerio de grupos pequeños (o grupos celulares). Así como en lo natural no nacimos ni nos criamos por nosotros mismos, sin padres ni madres, espiritualmente no morimos ni renacemos sin el ministerio del Cuerpo de Cristo. Aunque el cuerpo pueda equivocarse, Cristo usará esos mismos errores para grabar lecciones en nuestro corazón, y no fallará.

Este libro se escribe para instruir a la Iglesia para ministrar. Dios nos ha puesto dentro de la Iglesia por esta razón, para que, a través de la Iglesia, Él pueda transformar nuestra carne:

". . . a fin de perfeccionar a los santos para la obra del ministerio, para la edificación del cuerpo de Cristo, hasta que todos lleguemos a la unidad de la fe y del conocimiento del Hijo de Dios, a un varón perfecto, a la medida de la estatura de la plenitud de Cristo; para que ya no seamos niños fluctuantes, llevados por doquiera de todo viento de doctrina, por estratagema de hombres que para engañar emplean con astucia las artimañas del error, sino que siguiendo la verdad en amor, crezcamos en todo en aquel que es la cabeza, esto es, Cristo, de quien todo el cuerpo, bien concertado y unido entre sí por todas las coyunturas que se ayudan mutuamente, según la actividad propia de cada miembro, recibe su crecimiento para ir edificándose en amor".

—Efesios 4:12-16

Nota del traductor:

a. Juego de palabras intraducible. "You're all wet!" significa a la vez "Estás completamente mojado" y "Estás totalmente equivocado".

b "El restaura mi alma; me guía por senderos de justicia por amor de su nombre" (Salmos 23:3); "La ley del SEÑOR es perfecta, que restaura el alma; el testimonio del señor es seguro, que hace sabio al sencillo" (Sal 19:7). La Biblia de las Américas.

CAPÍTULO 2

VER A DIOS CON UN CORAZÓN INCRÉDULO

"Mirad, hermanos, que no haya en ninguno de vosotros corazón malo de incredulidad para apartarse del Dios vivo."

—HEBREOS 3:12

EL PROBLEMA DE CREER en Dios nunca ha sido solamente para convencer a la mente consciente. Si lo fuera, Él sólo necesitaría levantar defensores legales o apologistas brillantes en vez de pastores e iglesias que eduquen. "Pues con el *corazón* se cree para alcanzar la justicia, y con la boca se reconoce a Jesucristo para alcanzar la salvación" (Romanos 10:10, DHH, énfasis añadido). Me parece que muy a menudo hemos traducido mentalmente mal todo el pasaje: "Pues con la *mente* se cree para alcanzar la justicia, y con la boca se reconoce a Jesucristo para alcanzar la salvación". Es fácil confundir la honda, sentida convicción con el mero asentimiento intelectual, y pensar que de ese modo la salvación está consumada. No quiero decir que la experiencia de conversión de alguien de ese modo es inválida, sino que no termina el proceso. Hemos estado muy fácilmente convencidos de esa terminación.

EL INCRÉDULO CORAZÓN DE UN CREYENTE

Cuando creer en el corazón, en cualquier grado, abre las compuertas del conocimiento a la mente y de la convicción al espíritu, y respondemos con la oración del pecador para invitar a Jesús, *somos* redimidos. Ése es un hecho eternamente consumado. En ese momento, *somos* justificados, algo que nunca necesita ser repetido por nosotros ni por el Señor. Nuestros pecados son quitados por la sangre del Cordero. Nuestro destino es cambiado del infierno al cielo. Somos de una vez y para siempre completamente "salvos".

Pero esa experiencia de conversión no es todo lo que hay para ser salvo. Los cristianos usan la palabra *salvación* sin demasiado rigor. La salvación es una palabra considerablemente más amplia que justificación o redención o ser nacido de nuevo o ir a cielo, o que todos estos términos y más juntos. La redención y la justificación son entradas al proceso de crecer en la salvación (1 Pedro 2). Así es también el haber nacido de nuevo. Ir al cielo es el producto final. Todo lo que ocurre en el medio, el proceso de santificación y transformación, es la mayor parte de la salvación, que significa etimológicamente desde su raíz: "llegar a estar completo, ser sanado".

Cuando preguntamos: "¿Es usted salvo, hermano?", queremos decir "redimido", "justificado", "nacido de nuevo", y que está "yendo al cielo". Es correcto. Posiblemente, no haya mejores palabras para expresarlo. Pero la pregunta es confusa. Si queremos decir: "¿El Señor lo ha asido a usted, ha pagado el precio y lo ha situado camino al cielo?", cada cristiano nacido de nuevo debe contestar con un incondicional: "Sí, soy salvo y voy a ir al cielo". Pero respecto al *proceso en esta vida* de *ser* salvado, nadie debe responder nunca que todo está hecho. Cada uno debería contestar: "Soy salvo, y estoy siendo salvado cada día", porque "con una sola ofrenda hizo perfectos para siempre a los santificados" (Hebreos 10:14).

La pregunta es aún más confusa por el hecho de que, aunque cada creyente está en proceso, sabe por fe (como dijimos antes) que *posicionalmente* ya ha sido hecho perfecto (Hebreos 10:14) y que ya está siendo levantado para sentarse con Él en lugares celestiales (Efesios 2:6). "Consumado es" (Juan 19:30). Quizás tendremos que continuar usando "salvo" y "salvación" cuando, en realidad, solamente signifiquen "convertido". De no ser por el propósito que tenemos aquí (revelar el proceso de santificación y transformación y nuestra parte en él), cualesquiera conversiones *posteriores* del corazón que investiguemos no deben tomarse como si implicaran que nuestra conversión inicial fue inválida o insuficiente para entrar al cielo. Por otro lado, por muy dramática o concluyente que esa conversión fuera, corremos el riesgo de paralizar nuestra vida abundante y posterior salvación cuando "construimos un tabernáculo", como pensando que ha finalizado de una vez por todas el proceso que, a decir verdad, solamente comenzó. El corazón debe ser vuelto a transformar cada día, alcanzando muchas más áreas, o dejamos de crecer en Jesús. Efectivamente, ésa es nuestra principal definición del crecimiento en Cristo: ulteriores muertes y renacimientos a través de la *continua* conversión interior.

Uno podría preguntar: "¿No es confuso insistir en que debamos ser convertidos nuevamente cuando ya nos hemos convertido?". Puede serlo, pero no conocemos una mejor manera de decirlo.

La conversión continua del corazón de un creyente, que mueve el corazón desde una posición de incredulidad a una posición de fe y arrepentimiento, puede tener lugar cuando un creyente se pone a sí mismo bajo el ministerio de la predicación y enseñanza de fe para arrepentimiento y conversión. Cuando la luz de la Palabra de Dios alcanza los oscuros y ocultos recovecos del corazón, "arando" los persistentes terrones de fariseísmo y arranca lo viejo de la mente y el corazón, el corazón es preparado para producir buen fruto, al sesenta y al ciento por uno (Mateo 13:3-8). La espada de la verdad "penetra hasta partir el alma y el espíritu, las coyunturas y los tuétanos, y discierne los pensamientos y las intenciones del corazón" (Hebreos 4:12). Observe cuidadosamente: "los pensamientos y las intenciones *del corazón*", no de la mente consciente. Por lo tanto, la *principal* tarea de un líder de grupo pequeño es la de un evangelista, trayendo el Evangelio por las circunstancias y el consejo al corazón incrédulo del ya creyente. La evangelización de los incrédulos corazones de creyentes es el trabajo continuo y constante de los líderes de grupos pequeños. Efectivamente, el evangelismo es la principal vía de toda santificación y transformación.

En el primer y segundo Grandes Despertares en Estados Unidos, se levantaron muchos evangelistas y congregacionalistas de Nueva Inglaterra se convirtieron de a miles. Los convertidos preguntaron entonces: "¿Qué sigue?". Y empezaron a decir: "Tenemos que crecer". Los resultados de sus esfuerzos pioneros en la educación cristiana fueron la fundación de escuelas dominicales, escuelas públicas y muchas de nuestras grandes universidades: Harvard, Yale, Dartmouth, Oberlin, Yankton, Drury y demás. Pero los congregacionalistas carecían de suficiente conciencia de que el corazón necesita ser continuamente transformado. Después de un tiempo, ¡la denominación perdió completamente de vista la necesidad de conversión! Otros evangelistas aparecieron, clamando por arrepentimiento y nuevo nacimiento. Muchos que respondieron a su predicación nunca escucharon el llamado a madurar o, como los congregacionalistas, trataron de madurar, pero perdieron el elemento esencial de la continua muerte y renacimiento del hombre interior.

Por lo tanto, históricamente, en Estados Unidos, la santificación vino a significar esforzarse por vivir de acuerdo con la ley sobre la base de un carácter supuestamente ya transformado. Ese esfuerzo condujo con demasiada frecuencia al juicio y la hipocresía más bien que a la naturaleza amorosa de Jesús. Condujo al fariseísmo, por lo tanto, al "puritanismo", contra el cual muchos estadounidenses se siguen rebelando hoy. Parte del trágico malentendido fue que la *transformación* nunca había sido *esa* completa. Es cierto, somos lavados y limpiados en el momento de la conversión (aunque podemos necesitar ser limpiados una y otra vez). Y así nuestras conciencias son salpicadas (Hebreos 9:14). Pero no todo el carácter ha sido transformado. La maduración de la Iglesia entera espera este establecimiento de los fundamentos para la transformación. Jesús todavía no está firmemente sentado como Señor en la profundidad interior de la mayoría de los cristianos. ¡Debe lastimar profundamente al Señor que en iglesias consideradas las más sanas doctrinal y evangelicalmente, incluso en las iglesias más llenas del Espíritu Santo, el pecado tan a menudo siga siendo endémico, aun entre los líderes! O que donde el pecado obvio no ha levantado su cabeza, se vea tan poco fruto del Espíritu. O si su fruto está, las luchas y disensiones nunca falten. En tales iglesias, la conversión puede estar completa en la mente consciente, pero en el *corazón* (de donde viene el mal) los campos todavía "están blancos para la siega" y ¡casi sin tocar!

Al Señor debe serle permitido ocupar la "tierra" del espacio interior del corazón de cada creyente. Esto se logrará mediante el arma de la Palabra de Dios que sea hablada de uno a otro a través de la predicación de la Palabra, a través del ministerio de grupos pequeños, y a través de la oración diligente, intercesora de cada uno por y con el otro, no por habilidad psicológica o análisis. Cuando la Palabra toque los puntos de incredulidad de nuestros corazones, nos levantaremos en conversión para hacer nuestro el grito de batalla contra la carne, y que nuestro gozo sea sumergirnos en la muerte y el renacimiento interiores.

CÓMO VEMOS A DIOS

"Bienaventurados los de limpio corazón, porque ellos verán a Dios."

—MATEO 5: 8

Marque otra vez esas palabras: "de limpio *corazón*". Yo (John) solía pensar que como había recibido a Jesús, me sería permitido algún día (cuando muriera) ver a Dios el Padre y estar tranquilo cuando ese tiempo viniera. Por supuesto eso es verdad, pero el Señor ha estado revelando que "ver" a Dios no se refiere tanto a la vista física como a conocer y comprender su naturaleza. Al conversar, decimos: "Oh, ya veo", cuando realmente queremos decir: "Comprendo". Jesús estaba diciendo que aquellos cuyos corazones están purificados, llegan a comprender y seguir a Dios por quien realmente Él es. La inferencia es que, como nuestros corazones no son puros, imputamos a Dios motivos y maneras que no son suyos. No vemos a Dios, sino solamente nuestra proyección de Él.

"Nosotros le amamos a él, porque él nos amó primero. Si alguno dice: Yo amo a Dios, y aborrece a su hermano, es mentiroso. Pues el que no ama a su hermano a quien ha visto, ¿cómo puede amar a Dios a quien no ha visto? Y nosotros tenemos este mandamiento de él: El que ama a Dios, ame también a su hermano" (1 Juan 4:19–21). Aquí vemos que la impureza es odio. El odio ciega los ojos. Se nos dice además que nuestro odio de congéneres seres humanos influye en lo que vemos de Dios o lo impide totalmente; no amamos o no vemos a Dios. Ése es uno de los principales hechos que necesitan la continua conversión del corazón. Nuestros juicios ocultos y olvidados, especialmente contra nuestro padre y madre, nos impiden ver a Dios como Él es.

"Al que maldice a su padre o a su madre, se le apagará su lámpara en medio de las tinieblas" (Proverbios 20:20, LBLA). Llamamos a ésta nuestra "Escritura visión 20-20". Los juicios que hicimos contra nuestros padres en la infancia, en general largamente olvidados, han oscurecido nuestros ojos espirituales. No nos vemos a nosotros mismos, a otros, a la vida, o a Dios con visión 20-20. "El espíritu humano es la lámpara del Señor, pues escudriña lo más recóndito del ser" (v. 27, NVI). Nuestra lámpara no puede discernir nuestros propios caminos ocultos, o los de otros, en la medida y en las áreas en donde hemos hecho juicios, y, por consiguiente, nuestro espíritu ha sido oscurecido.

Muchas veces, han venido personas que nos dicen: "No me hable de un Dios amoroso. ¿Por qué no detiene todas las guerras o impide algunas de las cosas bestiales que los hombres les hacen a otros hombres, a veces en el propio nombre de la religión? ¿O a Él no le importa?". Hemos escuchado muchos juicios como ésos. Como ministros de oración, Paula y yo nunca tratamos de defender a Dios. Evitamos los debates teológicos (1 Timoteo 6:20). Sabemos que la respuesta no es mental sino una cuestión de un corazón impuro. Simplemente preguntamos: "¿Cómo era su padre?".

Invariablemente, sacamos a luz una historia similar a la que la persona ha imputado a Dios: crueldad, insensibilidad, abandono, crítica, etcétera. No importa lo que la *mente* pueda aprender en la escuela dominical sobre un Dios tierno y amoroso, que "de tal manera amó... al mundo, que ha dado a su Hijo unigénito" (Juan 3:16), el *corazón* ha sido marcado por y recibió su forma de las reacciones hacia nuestros padres terrenales. Por consiguiente, a menudo proyectamos la crueldad, la insensibilidad, el abandono, la crítica y otros factores negativos sobre nuestra interpretación de quién es Dios. Nuestras mentes pueden declarar su bondad, pero nuestros comportamientos revelan lo que realmente piensa el corazón: "Porque cual es su pensamiento en su corazón, tal es él" (Proverbios 23:7). Hasta que podamos perdonar a nuestros padres naturales por los daños que puedan haber causado a nuestros corazones y nos arrepintamos de los juicios que hayamos hecho contra ellos, no seremos capaces de ver a Dios como dulce, amable, y amorosamente presente en nuestra vida.

LAS RAÍCES DE LA INCREDULIDAD

Paula tenía un padre estupendo que era amable y fuerte, ingenioso y sensible. Pero era un viajante de comercio que se ausentaba dos o tres semanas por vez. La mente de la niñita pensaba: *"Quiero a mi papá; estoy orgullosa de él. Se va a trabajar para nosotros"*. Pero en lo oculto, su corazón no era tan magnánimo. Estaba diciendo:

"¿Por qué no está siempre aquí para mí, y por qué todo es más importante de lo que soy yo?". Su corazón estaba tomando resoluciones airadamente: "Tendré que hacer todo por mí misma. Nadie estará aquí para defenderme".

Paula recibió al Señor cuando tenía once años, y de allí en adelante conoció a Dios como un amoroso Padre celestial (quizás más fácilmente porque su padre lo era). Sin embargo, en secreto, parte de ella albergaba amargura y no podía creer que Dios iba a estar allí las veinticuatro horas del día, trescientos sesenta y cinco días al año. En los fines de semana, como su padre había estado en casa y había ido a la iglesia con la familia, podía sentirse cerca de Dios, especialmente en las reuniones de adoración. Pero durante la semana, a pesar de que su mente captó los Salmos 91 y 121, no podía sentir como realidad que Dios estuviera ahí para ella. Por causa de sus ocultas reacciones pecaminosas hacia su padre de fin de semana, el suyo era un "Dios de fin de semana". Por último, ante mi insistencia, aunque nunca había sentido ningún resentimiento hacia su padre, ella se jugó a que ahí debía de haber algo (1 Corintios 4: 4) y se arrepintió únicamente por fe. Dios le respondió con cambios inmediatos en muchas de sus actitudes mentales, especialmente hacia mí, y luego escribió en su corazón que Él es capaz de protegerla de la manera más dramática. Pero deje que Paula misma se lo cuente.

John y yo íbamos camino a Seattle, Washington, para ministrar a un grupo de consejeros cristianos. Era un hermoso día, y yo estaba al volante de nuestro automóvil nuevo. Con frecuencia, había criticado mucho la renuencia de John a dejar el asiento del conductor aún cuando estaba somnoliento, pero ese día él había renunciado a su puesto con admirable gracia y confianza. El control automático de velocidad estaba puesto en cincuenta y cinco millas por hora, la radio del auto sonaba suavemente, John cabeceaba al tomar una siesta, y yo estaba relajada y confiada mientras avanzábamos hacia el oeste por la autopista.

Lo próximo que supe, fue que era despertada por el codo de John en mis costillas. ¡Busqué la ventanilla izquierda y vi pasar el camino, a la altura de la parte superior de la ventanilla! A la derecha, no podía ver nada más que la ladera rocosa de cerca. Extendiéndose ante nosotros, había una zanja llena de grava, ¡y estábamos corriendo por ella! Pero en ese instante, toda mi conciencia y reacciones parecían estar en una gran calma, silenciosa, increíble cámara lenta. Ni mariposas. Ni pánico. Sólo profundo silencio.

Hemos salido del camino por una profunda zanja, pensaba. Podía ver dos postes un poco más abajo, uno de ellos un poste delgado y el otro algún tipo de señal caminera. Pensé: *Si trato de volver a la ruta antes de que lleguemos a esos postes, correré el riesgo de hacernos polvo sobre esta grava suelta. Apretaré el freno, pasaré entre los postes, y luego volveré al camino*. Procedí a hacer exactamente eso.

Cuando hubimos arañado nuestro camino entre los postes (John dice que era apenas lo suficientemente amplio para permitirnos pasar) y retornado a la ruta, dejé de apretar el "freno" y encontré que el automóvil volvía a las cincuenta y cinco millas por hora registradas en el control automático de velocidad. ¡Había estado apretando el acelerador!

John me miró y dijo suavemente: "Esa fue una experiencia humillante, ¿verdad?".

Mientras continuábamos nuestro viaje, las palabras empezaron a levantarse dentro mí como desde una honda fuente borboteando: "Me quiere —Dios me quiere— ¡realmente me quiere!". Yo siempre lo había sabido en mi mente y, hasta cierto punto, en mi corazón. Pero este nuevo *conocimiento* incluía la flamante dimensión de la garantía de que Dios está en el *trono* de mi vida. ¡Me había quedado dormida al volante, perdiendo el control, y Él estuvo alerta a mi favor, defendiéndome, guiándome y librándome de los resultados de mi propio error! Hasta el día de hoy, no podemos comprender qué evitó que el automóvil cayera en picada contra la ladera rocosa. De algún modo, giró o fue girado por Dios. ¡El mayor milagro del rescate había ocurrido en el aire mientras yo todavía estaba dormida!

Cuando llegamos a casa después de la conferencia de fin de semana, recibí una llamada telefónica de una amiga, Marian Stilkey. "¿Qué estabas haciendo el último martes alrededor de las diez de la mañana? Yo estaba escribiendo a máquina, y repentinamente el Señor me llamó para que orara por ti. ¡Y lo hice —fervientemente— por aproximadamente diez o quince minutos!". Esa fue la duración exacta de nuestro viaje a través de la zanja de grava. *Supe* que el Señor no sólo es consciente de mis aprietos: también puede llamar a otros a través del espacio para orar por mí cuando estoy totalmente indefensa.

Desde ese día en adelante, mi "Dios de fin de semana" se ha hecho cada vez más un Padre "siempre presente" que está allí, a la distancia de un suspiro.

"Señor, tú me examinas, tú me conoces.
Sabes cuándo me siento y cuándo me levanto; aun a la distancia me lees el pensamiento.
Mis trajines y descansos los conoces; todos mis caminos te son familiares.
No me llega aún la palabra a la lengua cuando tú, Señor, ya la sabes toda.
Tu protección me envuelve por completo; me cubres con la palma de tu mano.
Conocimiento tan maravilloso rebasa mi comprensión; tan sublime es que no puedo entenderlo.

¿A dónde podría alejarme de tu Espíritu? ¿A dónde podría huir de tu presencia?

Si subiera al cielo, allí estás tú; si tendiera mi lecho en el fondo del abismo, también estás allí.

Si me elevara sobre las alas del alba, o me estableciera en los
extremos del mar,
aún allí tu mano me guiaría, ¡me sostendría tu mano derecha!"

—SALMOS 139:1–10, NVI

Antes de esto, yo había tenido un corazón incrédulo. ¡No podía
creer que Dios estuviera ahí para *mí*, aunque había enseñado de su
fidelidad a otros a través del país!

Yo (John) tuve un padre amable y bondadoso que también viajaba
por motivos de negocios gran parte del tiempo. Durante el verano
de 1979, me encontraba reflexionando por qué a través de mi
mente solían desfilar pensamientos de incredulidad. En aeropuer-
tos o mientras conducía en atestadas autopistas, me encontraba
pensando: *¿Cómo Dios puede estar ocupándose realmente de cada
detalle de la vida de todas estas personas?* O:*¿cómo puede en realidad conocer cada cabello que cae de cada una de estas millones
de cabezas repletas?* (Mateo 10:30; Lucas 12:7). Mi mente insistía: "Es simplemente una cuestión a responder. Después de todo,
es razonable hacerse esa pregunta". Pero mi espíritu no tenía descanso. Sabía que algo más estaba implícito.

Por último, pensé en preguntarle al Señor, cuya réplica fue
inmediata: "Tu padre tenía poco tiempo para notar lo que estabas
haciendo". ¡Eso sacó a luz mi mundo interior de juicios! Yo había
juzgado: "Papá no lo vería, elogiaría, afirmaría, ni se preocuparía".
No importó, a decir verdad, que él sí hiciera esas cosas cuando
estaba en casa. Mi raíz de amargura creció, porque no siempre
estaba ahí. Así que, por supuesto, Dios no estaría ahí cuando lo
necesitara. ¡Y trabajé tan arduamente para Él! Entonces, vi que
esas ideas atormentaban mi mente, especialmente cuando Paula y
yo estábamos ocupados en servir al Señor. El niñito había sido lastimado, porque trabajó tan arduamente y recibió tan poca atención

por ello, y el adulto subconscientemente esperaba que también Dios lo tratara de ese modo.

No era noble ni halagüeño para mí admitir esa desagradable clase de enojo, así que la forma de que el vapor pudiera descargarse era con molestos y asombrosos disfraces, como una lógica clara y fría. El corazón no podía creer. Dios debía estar demasiado ocupado en otro lugar para estar ahí para mí. Luego de la revelación, el arrepentimiento fue fácil y feliz. El resultado es que, desde entonces, no he sido molestado por esas continuas dudas. Ahora, no meramente tengo fe, sino *seguridad* de saber y sentir que mi Padre ve y aprueba el servicio que le doy. Ahora, tengo con Él una comunión habitual, en vez de ocasional, tanto de corazón como de espíritu (1 Juan 1:3).

¿Cuántos de nosotros hemos ido a nuestros padres por algo, y nos dijeron: "Veremos", y lo olvidaron? ¿O le suplicamos a papá que volviera a casa temprano y nos llevara al cine o al juego de pelota o algo así, y prometió hacerlo, pero no vino? O nuestros padres nos prometieron comprarnos algo (una bicicleta, equipo de pesca, un abrigo nuevo), y nosotros esperamos y esperamos. Pero nunca llegó o vino tan tarde que el placer había desaparecido. Encubiertamente, eso influyó nuestra fe en Dios. ¿Qué clase de cólera hundimos y olvidamos, porque "¡no es bueno estar enfadados con papá y mamá!"? ¿Qué clase de juicios resentidos albergaron nuestro corazón y nuestra mente olvidó?

LA RESPUESTA MISERICORDIOSA DE DIOS

En febrero de 1979, el Señor nos había estado enseñando a Paula y mí sobre el Salmo 62:5: "Alma mía, espera en silencio solamente en Dios, pues de Él *viene* mi esperanza" (LBLA). Y: "él te concederá las peticiones de tu corazón" (Salmos 37:4). Nos había estado mostrando que la palabra *espera* no se refiere principalmente al tiempo, como habíamos pensado, sino que habla de una cualidad de la fe. Sin que lo supiéramos, el "esperar" está conectado con la amarga decepción con respecto a los padres ausentes y la agonía infantil de esperar hora tras hora algunos ansiados momentos que a veces nunca llegan.

El 14 de febrero, la nieve alcanzó dos pies (unos 60 cm) de profundidad. Aquella noche, Paula, yo y Janet Wilcox (quien nos estaba visitando) decidimos dar una vuelta a la manzana. Por primera vez, noté cómo se veían las entradas y aceras de los vecinos. Las máquinas barredoras de nieve habían hecho un trabajo eficaz. Nosotros seguíamos teniendo la mentalidad de "hacer algo" con que nos habían criado: en días de depresión, una pala para la nieve haría que todo estuviera bien. Pero solíamos quedarnos sin tiempo y energía y con un área inmensa para limpiar. Pensé: *Señor, yo debo tener una barredora de nieve, pero esas cosas cuestan un dineral. Bien, olvídalo. No puedo permitirme eso. Te alabo, Señor, de todos modos.* Ésa fue mi "confiada, ferviente y concienzuda" oración (Santiago 5:16). No le dijimos nada a nadie. Al tiempo, vino a la ciudad un hombre que había volado desde Colorado para recibir el ministerio de oración. Al día siguiente, un comerciante nos entregó una barredora de nieve de cinco caballos de fuerza, ¡un obsequio del hombre de Colorado! El Señor había empezando a alcanzar otra área de nuestros incrédulos corazones.

Esa misma noche, estábamos haciendo las maletas para hablar en una ciudad de Montana. Pensaba: *Los estilos han cambiado. Debo tener un traje de vestir. Mis dos viejos trajes son azules. Necesito un traje de vestir marrón. Pero esos cuestan dinero, y no lo tengo. Olvídalo. Gracias, Señor, de todos modos.* La tarde que siguió a nuestra primera charla, un hombre se presentó y dijo: "Soy dueño de la tienda de ropa local. Una forma en que pago mi diezmo es vistiendo a los siervos del Señor que vienen a predicar a nuestro pueblo. Vaya por la mañana, mejor aún, lo recogeré y veremos lo que podemos hacer". A la mañana siguiente, él se encaminó a un estante y sacó una costosa chaqueta de color dorado. Me quedaba bien. "Es suya", dijo. Luego, tomó un costoso traje de vestir marrón que también me quedó perfectamente. (Yo no había mencionado una palabra de lo que necesitaba.) "¿Qué más necesita usted, John?"

Farfullé y finalmente espeté: "Algunos calzoncillos. Necesito algunos calzoncillos". ¡Me alcanzó seis calzoncillos, seis camisetas, diez pares de medias, dos pares de zapatos, dos pantalones deportivos que hacían juego con la chaqueta, dos camisas de vestir, dos camisas deportivas y dos corbatas! Humillado y agradecido, supe que el Señor estaba escribiendo sobre mi corazón: "a vuestro Padre *le ha placido* daros el reino" (Lucas 12:32, énfasis añadido), y ahora mismo, no tras largas demoras.

Mi corazón había estado impuro. No podía ver su fidelidad y, a menudo, lo había llamado con arrepentimiento "El Dios de las 11:59". Qué poco santificaba eso su naturaleza (Números 20:12). Ahora, Paula y yo sabemos, no sólo intelectualmente, que Él satisfará nuestra necesidad aun antes de que sepamos que la tenemos: "porque vuestro Padre sabe de qué cosas tenéis necesidad, *antes* que vosotros le pidáis" (Mateo 6:8, énfasis añadido). Él se movió, de maneras deleitosas, para transformar nuestros incrédulos corazones, y nos arrepentimos de nuestros juicios contra nuestros padres.

Todos hemos vivido con la crítica; algunos la han experimentado peor que otros. Para la mayoría de nosotros, vino de nuestros padres, y nos dolía profundamente. O vino de hermanos, hermanas, tías, abuelos, compañeros o maestros. Nuestras reacciones, fueran expresadas o reprimidas, solían ser enojadas. Consecuentemente, amargas raíces de juicio se alojaron en nuestro corazón. Desde entonces, esperábamos que las personas nos criticaran, y, en general, lo hicieron diligentemente. Ignorándolo nosotros, eso también oscureció nuestra visión de Dios. ¿Cuántos de nosotros que hemos aprendido a escuchar a Dios hemos imaginado que lo escuchábamos señalar nuestros defectos después de un sincero intento de servirle?

Yo (John) solía pensar, después de presentar algún pensamiento o idea a un grupo, que era el Señor quien me estaba criticando por las cosas que había dicho o hecho mal, o las que *debía* haber hecho, pero había olvidado. ¡Hasta que un día escuché a Tommy Tyson enseñar sobre la diferencia entre la *corrección* del Señor y la *acusación* de Satanás! Empecé a ponderar eso en mi corazón. Poco después, el Señor usó Santiago 1:5 para darle vuelta a la página frente a mí: "Si alguno de vosotros tiene falta de sabiduría, pídala a Dios, el cual da a todos abundantemente *y sin reproche*, y le será dada" (énfasis añadido). La Palabra perforó mi corazón. ¡Esa voz criticona nunca había sido la del Espíritu Santo! Dios el Padre habría esperado el momento oportuno y entonces, suave y generosamente, habría hablado abiertamente conmigo: "Vengan, pongamos las cosas en claro, dice el Señor. ¿Son sus pecados como escarlata? ¡Quedarán blancos como la nieve! ¿Son rojos como la púrpura? ¡Quedarán como la lana!" (Isaías 1:18, NVI). Me arrepentí de mis juicios contra mis padres y Dios y de haber negado la naturaleza de Dios, al creer que las acusaciones de Satanás eran de Él. No podía ver la naturaleza amable y afirmativa de Dios. Mi corazón se había quedado inconverso en esa área pedregosa por causa de mi pecado inconfesado. ¡Gloria a Dios por su santa y amable convicción! Nunca más me volví a sentir atacado o criticado por el Señor. Él solamente afirma y conforta, y luego se sienta a razonar, llamándome consideradamente a rendirle cuenta, y eso me gusta.

Quizás la forma más importante en que todos fallamos en ver a Dios está en lo más básico: el amor. Pocos de nosotros tuvimos padres que podían, y lo hacían, tomar con regularidad la iniciativa de confortarnos y darnos afecto cuando lo necesitábamos. Algunos tuvimos padres que solamente nos abrazaban y besaban ante otros o cuando se sentían comunicativos, pero no en ocasiones que eran apropiadas a las señales que les dábamos. Aprendimos a detestar esa clase de oferta; nos explotaban en lugar de bendecirnos. La mayoría de las personas a las que he ministrado insiste en que, en la infancia, sus padres no iniciaron la acción apropiada a sus necesidades, y muchos se quejan de que sus padres nunca les mostraron afecto alguno. Así que aprendimos a definir el amor no como una entrega sacrificial, constante, diaria, con sensibilidad a lo que los otros quieren, sino como una suerte de vaga sensación de ser querido a medias, cuando alguien tiene ganas de tocarnos. Eso nubla la imagen de Dios de nuestro corazón, sin importar lo que nuestra mente haya aprendido a pensar de Él.

La Biblia entera es la historia de Dios tomando la iniciativa de venir a liberar a toda humanidad y a nosotros personalmente. Vemos ese hecho básico, si tenemos ojos para leer. Pero en la práctica diaria de nuestra vida devota, luchamos por alcanzar a un Dios de quien realmente pensamos en nuestros corazones que, después de todo, no puede estar escuchándonos. Nos sentimos solos (cuando nunca podemos estarlo). No esperamos que Dios envíe a sus ángeles a rescatarnos y a sus siervos a curarnos antes de que gritemos. No importa que las Escrituras digan que Él deja a las noventa y nueve ovejas en el campo (Lucas 15:4–7): "Él no vendría tras de mí a menos que yo primero hiciera algo o lo mereciera". Nuestro sucio corazón ve a Dios vestido con las peculiaridades de nuestros padres. En tales áreas, somos inconversos de corazón.

En su clásica obra *Fausto*, Goethe escribió la historia: "Así trabajo yo en el zumbador telar del tiempo, tejiéndole a la Divinidad su manto viviente". ¡Que fantástica verdad! Toda la historia de la humanidad nos enseña que en el nivel de nuestro corazón, Dios es creado a nuestra imagen en vez de ser de otra manera. Nuestra propia historia personal, cada momento de ella, es un tejido por el cual vemos a Dios. Todos nuestros juicios se convierten en anteojos coloreados que oscurecen la faz de Dios. No es de asombrarse que Él diga: "Porque mis pensamientos no son los de ustedes, ni sus caminos son los míos afirma el Señor. Mis caminos y mis pensamientos son más altos que los de ustedes; ¡más altos que los cielos sobre la tierra!" (Isaías 55:8-9, NVI).

Desde el momento de nuestra primera conversión, al Espíritu Santo le es dado licencia para trabajar en nuestro corazón, para revelar y dar convicción. Por lo tanto, la vida cristiana de santificación y transformación es:

"Queridos hermanos, ahora somos hijos de Dios, pero todavía no se ha manifestado lo que habremos de ser. Sabemos, sin embargo, que cuando Cristo venga seremos semejantes a él, porque lo veremos tal como él es. *Todo el que tiene esta esperanza en Cristo, se purifica a sí mismo, así como él es puro".*

—1 JUAN3:2–3, NVI, ÉNFASIS AÑADIDO

ABRIR LOS OJOS CIEGOS

Los pastores cristianos, consejeros y líderes legos se supone sean las herramientas más afiladas de Dios para que ese proceso de purificación y transformación tenga lugar en la vida de cada creyente. Así como Dios ha levantado algunos sacerdotes para ser ordenados entre el sacerdocio de todos los creyentes, y algunos profetas para ser reconocido como tales, aunque todos lo somos, así también ha levantado ministros de oración y líderes legos que están especialmente dotados para percibir las prácticas de la carne.

Sin embargo, esta tarea de tomar cautivas áreas de la imaginación (2 Corintios 10:4-5) es el trabajo de cada hermano y hermana por cada uno de sus hermanos y hermanas. ¿De cuántas incontables maneras nuestros juicios olvidados nos impiden ver la verdadera vida de Dios manifestarse entre nosotros? Cuando un niño es confrontado con adulterios paternos, juergas y mentiras, miedo de escuchar gritos en la noche y violencia en la vida de sus padres, ¿qué imagen de Dios desarrolla ese niño?

Considere cómo la ineptitud de un padre o una madre para simpatizar o comprender hace ver la naturaleza de Dios en el corazón: "Dios no podrá comprenderme".

¿O cómo le parece Dios a un niño que siempre es controlado, y a quien se le dice que lo que piensa no es lo que realmente piensa o que su talento no vale nada? Si juzga a sus padres, no hay manera de que ese niño pueda sentirse libre de afirmar quién y qué es, o de esperar que Dios se deleite en él y lo aprecie por sus propios talentos. Así sigue, en miles de oscuridades interiores.

Luego de muchos años de ministrar a otros, Paula y yo seguimos descubriendo, como lo hemos relatado aquí, cada vez más áreas en las que nuestros propios juicios infantiles sobre nuestros padres, olvidados, pero todavía activos, han cegado nuestros ojos a Dios. Y nosotros tuvimos padres buenos, amorosos y bienintencionados. ¿Qué será de los muchos que han sido tan duramente heridos? Pablo dijo: "Sigo adelante esperando alcanzar aquello para lo cual Cristo Jesús me alcanzó a mí" (Filipenses 3:12, NVI).

Nuestra conversión inicial ha resucitado a nuestro Lázaro interior. Ahora, somos miembros de esa fraternidad de Betania llamada por Cristo para desatarse el uno al otro las manos, los pies, y quitarse el sudario de la cara (Juan 11:44) para que podamos contemplar la vida y caminemos con Él tomados de su mano.

Quizás el siguiente poema, escrito por una amiga llena del Espíritu Santo en un momento de inspiración en un campamento cristiano, exprese todo eso mejor que la prosa:

> No soy en el exterior
> La misma que soy en el interior.
> Sonrío, me río.
> Pero no conozco la alegría.
> ¿Dónde está mi alegría, oh Dios mío?
> ¿Por qué me has abandonado?
> Alguna vez todo fue tan simple. . .
> Alguna vez la hierba era verde,
> y las colinas eran bonitas.
> Ahora me parece verlas a través de un velo gris.
> Adentro está frío y es estrecho y triste.
> Lloro y me duele. La mayoría de los días
> anhelo ojos que me vean.
> Pero me escondo tan bien, que nada pueden ver.
> Sé que soy yo, pero luego pienso:
> A ellos no les importo. A *Él* no le importo.
>
> Pero demasiado tiempo he sabido de su amor,
> y sé que eso no es verdad.

Sin embargo, soy incapaz de salir
y me estoy hundiendo lentamente en las arenas.
"Socorro", digo —grito dentro de mí—
pero mi cara sonríe.
Solamente mis ojos expresan
el pozo de dolor en mí.
Soy cuidadosa de no mirar a aquellos
que pueden desnudar mi máscara.
Pero quiero llegar, al menos
a comprender la realidad.
No puedo hacerme esto a mí misma.
¿Estoy por fin lista para Ti?
"Sinceridad", gritamos,
"transparencia", y cosas así.
¿Pero quién hará frente a este conflicto aterrador?
He sido valiente, lo he intentado.
Pero la franqueza trae dolor,
por aquellos que quieren cerrar mi puerta,
que pisotean a mi niñita.
Ella es tan suave y alegre, pero oh, tan sensible,
y demasiadas veces otros la han empujado.
"Sal, pequeña", quiero persuadirla,
pero ella sólo se sienta y está deprimida,
no puedo convencerla de que salga.
¿Estás durmiendo, niñita?
Señor, envía alguien para que la ame,
para que viva otra vez.

—ANÓNIMO

Amén a esa oración. Señor, envía obreros a la mies. Envía ministros de oración y líderes legos a los ciegos de corazón.

CAPÍTULO 3

ORIENTACIÓN AL RENDIMIENTO

> "¡Gálatas torpes! ¿Quién los ha hechizado a ustedes, ante quienes Jesucristo crucificado ha sido presentado tan claramente? Sólo quiero que me respondan a esto: ¿Recibieron el Espíritu por las obras que demanda la ley, o por la fe con que aceptaron el mensaje? ¿Tan torpes son? Después de haber comenzado con el Espíritu, ¿pretenden ahora perfeccionarse con esfuerzos humanos?"
>
> —GÁLATAS 3:1-3, NVI

L A CONSTANTE TENDENCIA de los nacidos de nuevo es a volver a caer en el esfuerzo humano. Nuestras mentes y espíritus conocen el don gratuito de la salvación, pero nuestro corazón retiene el hábito de ganarse el amor por medio de resultados. Comúnmente, los que somos "salvos" no somos conscientes de que otra motivación, que no es el amor de Dios (estamos "hechizados"), ha comenzado a viciarnos para que caigamos en el esfuerzo humano, tensión y temor; o lo sospechamos, pero desconocemos cuál es, por qué o qué motivación es la errónea.

Orientación al rendimiento es un término que no sólo se refiere al servicio que desempeñamos, sino a las falsas motivaciones que nos impelen. Cuando hayamos dado muerte a la orientación al rendimiento, podremos hacer exactamente las mismas obras, de formas muy similares, pero con una intención totalmente diferente en el corazón. Conducir el rendimiento a la muerte, no quiere decir que debamos dejar de servir y hacer, sino que debemos morir a las motivaciones erróneas ocultas en nuestro corazón.

Como niñitos, todos en cierto grado aceptamos mentiras y las incorporamos a nuestra naturaleza. La mentira más perniciosa y destructiva que corroe todas nuestras acciones es: "Si no hago las cosas bien, no me amarán." "Si no puedo ser como papá y mamá quieren, no me aceptarán". A veces, hasta nuestra mente consciente cree en ese error; pero comúnmente habita como una serpiente oculta en la hierba, deslizándose a través de todos nuestros esfuerzos. Al ser invisibles, los enemigos desconocidos tienen mayor contundencia que aquellos a los que conocemos. Para las personas orientadas al rendimiento, la base de toda vida no es la apacible aceptación y la consiguiente confianza, sino la ansiedad, el temor y la lucha constantes.

Esa mentira se convierte en parte de nosotros por medio de actos diarios de nuestra niñez, tales como el aprender a dejar los pañales. "Oh, bien hecho. Mamá te ama". Por supuesto, mamá nos habría amado sin importar cuántas veces nos ensuciáramos los pantalones, pero en nuestra mente infantil relacionábamos el hacer las cosas bien con el amor y pronto llegábamos a la conclusión inversa: "Si no hago las cosas bien (en el orinal o en cualquier otro lado), mamá no me va a querer". El hacer las cosas bien pronto puede quedar falsamente ligado con el amor, de modo que no podemos concebir ser amados, a menos que hagamos las cosas como es debido. O aún peor, llegamos a creer que hacer las cosas mal amerita el rechazo, e incluso cuando alguien nos brinda amor, creemos que no lo merecemos. Como resultado, no aceptamos el amor que se nos brinda o nos ataca la falsa culpa.

Las madres normalmente no enseñan cosas equivocadas a propósito. Simplemente sucede, una y otra vez. "Oh, te ves hermosa con tu nuevo vestido; mamá te ama." La niña puede interpretar el mensaje como que la buena apariencia gana el amor (y que la dejadez o la fealdad lo pierden). "Dormiste *toda* la noche y no lloraste ni una vez. Estoy orgullosa de ti, hijo; te amo." De inmediato, deslizamos la mano del amor en el guante del esfuerzo por agradar. Así de simple y sencillamente nuestro corazón lamina lo que debería ir por separado: portarse bien y ser amado. Aprendemos a pescar amor, cada acción es una carnada. Si no hay acción, no hay pesca (como resultado, no hay amor), y a nuestro parecer no lo merecemos con justa razón. Todo se convierte en un engaño.

Ahora, agreguemos las formas de corrección equivocadas que la mayoría de nosotros ha soportado. Oímos decir: "¿Adónde se fue mi pequeño? Estaba aquí hace un minuto. No puede ser que mi niño actúe así". Entonces, nos dicen directamente que lo que realmente somos es inaceptable. Nuestra identidad debe convertirse en la imagen de una muñeca, la imagen que otro ha creado para que la actuemos. El temor a no lograr ser esa identidad golpea el corazón. Tememos perdernos a nosotros mismos y de otros, y así quedamos atrapados en el rendimiento. Irónicamente, en la medida en que tenemos éxito en actuar lo que otros quieren, en efecto, llegamos a perder lo que habríamos sido.

¿PERMISO PARA SER YO?

A veces, los niños necesitan portarse mal. Eso son los niños: pillos con ojos angelicales y piel sucia. "La necedad está ligada en el corazón del muchacho; mas la vara de la corrección la alejará de él" (Proverbios 22:15). La necedad de un niño debe ser controlada por manos firmes y cada niño necesita que se le den parámetros al mismo tiempo que se le sostiene y acepta afectuosamente, especialmente cuando se porta peor que nunca. Eso le dice que el amor es incondicional. Eso graba en el corazón que el amor es un regalo que se da por entero y jamás se pierde. El amor crea seguridad. Pero muchos padres usan la necesidad de amor del niño para tratar de controlarlo: "No puedo amarte cuando actúas de esa manera". ¡Cuán terriblemente dañino para un niño! "¡Auxilio! Debo recordar lo que se espera que sea! ¿Qué sucede si no puedo... o no quiero hacerlo? Oh, nadie puede amarme. No lo merezco". Si pudiera expresarlo, el niño diría: "Estoy enojado. ¿Por qué no pueden amarme como soy? Entonces, aterrorizado, se dispone a ganarse el amor.

"Ahora ve a tu habitación, y cuando puedas actuar como tú, puedes volver a salir." La traducción de tal comunicación es: "Aquí sólo aceptamos al que hace las cosas bien. Si no actúas de acuerdo con nuestros estándares, te ganas el rechazo".

"¡Retírate de la mesa! Cuando vuelvas con una sonrisa, podrás volver a ser parte de la familia. No queremos a ningún gruñón por aquí." Mensaje real: "Aquí el amor no es incondicional. No eres libre para expresarte con sinceridad. Miente y finge una expresión hipócrita. Entonces podremos aceptarte". Nuestro espíritu sabe que no es así, pero el temor y la necesidad de pertenencia nos dominan, así que nos obligamos a ser lo que no somos.

No solamente se le dice al niño de muchas maneras que si deja vivir su ser real se gana el rechazo; los padres también pueden ampliar el mensaje dándole a entender que su ser real no debería existir en modo alguno. De allí en adelante, los sinceros impulsos de enojo, frivolidad o espontaneidad se identifican como "no nuestros", algo que debe reprimirse o evitarse. Finalmente, el ser interior deja de intentarlo y muere, y el cascaron hueco actúa, carente de verdadera vida abundante. Hasta esa suerte de muerte injusta, el ser interior intenta seguir viviendo. Como resultado, la dualidad de personalidad es básica para todos nosotros.

Yo crecí con el mensaje: "Un Sandford jamás golpea a una mujer". Esa fue una buena enseñanza que agradezco y practico hasta hoy. Pero ¿qué debía hacer con esa parte de mí que quería darle una paliza a mi hermana, Martha Jane? Era bueno tener que aprender a vigilar mis sentimientos y tomar decisiones apropiadas. Pero, ¿sobre qué base tomaba esas decisiones? ¿Partían del amor que había en mi corazón y del respeto hacia mi padre y madre y hermanos y hermana, o era porque tenía temor de no ser un Sandford? ¿Quizás una mezcla de ambos? ¿Era el temor a no ser aceptado el factor dominante en vez del amor? ¿Qué motivación me dominaba en realidad? ¿Qué motivación me gobierna aún hoy?

Una regla simple es ésta: donde hay mucha risa y afecto, los niños aprenden que son aceptados sin importar lo bien o mal que actúen. Son libres para ser. Cuando los niños que acaban de meter la pata pueden saltar a los brazos de sus padres, y todos pueden reír y aprender (aunque haya que aplicar disciplina), los niños aprenden que incluso el lado desagradable es parte de mí y que también es amado y merece amor. "El amor cubrirá multitud de pecados" (1 Pedro 4:8). En ningún otro lugar, eso es más cierto que en el tobogán de las emociones de los niños. El amor incondicional, no dado, por supuesto, sino expresado con frecuencia, brinda seguridad para explorar todas las facetas del "yo" que el niño está descubriendo, y libertad para elegir qué modo adoptar, desde una base totalmente distinta del temor.

A la inversa, las demandas de conducta estrictas y rígidas sin afecto le ponen al niño grillos de control: "No serás amado hasta que lo merezcas". Una vez que esa mentira se injerta, se convierte en el tallo que determina todo nuestro fruto. Todas nuestras acciones fluyen a través de ese tallo.

Incluso en las familias más cálidas y seguras, la ansiedad normalmente tiñe la libertad con temor. Un pequeño puede jugar a esconderse y aparecer durante horas y reír tontamente cada vez que mamá o papá aparecen detrás del escondite. Los niños, quizás debido al trauma de nacer en un mundo pecaminoso, tienen un gran temor interno de ser abandonados o rechazados. El juego de esconderse y reaparecer actúa ese temor y les da seguridad una y otra vez, porque cada vez mamá y papá siguen estando allí. Hasta en familias afectuosas y cariñosas, podemos tener temor a arruinar la buena vida, temor a deshonrar a la familia, temor a que, después de todo, seamos inaceptables si demostramos ser demasiado diferentes a todos los demás.

Por lo tanto, la regla es la siguiente: *la ansiedad se transforma en temor y comportamiento complaciente hasta el extremo de la frialdad y rigidez en el patrón de conducta familiar.* En ese punto, el temor ata toda vida: "Los que por el temor de la muerte estaban durante toda la vida sujetos a servidumbre" (Hebreos 2:15). La muerte que tememos no es la física. Para el creyente orientado al rendimiento, la muerte física sería liberación. Más bien, tememos morir a ese mundo de control que falsamente hemos llegado a creer que nos garantiza aceptación y amor. Ese temor a la muerte impide cambiar incluso a los nacidos de nuevo, hasta que el amor llega a los rincones congelados y la muerte del yo nos liberta.

CARACTERÍSTICAS DE LA
ORIENTACIÓN AL RENDIMIENTO

La orientación al rendimiento no define a alguien que trabaja duramente, sino a alguien que trabaja duramente por razones equivocadas. Una persona libre puede trabajar más duramente en las mismas obras, impulsada sólo por el amor. La gente orientada al rendimiento requiere constante reafirmación (exigiéndola inconscientemente, a veces verbalmente). No pueden manejar bien la crítica. Su seguridad no está basada en Dios y en sí mismos, sino en lo que la gente piensa de ellos. Dependen de las reacciones de otros. Tienen poco centro de decisión en sí mismos. Deben convertirse en lo que sea necesario para ganarse la aprobación de los demás.

Se han convertido en lo que Erich Fromm llama "personalidades orientadas al mercado" que se venden a sí mismas para ser o hacer cualquier cosa que adquiera para ellos señales de aceptación.[1] La reprobación los pone a la defensiva, no como señal de aceptación y amor, sino como rechazo. No pueden admitir fácilmente la culpa porque eso se traduciría como: "No lo intenté", "No soy aceptado" y "Debo seguir intentando que me acepten o estoy perdido".

Reprenda a una persona orientada al rendimiento, y se sorprenderá al oír: "Me estás diciendo que no te amo". Las personas seguras que viven con este tipo de personas suelen asombrarse: "¿Cómo sacó esa conclusión de lo que le dije?". Pueden producirse arrebatos emocionales por los desaires más mínimos e incluso no intencionales, y nos sorprende oír: "Después de todo lo que *hice* por ti" o "Tú no me aprecias. Nunca lo haces".

La gente orientada al rendimiento brinda afecto por medida, según lo bien que se hayan comportado las personas importantes que la rodean. El amor no se da cuando otros no han hecho las cosas bien: "No lo merecen". Habiendo sido tratados de esa manera, hacen lo mismo con otros. ¿Cuántos esposos se han disgustado al descubrir que la capacidad de sus esposas para atenderlos sexualmente está relacionada con lo bien que ellos se han comportado, según los estándares *de ella*? El sexo se convierte en un arma de control. O ¿con cuánta frecuencia hacemos el vacío o aplicamos el tratamiento del silencio, con la intención de controlar al otro, de empujarlo a hacer lo que nosotros queremos?

El amor cristiano debería ser lo opuesto a la conducta orientada al rendimiento. La "Palabra hecha carne" es el amor dado incondicionalmente, no alterado por el buen o mal comportamiento del otro. El amor cristiano nace en el corazón inmutable de Cristo en nosotros para los demás. La forma en que demostramos ese amor puede variar según la conducta del otro, para ser apropiada a las necesidades del momento. Una corrección puede ser la acción que el amor requiere. O la ternura. O el retraimiento. No somos gobernados por la inseguridad, sino por el fluir del amor de Cristo con sabiduría. Lamentablemente, hemos desarrollado estructuras pecaminosas en una vida precristiana. Tenemos incorporada la orientación al rendimiento. Está urdida y entramada en nosotros. El Espíritu Santo debe encontrar la forma de derramar amor desde el centro de esa zarza enmarañada en la que nos hemos convertido, y mucha gente queda atrapada en esas puntas espinosas que todavía no han muerto. Seguimos usando el amor para controlar hasta que la muerte del yo procede a liberarnos.

La gente orientada al rendimiento a veces teme probar cosas nuevas. Fallar no está bien. No es que a veces no prueben cosas nuevas. La orientación al rendimiento puede impulsarlos a aventurarse desaforadamente, o puede hacerlos lo suficientemente fuertes como para impedir los impulsos creativos innatos. Pero la cuestión es el temor. Toda la gente normal tiene temor, pero la gente orientada al rendimiento tiene más temor al fracaso por lo que los seres amados y otras personas puedan pensar de ellos que por la manera en que el fracaso pueda lastimar a otro. La seguridad que hace divertido probar el ensayo y el error ha desaparecido. La persona orientada al rendimiento quiere conocer las reglas de antemano. Los mensajes subliminales son: "Dime como hacerlo para que pueda sentirme seguro", "Quiero saber antes de aventurarme para sentirme mejor respecto de mí mismo", "Necesito tener el control". Por tanto, la gente orientada al rendimiento no puede ser espontánea, a menos que puedan actuarlo como parte de los roles de la fiesta. Para ellos, el autocontrol es una virtud hasta el punto de la idolatría y la rigidez. Siempre son desenvueltos y correctos en público.

A veces, la carga se hace demasiado pesada. Cuanta más gente y nuevas circunstancias enfrente esta persona, tanto más deberá trabajar subliminalmente para descubrir las reglas y los roles. Bajo demasiada presión, puede colapsar y caer en una depresión. No puede concebir que lo acepten simplemente por existir, sino sólo si se conforma a los patrones imperantes.

Si una persona orientada al rendimiento pertenece a grupos cuyas costumbres están en conflicto con las suyas, hacer el cambio por poco lo destrozará. Por ejemplo, el esposo que trabaja con un jefe demasiado exigente, obsceno, fornido y machista, y luego vuelve a su casa donde vive con una esposa cristiana piadosa y recatada. Se da cuenta de que durante todo el día, él debe hacerse el gallito, hablar obscenamente y compartir chistes verdes, para después volver a casa y actuar como un santo. Poner a los dos juntos en las fiestas navideñas significa una tortura. La carga de tratar de descubrir y actuar de cualquier forma que compre el amor que él necesita puede tornarse tan pesada, que reaccionará con temor o rebeldía, salir de juerga, drogarse, apostar, tener una aventura o cualquier cosa que haga saltar el rol de chico bueno o que dé rienda suelta a la ira oculta que proviene de tener que actuar conforme a lo que no es.

Como la gente orientada al rendimiento tiene poco núcleo propio y debe actuar conforme al modelo de grupo, esto llega a explicar por qué tantos "buenos" chicos parecen tener tan poca resistencia a hacer lo malo cuando andan en malas compañías. Nunca fueron tan morales desde una base de amor, sino solamente en virtud de cumplir con los estándares de sus padres. Las tentaciones presentes laminan dos poderosos impulsos: uno, a romper el molde y hacer algo para arruinar el rol por completo, y dos, a pertenecer a la banda que presenta la tentación.

RESULTADOS DE LA ORIENTACIÓN AL RENDIMIENTO

La gente orientada al rendimiento puede perder su verdadera identidad. Un niño debe elegir, cientos de veces por semana, si actuar la imagen de muñeco que los padres exigen o si expresar sus verdaderos sentimientos. Una persona que desarrolla la orientación al rendimiento debe reprimir lo real una y otra vez. Como resultado, comienzan a suceder varias cosas:

1. El ser interior finalmente deja de enviar mensajes hasta que la persona siente que ella es lo que está actuando.

2. Por debajo del nivel de conciencia, la persona orientada al rendimiento siente que se ha prostituido. Se siente contrariado por tener que venderse por el "dinero" de la recompensa que es el amor.

3. El enojo creciente hace que desarrolle un "perdedor", una necesidad de perder. Quiere hacer algo lo suficientemente drástico para destruir por completo ese juego

falso. Ya no quiere simplemente tener que creer que es amado. Quiere descubrir, como un hecho, expresado y experimentado, que lo aman aunque haga todo mal y se convierta en algo que para él es totalmente imposible de amar.

4. Por lo tanto, se convierte en un barril de pólvora, buscando un fósforo que le dé una excusa para explotar.

En muchas oportunidades, Paula y yo hemos tenido que ministrar a gente que se ha convertido en un éxito en el campo que eligió, para después acabar "explotando" y perdiéndolo todo. Precisamente en el momento en que podrían haber disfrutado de un descanso (Hebreos 4:9-11), ellos mismos echaron todo a perder. Cayeron en alcoholismo, juegos de azar, tuvieron una aventura o desarrollaron alguna espantosa enfermedad psicosomática obvia: ¡nada que perder! No pueden entender por qué. Para ellos es todo un misterio, ¡e injusto!

Existen algunas razones muy simples. Primero, durante toda su lucha por el éxito, a su ser interior se le tuvo que decir: "Ponte a un lado; tenemos trabajo que hacer". Tuvo que sacrificar las necesidades interiores de alternar, descansar, expresar el enojo, impulsos desenfrenados, fantasías y demás, a favor del impulso exterior de tener éxito, o así lo parecía. Eso es como sostener una pelota bajo el agua. Al momento en que las demandas externas aflojan, los impulsos internos se disparan, explotando y disparándose en toda dirección. Como un niño impaciente al que le da una rabieta, el ser interior pide a gritos su oportunidad para que lo escuchen a través de las circunstancias desfavorables.

Segundo, durante toda esa lucha, el hombre exterior le dice al interior: "Cuando lleguemos allí (millones de dólares, estrellato, aclamación, lo que sea), entonces podremos descansar". La llegada amenaza con revelar la vana ilusión: la persona ya no se siente aprobada, amada o segura. El éxito era la respuesta equivocada para la pregunta equivocada. Hay que alcanzar otro millón, llegar a otro pináculo, pues de otro modo tendríamos que admitir que todo ese juego era hueco, ¡pero no podemos hacerlo porque el rendimiento ha sido nuestra definición de lo que significa tener vida y ser amado! La alternativa *parece* ser la pereza o, lo que es peor, el rechazo, y la carencia de todo propósito en la vida. El dinero y el éxito nunca fueron los objetivos de la persona orientada al rendimiento, aunque creyera que lo eran. El objetivo era el poder para sentirse bien y aceptable para sí mismo y para los demás. Entonces las Marilyn Monroe se suicidan, y los Morgan siguen intentando ser dueños del mundo entero.

Un pastor de la región central de los Estados Unidos fue criado por una madre que nunca le dio afecto, pero que le exigía conducta. Él sintió que la presión de tener que cumplir era tan intensa que proyectó sobre su esposa su propia demanda interior, creada mayormente por sus reacciones hacia su madre. No podía vivir con esa mujer ni un minuto más. Ella (pensaba él) había convertido la casa en una prisión para él, exigiéndole que viviera de acuerdo con sus expectativas. Ella vino a pedir oración y cambió. Pero eso no hizo ninguna diferencia; para él, ella era el problema. (Si él hubiera colocado su enojo en su madre, podría haber dejado de proyectar, pero ella estaba demasiado bien protegida de él mismo: después de todo, no es lindo odiar a las mamás.)

Este pastor era un predicador evangélico nacido de nuevo. Su ocupación era salvar almas, y era bueno en lo suyo. Pero su propio corazón aún no había escuchado lo que él predicaba. No era hipócrita; simplemente era un hombre atrapado en una carne que todavía no había muerto. Se sentía prostituido, por y para su esposa y toda la iglesia. Tenía una necesidad desesperada de hacer algo lo suficientemente drástico como para escapar del yugo. Yo (John) vi esto y le advertí: "Tienes un odio oculto hacia tu madre. Necesitas envilecer a una mujer. Si no tratas con esto, vas a hacer algo grave".

"Oh, no, John", respondió. "Soy salvo, Cristo murió por todo eso que había en mí. Lo he declarado. Todo eso está muerto. ¿Cómo alguien que ha nacido de nuevo, y que está lleno del Espíritu Santo, podría tener todo eso en su interior?" El problema estaba "allá afuera". Si no podía ayudarlo a "poner en vereda a su esposa", él ya no seguiría participando en ningún ministerio de oración conmigo.

Aunque el hombre era inconsciente de sus propios motivos, no sólo no ocultó a propósito el inevitable adulterio, sino que también fue especialmente burdo y carnal; más bien, *tuvo* que revelar su secreto indiscretamente. ¿Por qué? Para asegurarse de que toda la imagen de chico bueno fuera lo suficientemente destruida. Afortunadamente, la esposa y los ancianos a quienes les fueron con el cuento lo perdonaron, recibieron, valoraron y me lo enviaron para "rehabilitación"; ¡hoy sigue siendo el pastor de esa iglesia y va camino a la restauración! (La confesión a los ancianos es buena; sin embargo, su confesión original no fue confesión, sino un infantil parloteo consigo mismo.)

Uno de nuestros queridos amigos, criado como hijo único, que les nació tardíamente a unos padres fríos y distantes, no era consciente en absoluto del amor si no se lo ganaba. Actuaba bien, pero cada tanto salía de parranda. Después de una de esas juergas, en un raro momento de veracidad, le dijo a su esposa: "Voy a probarte una y otra vez hasta que sepa con seguridad que realmente me amas". En efecto, lo hizo una y otra vez, incluyendo adulterios no demasiado ocultos. Ella perdonaba continuamente, a un costo cada vez mayor. Tuvo que dar amor incondicionalmente hasta darse cuenta de que ya no podía darlo y, desesperada, descubrió que solamente Jesús en ella podía dar esa clase de amor. Al fin su corazón creyó, y él cambió por completo.

EL PELIGRO DEL "ALCAUDONISMO"

En lo que a mí (John) me parece el peor nivel, la orientación al rendimiento puede producir *alcaudones*. Un *alcaudón* es un pájaro que despedaza a sus víctimas músculo por músculo. En los humanos, un alcaudón es una persona que se adjudica toda la justicia para sí misma (más comúnmente una mujer), de modo que el otro (por lo general el cónyuge, a menudo el esposo) no tiene lugar para expresar justicia y actúa el rol del villano. En estas personas, la orientación al rendimiento usualmente se combina con rivalidad entre hermanos (el niño aprendió a sobresalir entre sus hermanos al superarlos para recibir cualquier migaja de alabanza que sus padres pudieran darle), asociada con una amarga expectación de que otros no podrán hacerlo tan bien o directamente no podrán hacerlo bien en ningún caso. Esa amarga expectación enraizada en un alcaudón transmite a su cónyuge veinticuatro horas al día: "Descarríate. Engáñame. Sé que lo harás. Conviérteme en un noble mártir. Así espero que sea mi vida. Ése es el rol que yo desempeño (sin admitirlo). Ése es el rol que quiero que desempeñes".

Una señora se acercó a mí (John) queriendo saber por qué su esposo era un debilucho, que caía una y otra vez en borracheras. Ella era un dechado de virtudes en el vestir, la moral, la postura, la asistencia a la iglesia y la vida de oración. Nombre una virtud, y ella la tenía, la "santa" de la iglesia. Por debajo de toda esa conducta, no había un amor puro hacia los demás, sino una egocéntrica necesidad de ser perfecta, asociada con la amarga expectación de que el hombre (su padre había sido un borracho) fuera débil. Me senté y observé cómo comenzaron a pelearse. Todo excepto sus palabras exigía a gritos a su esposo que fuera el debilucho que ella necesitaba. Es comprensible que, cuanto más seguro se sentía él y menos bebía, ella se sintiera tanto más molesta en vez de contenta. Su poste de flagelación la estaba abandonando. Su capacidad de sentirse bien acerca de sí misma dependía de su posibilidad de contrastar el fracaso de él con su propia supuesta virtud. Esto la convertía en la noble mártir perpetua, apoyada en todos esos sentimientos por "amigos de Job" de la iglesia: "¿No es una maravillosa cristiana que tiene que vivir con ese hombre terrible?". Trágicamente, ella está lejos de ser un caso aislado; el patrón es casi endémico.

El "alcaudonismo" se da en las mujeres más que en los hombres, no porque ellos sean mejores (no lo son), sino porque las mujeres fueron formadas por Dios para desear agradar más que los hombres. Caen en la orientación al rendimiento de forma más natural que los hombres. Al carecer de fuerza física, las mujeres aprenden desde niñas a usar tretas emocionales y, olvidándolo, inconscientemente pueden actuar este rol para sobresalir con respecto a su esposo y jugar a la noble mártir. Los hombres con otros hombres tienden a ser rebeldes más que a ser complacientes, pero cuando han sido criados por madres controladoras, son más vulnerables a una esposa que juegue este rol, aunque menos aptos para ser alcaudones.

¿RELIGIÓN O FE?

En la iglesia, la orientación al rendimiento se convierte en un espíritu religioso antes que cristiano. *Religión* se define (en mi gran Diccionario Oxford) como "una acción o conducta que indica una creencia en, reverencia hacia, y un *deseo de agradar* a un poder divino que gobierna"[a] (énfasis añadido). Teológicamente, la religión se define como la búsqueda que el hombre hace de Dios, un hombre que suele estudiar la Biblia, asistir a la iglesia, realizar buenas obras, y practicar la devoción para tratar de hallar y *agradar* a Dios.

La fe cristiana es lo opuesto. Es Dios quien busca al hombre, dando a la humanidad del inagotable amor de su corazón. En la religión, el hombre se aferra a Dios. En la fe, Dios aferra al hombre. En la religión, hay esfuerzo, temor y falsa culpa: nunca somos lo suficientemente buenos; realmente nunca podremos lograrlo. En la fe, hay descanso y paz, porque la empresa que somos ha sido entregada en las manos del Padre, y Él hará con nosotros un trabajo mejor del que nosotros podríamos hacer. En la fe, todo esfuerzo (Colosenses 2:1; 1 Timoteo 4:10; Hebreos 4:11; 12:4) está afirmado en la paz. Dios nos tiene. Somos amados y escogidos. Podemos alejarnos temporalmente de la comunión, pero no del amor, y cuando eso sucede, Él vendrá por nosotros. Por lo tanto, estamos seguros. Somos libres para meter la pata, y porque lo somos, no necesitamos hacerlo muy seguido.

La gente religiosa ha transferido a Dios la orientación al rendimiento. ¡Ahora más enfáticamente tienen un Padre cuyas "demandas" *deben* cumplirse! No se preocupe, que Dios el Padre no es para nada así. Dios se pone la capa de nuestra vida con nuestros padres terrenales. (Vea el capítulo dos: "Ver a Dios con un corazón incrédulo".) Por tanto, ni bien pasa el alivio original de redención y viene el Espíritu Santo, la gente orientada al rendimiento piensa en su corazón, por debajo del nivel del pensamiento consciente: *¡Ahora yo realmente debería poder vivir de acuerdo con eso!*. Y se disponen a esforzarse por ser perfectos, no realmente por amor a Jesús, sino por el mismo y viejo temor carnal del rechazo de sus padres. Lamentablemente, demasiados sermones regañan y exhortan al rendimiento, reforzando precisamente esa lucha espantosa en lugar de predicar las sencillas buenas noticias de la gracia de Dios a los niñitos que atisban a través de los ojos adultos.

Las personas religiosas (OR* nacidos de nuevo) se convierten en centros de disensión en la iglesia. Critican a otros y en cambio no pueden recibir corrección. Fueron los líderes religiosos los que crucificaron a Jesús, y los líderes religiosos han perseguido a los fieles desde entonces. Las personas religiosas son los fariseos de hoy.

> "Se juntaron a Jesús los fariseos, y algunos de los escribas, que habían venido de Jerusalén; los cuales, viendo a algunos de los discípulos de Jesús comer pan con manos inmundas, esto es, no lavadas, los condenaban. Porque los fariseos y todos los judíos, aferrándose a la tradición de los ancianos, si muchas veces no se lavan las manos, no comen. Y volviendo de la plaza, si no se lavan, no comen.

---

* OR: Abreviatura que se utilizará en lugar del término "orientación al rendimiento" u "orientado al rendimiento".

Y otras muchas cosas hay que tomaron para guardar, como los lavamientos de los vasos de beber, y de los jarros, y de los utensilios de metal, y de los lechos."

—MARCOS 7:1-4

Su seguridad dependía de hacer las cosas "correctas" —lavajes rituales y ritos ceremoniales— no de conocer el amor de Dios por ellos o de hacer actos de amor. Jesús trastornó su mundo. Ellos habían construido cuidadosamente ese sistema de conductas apropiadas para asegurarse justicia por sí mismos y para superar a todos los hermanos que no lograban hacer las cosas tan bien como ellos. (Lo mismo se aplica a la iglesia de hoy.) Entonces, vino Jesús, y por su amor y misericordiosa ostentación de sus leyes sabáticas, les dijo que toda la justicia por obras era en vano. De ninguna manera podían ellos sentir su amor, aparte de los ritos y rituales. La alternativa parecía la desolación. Él era una amenaza. Él los anuló. Por consiguiente, ellos lo odiaban, y lo siguen odiando hoy, ¡aunque hayan nacidos de nuevo y pronuncien su nombre en la adoración cada domingo en su iglesia!

CRISTO ES LA CLAVE

La gran tragedia no es que la gente OR persiga la de fe apacible, sino que los fieles no han sabido cómo ministrarlos para que puedan ser libres. Los creyentes deben aprender cómo amar a los que se esfuerzan por descansar. Una persona OR no puede encontrar descanso en ningún otro lugar de toda la sociedad, porque solamente después de haber puesto a prueba una y otra vez el amor que le han mostrado podrá decidir en su corazón que está bien porque él existe en Cristo. El mundo no continuará aceptando ni perdonando. *En Cristo* está la clave, pues el espíritu de cualquier hombre estará abierto a la acusación de Satanás hasta que sepa en lo profundo de su corazón que, imperfecto como es, está bien tal como es, porque el Señor Jesucristo es su fuerza, su salvación y su canción.

¡Satanás busca una presa a la cual *pueda* devorar (1 Pedro 5:8)! Paradójicamente, aquel al que *puede* devorar es el que piensa que debe tener alguna justicia o ser destruido. En cualquier área y hasta el punto que sea que un hombre haya aceptado la mentira de la OR de modo que tenga que hacer las cosas bien para ser amado, Satanás tiene lugar para actuar. Siempre puede venir y señalar algún área de fracaso. Al que no puede tocar es a aquel que sabe que sigue siendo pecador, aunque redimido, sin ninguna justicia propia, y sin necesitarla, porque Jesús es su justicia.

La conducta sigue debiendo estar de acuerdo con los estándares establecidos por nuestro Señor Jesucristo. No tener justicia no significa la libertad como pretexto para el mal (Gálatas 5:13). La conducta vendrá a continuación como resultado del amor de Cristo en nosotros. Pero el éxito o el fracaso de nuestra conducta no es la marca de nuestra justicia: Jesús lo es.

No se puede escapar de la orientación al rendimiento o de un espíritu religioso yéndose de la iglesia, ni por abandonar las leyes morales, las cuales pueden parecer una prisión para la persona OR. La estructura de la OR es interna; la llevamos dondequiera que vamos, como dice el viejo dicho: "Puedes sacar al niño de la granja, pero luego debes sacar la granja del niño". En cualquier lugar que uno esté en la sociedad, se le exige rendimiento.

¡En ningún lugar, el rendimiento se controla más espantosamente que en la sociedad criminal! Las sociedades criminales dejan entrar gente o la elimina únicamente de acuerdo con su buen rendimiento. En mis días de taxista, yo (John) solía responder avisos y me encontraba transportando chicas a "trabajar". (Por ley, un chofer de taxi debe llevar a los pasajeros adonde quieran ir.) Continuamente, me sorprendía al escuchar a estas prostitutas quejarse amargamente de otras chicas "que no lo hacían bien". Ellas "le dan mal nombre a nuestra profesión", ¡como si ya no lo tuviera! Los negocios, los clubes, los amigos, incluso los conocidos casuales, todos tienen exigencias imperiosas de conducta y penalidades por no cumplirlas. La única diferencia *emocional* dentro o fuera de la iglesia es que en la iglesia el Señor Jesucristo tiene la oportunidad de llevarnos a la muerte y consiguiente descaso en la relajante gracia de Dios.

OBSTINACIÓN EN EL CORAZÓN

La estructura interna de la orientación al rendimiento forma un área de incredulidad más obstinada en el corazón entre los cristianos nacidos de nuevo. La mente oye el mensaje del don gratuito, y el espíritu suspira aliviado, pero el corazón ha sido largamente entrenado para esforzarse por agradar por razones equivocadas. Como dije anteriormente, apenas desaparece el deslumbramiento de la conversión, el rendimiento resurge con ganas, ¡y ahora el cristiano muerto tiene en serio un Padre y exigentes estándares a cuya altura debe estar! Muchos alcanzan la llenura del Espíritu Santo para después sucumbir porque esa área no muerta de la carne los arroja a una lucha interior que nadie puede sostener. Un individuo que ha aprendido OR de su padre, ahora tiene un Padre celestial a quien se esfuerza por agradar. La carne transfiere sobre el Padre Dios, amplificado, todo su esfuerzo para ganarse el amor de su padre natural y acumula todo el peso del ejemplo de Cristo sobre sí. La vida rápidamente se torna imposible. Y a menudo la persona se deprime.

No es que debamos dejar de intentar vivir para Cristo. Lo que debe ocurrir es la muerte de los viejos motivos y el nacimiento de los nuevos. Antes de ser crucificados, detrás de todo nuestro servicio está el esfuerzo de la carne. Obedecemos la ley en toda la medida en que somos capaces de hacerlo para hacer méritos, por miedo al castigo, para ganarnos el amor del Padre, por deber, porque fuimos entrenados, por temor a no poder vivir con nuestra conciencia falsa y acusadora, por amenaza de lo que otros piensen de nosotros o de que no nos acepten, todos motivos equivocados para un cristiano. *Todo eso debe morir.* Lo que debería impulsarnos, simple y puramente, es el fluir del amor de Cristo a través de nosotros. Lo que hacemos no nos da nada, no hace que el que nos debe responda a su deuda, no nos asegura que nos acepten o nos amen, ni aleja el temor. Todas esas cosas han sido respondidas por la única respuesta verdadera: el don de Jesús. Pero hasta que nuestro *incrédulo corazón* llegue *en verdad* a comprender esa realidad, seguiremos haciéndolo. Nosotros podremos, cuando por fin hayamos muerto al rendimiento, volver a hacer exactamente las mismas obras para el Señor con palabras y formas idénticas, pero lo que fluya a través de nosotros será el amor de Jesús, no nuestra carne, y otros rápidamente lo leerán y tomaran nota.

En una iglesia que visitamos, había un diácono que era el "Sr. Todo". Recogía la ofrenda cada domingo, cantaba en el coro, vendía la mayoría de los boletos para los banquetes de hombres, llevaba a los enfermos a la iglesia en el auto, y se ofrecía para cada trabajo que se presentara. Pero él también era el "Sr. Espina en el Costado" para el pastor y el "Sr. Disensión" en la iglesia. En su rostro y su forma de caminar, había un niñito que decía: "¿No ves que estoy haciendo las cosas bien? Me estoy portando como un buen muchacho. Así que tienes que amarme". En su voz, que levantaba a menudo, había condenación y crítica. No podía entender por qué "otros no pueden servir al Señor como yo". No había forma de que oyera lo que estaba infectando todo su servicio. No era consciente de sus motivos internos. No podía ver que sus críticas no nacían del amor por el Señor, sino de su necesidad de niño de superar a sus hermanos rivales. Puesto que su OR totalmente florecida no podía soportar la más mínima corrección, nunca podía oír ni siquiera las explicaciones más amables de lo que realmente estaba sucediendo. Hace mucho dejó la iglesia, totalmente decepcionado de esos "reincidentes". Desde entonces, la iglesia se volvió cálida, unida y amorosa. Este diácono era un hombre nacido de nuevo, ardiente por el Señor. ¡Qué tragedia y arrepentimiento para todos nosotros que no hemos entendido el ministerio al corazón, para ser la clase de cuerpo que pudiera haberlo salvarlo a él, un creyente incrédulo!

Peggy vino a vernos cuando se esposo se fue y no podía entender por qué. Ella "había hecho todo por él". Al escucharla, yo (John) no podía ver cuál era la verdadera razón de la separación. Luego sucedió que Peggy fue anfitriona de una reunión hogareña en la que prediqué. Al momento en que entré, Peggy se puso a hacer de todo, bramando aquí y allá, haciendo cosas sin parar. En su rostro y en sus modales, incluso en su andar, estaba diciendo: "Estoy haciendo las cosas bien para usted. Dígame que es así. ¿No se siente culpable si no lo hace?" Supe por qué su esposo se había ido. El pobre hombre ni siquiera podía descansar en su propia casa. Con cada servicio que prestaba ella le exigía que respondiera, que apreciara, que se diera cuenta. Un hombre se cansa de tener que demostrar una y otra vez que ama y aprecia. Ella sencillamente no podía creer que él la amaba y reposar a su lado. Ella *tenía* que servir, y él *tenía* que reconocerlo. "Más vale habitar en un rincón de la azotea que compartir el techo *con mujer pendenciera*" (Proverbios 21:9, NVI, énfasis añadido). "Mejor es morar en tierra desierta que con la *mujer rencillosa e iracunda*" (Proverbios 21:19, énfasis añadido). "Mejor es un bocado seco, y en paz, que casa de contiendas llena de provisiones" (Proverbios 17:1).

Intenté decírselo. Ella también había nacido de nuevo, estaba llena del Espíritu Santo, era creyente y asistía a la iglesia. Conocía la salvación. Pero su corazón no podía recibirla y descansar. No podía oírme. "El revoltoso siempre anda buscando camorra, pero se las verá con un mensajero cruel" (Proverbios 17:11, NVI). No tardó mucho en venir.

Su esposo volvió al hogar, pero perdió su trabajo. Ahora, él se sentaba en el sofá y exigía que le sirviera. No quería buscar un nuevo empleo; hizo que ella saliera a buscar trabajo. No sólo no la ayudaba a ordenar la casa o lavar los platos, ¡ni siquiera la llevaba a trabajar en el auto ni le permitía usarlo! Tenía que pedalear en su bicicleta para ir a su empleo, trabajar todo el día, pedalear de vuelta a casa, limpiar la casa y los platos sucios que él había dejado, preparar la cena, lavar los platos, lavar la ropa, y prepararse para volver a hacer todo al día siguiente.

Cuando nos obstinamos en seguir nuestro propio camino, la "bondad que no parece bondad" del Señor es ponernos encima más y más hasta que llegamos al final y nos disgustamos lo suficiente como para parar. Finalmente, llegó una mañana en la que, estando aún a media milla del trabajo, Peggy ¡tuvo que pedalear contra un vendaval de cuarenta millas! Fue la gota que colmó el vaso. Allí en su bicicleta, pedaleando a más no poder sin llegar a ninguna parte, se enojó con Dios, gritándole a todo pulmón: "Aquí estoy tratando de llegar a trabajar. Estoy tratando de servirte. Estoy amando a ese mal esposo que *tú* me diste. Estoy haciendo todas las tareas de la casa, y él no me quiere ayudar, y tú tienes que mandar esta tormenta contra mí!". Ese estallido abrió las puertas y quebró su control, y brotaron de Peggy todos esos sentimientos contenidos. ¡Maldijo, despotricó, insultó y acabo gritándole obscenidades a Dios! ¿Y qué sucedió? No cayeron rayos del cielo para abatirla. No vino auto alguno para aplastarla y castigarla. En lugar de eso, vino una paz abrumadora. ¡Unción, bendición y amor fluyeron del cielo sobre ella! Allí mismo, en medio de la calle, se detuvo y lloró como un bebé. Por primera vez en su vida, *supo* que alguien quería amarla, aunque ella no hiciera todo bien. Su incrédulo corazón, por fin, había sido evangelizado.

Pocas semanas después, Peggy vino a verme, no para ser ministrada en oración, sino para decir "gracias". Antes, siempre se sentaba en el borde de la silla, rodillas juntas, manos juntas sobre la falda, siempre correcta y formal. Ahora, se repantigó cómodamente en la silla profunda, se rió y bromeó, y admitió con facilidad y sinceridad lo que en realidad sentía. Por cierto, saber que estaba bien meter la pata no la había hecho perder su naturaleza moral. (Peggy resulta ser una de las rubias más gloriosamente hermosas que un hombre podría desear.) Ahora bien, ser moral se había tornado en algo fácil, originándose en una base de amor a Dios, no en la compulsión. Finalmente, había aprendido el verdadero significado de la gracia: favor inmerecido, inmérito.

Debo confesar que, a menudo, mientras ministro a personas que rinden más de lo esperado, en mi carne he deseado que pudieran salir y hacer algo totalmente pródigo para que realmente pudieran aprender lo que significa tener y necesitar un Salvador. Martín

Lutero solía confesarse tan exageradamente con su confesor que Spatina le gritó: "¡Martín, deja de agobiarme confesándome todos estos pecadillos y ve y comete un pecado tremendo! ¡Entonces vuelve aquí y confiesa!" Por supuesto, la respuesta es no hacer lo que sugirió Spatina cuando, exasperado en su rol como confesor, exclamó: "¡Si debes pecar, peca tremendamente!". No todos tenemos por qué tener una aventura, como ese pastor que mencioné antes, para descubrir amor y salvación en el corazón.

Paula era como esa hermosa rubia, totalmente moral y casi tan orientada al rendimiento. En el comienzo de nuestro matrimonio, rara vez podía decirle algo que contuviera corrección; me lo devolvía, con rencor defensivo. Yo tenía mis propios defectos, mucho más graves, pero ése era uno de los de Paula. Intenté una y otra vez hablar con ella al respecto, pero nunca podía lograr una verdadera recepción y comprensión. Finalmente, después de dieciséis años, le dije al Señor: "Me doy por vencido. Tú vas a tener que hacerle entender a ella".

Al mismo tiempo, yo (Paula) le estaba diciendo algo muy parecido al Señor: "Me doy por vencida. No sé de qué me habla. No sé cómo cambiar. No puedo vivir en este punto muerto. Haz lo que puedas, Señor, para abrir camino". Incluso en el momento en que oraba, no podía identificar los problemas como algo que estuviera en mí. Desde mi punto de vista, yo me estaba esforzando mucho por hacer y coordinar esfuerzos en roles múltiples: madre de seis hijos, docente de escuela secundaria con preparación para dar cuatro materias, además de ser una esposa de ministro activa en la vida de la iglesia. Yo me estaba esforzando por hacer bien todo esto, y la conversación de John venía como acusación y carga para sugerir que no estaba haciendo lo suficiente.

Por supuesto, ése no era el mensaje que él quería transmitir. Pero eso era lo que yo oía. Estaba exhausta. Solamente quería que él me amara por mí misma, y no podía ver que mi esfuerzo y mis muros defensivos le impedían hacerlo. La gente orientada al rendimiento, por lo general, se esfuerza mucho por amar sirviendo a otros, pero no puede permitir que otros se le acerquen lo suficiente para darle amor a cambio. Desde entonces, hemos hablado con muchos carismáticos líderes cristianos que se quedaron aislados y solos en lo alto de la escalera, porque nadie se animó a atravesar la barrera de su OR para ministrarlos.

Algunos amigos le habían dicho a John: "¿Por qué no puedo acercarme a Paula?".

Él les había respondido: "No sé. Pregúntenle a ella". Pero yo me desenvolvía con tanto aplomo y control que nadie parecía dispuesto o capaz de ser el primero en abordarme. Cada vez que pedía oración a los demás, parecía que las palabras de amor comprometido que mi corazón anhelaba nunca venían. En lugar de eso, era: "Gloria a Dios por esta maravillosa y fuerte mujer". Esa no era yo en absoluto. Me sentía sola y estaba enojada, y todo lo que sabía hacer era esforzarme aún más. Los muros defensivos eran tan gruesos que si John hubiera sido un ángel, habría tenido dificultades para atravesarlos. Y él se sentía aislado de mí y herido. "A veces, desearía haberme casado con una rubia tonta y sin talento", dijo una vez. Y yo pensé: *Qué necio desagradecido.*

Dios sabe que los muros que son demasiado altos para saltarlos y demasiado resistentes para atravesarlos deben ser demolidos. Cuando por fin ambos *nos dimos por vencidos*, Dios ignoró incluso el tono de mártir de nuestro clamor y nos respondió de forma magnífica.

Yo enseñaba en una escuela de Mullan, Idaho, un pueblito a unas seis millas montaña arriba en dirección a Lookout Pass de Wallace, el lugar donde vivíamos. Era octubre, y aunque todavía no había empezado a nevar, a veces había trozos de hielo negro en curvas sombreadas del camino. Alrededor del mediodía, yo esperaba que las calles estuvieran despejadas para conducir de regreso a casa en nuestra camioneta VW. De pronto, a sesenta millas por hora, choqué contra un trozo de hielo (el límite de velocidad en esos días era de setenta). El peso del motor trasero hizo que la camioneta girara como una plataforma giratoria. Embistió la barrera de seguridad y dio dos vueltas y media, y yo salí despedida por el parabrisas frontal en algún momento antes de que la camioneta quedara dada vuelta. Me desperté en medio de la autopista y vi el rostro de un hombre al que sólo había visto una vez. Pensé que estaría herida, pero no sentía dolor y sí una paz increíble. Con calma le dije al hombre que hiciera que la ambulancia me llevara al hospital Kellogg (a catorce millas de la escena del accidente) porque ahí atendía nuestro médico. Al preguntar si había otros vehículos involucrados, se me aseguró que no había ninguno, y me sentí tremendamente aliviada. Las palabras del Salmo veintitrés venían a mi mente una y otra vez durante todo el trayecto al hospital, pero la sensación de paz continuó. En Kellogg, a medida que los médicos sacaban montones de gravilla de mi ropa interior, me di cuenta de que el ojo se me estaba cerrando por la hinchazón y pedí que se detuvieran un momento para quitarme los lentes de contacto mientras era posible. Una amiga lloraba histéricamente en la sala de espera, pero con todo, me rodeaba una sensación de quietud y calma.

Recibí varias lesiones. Sentía mi cabeza como si fuera una pelota de agua. El cuello y los hombros adoptaron un hermoso tono azul marino. Mi cabeza debe haber estado hinchada y gorda durante un tiempo, porque muchos días después un camillero asomó la cabeza detrás de la puerta con un amigable: "¡Bueno, buenos días, cara *flacucha*! Tenía magulladuras y laceraciones en los muslos, y tuvieron que darme varios puntos en la rodilla izquierda. Y como los espasmos en la espalda no cesaban, los rayos X descubrieron cuatro fisuras transversales cruzadas. Durante dos semanas y media dormí la mayor parte del tiempo. Era consciente del constante desfile de visitas: miembros de la iglesia, maestros colegas y administradores, familia, vecinos, y estudiantes, todos vinieron. Su amor y preocupación me ministraron profundamente. Nos llovió correspondencia. John informó que había recibido llamadas telefónicas de todo el país con el mensaje: "¿Qué está pasando allí? El Señor me ha estado llamando a interceder por ustedes". En casa, los feligreses se ofrecieron a planchar canastos y canastos de ropa por mí. Enviaron comida a mi familia y cuidaron de los niños. La comunidad oró. Nuestra amiga traía a Andrea, nuestra hija más pequeña, que entonces tenía dos años, al hospital casi todas las noches para arroparme. Loren, nuestro hijo, venía a casa de la universidad para cantar y tocar su guitarra para mí. Literalmente, estaba inundada de amor y oración, y no podía hacer nada sino quedarme allí y aprender a recibir.

Incluso la compañía del cielo me atendió, y ahora me pregunto cómo no me asusté en ese momento, ni cuestioné lo que vi. Pero gente tan real como la de carne y hueso iba y venía, había hileras de figuras sin rostro alineadas a ambos lados de la puerta de mi habitación y llegaban al pasillo. Formaban un túnel de luz que se extendía hasta mi cama. Durante un tiempo, mi cama pareció estar cubierta de rosas, y luego las rosas cambiaron por lirios. En la pared, podía ver lo que parecía ser un informe médico de progreso a lápiz: un dibujo de mí mirando hacia abajo, y luego hacia arriba, a medida que pasaban los días.

Al fin, no hubo más realidades místicas. Pero la paz que me rodeaba permaneció. Sentía calidez en mi interior. Mis muros emocionales habían quedado hechos polvo. *Conocí* el amor del Señor como sanador. Me colocaron un aparato ortopédico terapéutico en la espalda y me dijeron que debería llevarlo puesto desde seis semanas hasta cuatro meses. Me dieron de alta dos semanas y media después del accidente, volví a la escuela varios días después, me hice cargo de otra clase más, y tuve puesto el aparato sólo durante una semana.

Nosotros (vuelve a escribir John) compartimos esta historia para después seguirla con otras para mostrar desde nuestra propia vida lo obstinado que es el corazón humano, lo realmente inconverso que es entre gente llena del Espíritu Santo, que cree en la Biblia, y de cuántas maneras Dios debe mover cielo y tierra para llegar a los diamantes multifacéticos de nuestro corazón. Por primera vez, Paula pudo permitir que gente la ministrara, y, por primera vez, pudo oír una reprimenda de mi parte. Pudimos tener conversaciones francas, auténticas, dando y recibiendo. Pero un nivel todavía no convertido de su corazón no podía creer que Dios estaría allí para ella. Entonces, Dios la tocó nuevamente por medio del incidente de salida de la ruta, que contamos en el capítulo anterior. Paula nunca había conocido el pecado descarado, intencional. Siempre había sido una "buena chica". Pero seguía siendo una hermana mayor que sufría del síndrome del hermano mayor (Lucas 15:11).

En la Tercera Iglesia Bautista de St. Louis en la que yo (Paula) crecí, no existía nada de ese prejuicio y legalismo por los cuales algunos fundamentalistas se han hecho conocidos. El Dr. C. Oscar Johnson predicaba a un Jesús muy amoroso que se entregó a sí mismo y murió por mí porque me amaba. Me entregué a Él a los once años porque *sabía* que me amaba. Fui al altar a recibirlo, únicamente por amor. Lo amaba tanto, que no podía pasar un servicio de Santa Cena sin que llorara. Jamás me di cuenta de que nunca me había visto a mí misma como pecadora necesitada de un Salvador.

Mucho después de formarse la Elijah House (Casa de Elías) y de que John y yo estuviéramos viajando por todo el país para enseñar el amor de Jesús en la vida diaria, dos católicos romanos miembros de la Casa de Elías comenzaron a confrontarme con una palabra asombrosa, imposible: "Paula, usted no sabe lo que significa tener un Salvador".

"¿Qué quieren decir, que no lo conozco? Lo conozco desde que tenía once años, y he enseñado sobre Él durante años."

"No lo conoce como *Salvador*. Nunca se ha conocido a sí misma como pecadora. Solamente los pecadores pueden conocer a un Salvador. Sentimos pena por usted." (Imagínese, esto venía de católicos que le hablaban a una evangélica bautista nacida de nuevo, ¡nada menos!)

Fui a contarle esto a John, y él me dijo (sin duda con un suspiro de alivio): "Pídele a Dios que te lo muestre. Pide que te revele tu carne. Él lo hará". Así lo hice.

Entonces, cierto día, un pastor trajo a un feligrés para que viera a John, y mientras estaban en el ministerio de oración, el pastor me visitó. Me costó mucho creer lo que estaba oyendo. Yo sabía que este hombre era un excelente pastor lleno del Espíritu Santo. ¡Pero me estaba contando con lujo de detalles acerca de su temprana vida como prostituto! Nunca había oído cosa semejante. Pero durante mucho tiempo yo había practicado una forma de escuchar imperturbable. Seguía entregando mis reacciones al Señor en silencio. Pero me preguntaba por qué me estaba contando todo eso. Debía haberse arrepentido hacía mucho tiempo, y sabía que había sido totalmente perdonado y hecho nuevo, entonces ¿por qué estaba hablando acerca de eso?

Cambiamos de tema, él se fue, y en las horas que siguieron, me sentí abrumada por los pensamientos más confusos. Nunca cerrábamos las puertas con llave, pero sentí una imperiosa compulsión a trabar todas las puertas y ventanas. Me sentí tonta. *No hay nada que me esté amenazando,* pensé. *¿Por qué tengo miedo?* Entonces, el Espíritu Santo me hizo saber que yo estaba intentando dejar afuera el despertar de la conciencia de mi propia *carne.* El Señor me estaba haciendo ver que la misma capacidad de pecar está en todos nosotros y, por lo tanto, ¡también en mí! Registré esa palabra como verdadera. Por primera vez, supe que lo era, no porque yo hubiera logrado ser lo suficientemente buena como para no caer en pecado extremo, sino más bien porque el Señor me había salvado por su gracia. Él me había bendecido con una familia y crianza y circunstancias tan absolutamente inmerecidas que la parte más baja de mi naturaleza, tan negra como la del pastor o la de cualquier otra persona, no había sido tentada tan grandemente por la oportunidad de expresar la carne en mí. Dadas las mismas condiciones, yo *podría* haber hecho lo mismo o peor que ese pastor. Por primera vez, realmente me vi a mí misma como profundamente pecadora. Es desde esa base que expresamos pecado, no como alguien capaz de justicia propia que peca ocasionalmente y que, por tanto, es llamado un *pecador.* Tomar conciencia de eso fue realmente humillante.

Ahora que me vi a mí misma como profundamente pecadora, no tengo nada que defender. De vez en cuando, cuando estoy demasiado absorta en el trabajo y no lo suficiente en la devoción, la base de mi motivo cambia sutilmente de amor a rendimiento. Dios nos ha dejado un barómetro. Podemos conocer nuestra distancia del Señor por el resurgimiento del esfuerzo humano, el control y la actitud defensiva. Supongo que, de este lado del cielo, Él nunca eliminará por completo la orientación al rendimiento y, sin duda, en el diamante del corazón sigue habiendo aún muchas facetas duras, en bruto, sin pulir.

Pero observe el proceso: a medida que el corazón se ablanda, Dios ha podido tratar conmigo cada vez de forma más suave, desde estar cerca de la muerte en un accidente físicamente perjudicial, a casi un accidente, a palabras de corrección seguidas por una parábola en el testimonio de la vida de otro. ¿Podría eso decir algo revelador sobre el cambio desde las maneras de Dios en el Antiguo Testamento hasta un Jesús amoroso? ¿Puede decirnos algo explicativo acerca de nuestra propia vida? ¿Cuánto más fácil sería la vida si nuestros corazones obstinados e incrédulos pudieran oír?

Ésa es la obra de transformación y su base en la evangelización, volver a alcanzar de nuevo las incontables áreas interiores inconversas del corazón de los creyentes.

CÓMO LOGRAR LA TRANSFORMACIÓN

¿Cómo hallamos la capacidad para transformarnos desde una vida orientada al rendimiento? Las prácticas malignas de la carne son rebeldes. "Por tanto, nosotros también, teniendo en derredor nuestro tan grande nube de testigos, *despojémonos de todo peso y del pecado que nos asedia*, y corramos *con paciencia* la carrera que tenemos por delante" (Hebreos 12:1, énfasis añadido). No estamos acostumbrados a pensar en la orientación al rendimiento como pecado, ya que por ella nos esforzamos por hacer tantas cosas *buenas*, pero lo es y muy grave.

Primero, debemos hacer todos los intentos posibles por reconocer nuestra pecaminosa orientación al rendimiento. Permita que otros hablen a su vida al respecto. Lea una y otra vez las ilustraciones bíblicas que la definen en este capítulo. Escuche sermones grabados que enseñen sobre el tema. Relea este libro y otros que discutan el problema.

Usted debe llegar a ver la orientación al rendimiento no como una insignificante serie de sucesos o como un pequeño y peculiar segmento de su carácter, sino más bien como una metástasis cancerosa que extiende tentáculos hacia todo lo que usted es y hace. Reconózcala no como un pequeño defecto aislado, sino como la trama y urdimbre de toda su vida, y llegue a odiarla. "Aborreced lo malo" (Romanos 12:9). ¡La OR es la estructura central de su reino del yo!

Arrepentimiento, metanoia en griego, significa "cambiar, volverse e ir por el camino contrario". Todas las estructuras tales como la orientación al rendimiento tienen vida propia en nosotros. Fuimos creados a imagen de Dios, y todo lo que creamos dentro de nosotros tiene vida propia y no quiere morir. Esa maligna práctica interior arrojará cortinas de humo y coartadas: "Oh, sí, bueno, tú haces lo mismo" o "Tú tampoco eres tan prolijo".

Loren solía llegar a casa sintiéndose culpable, y sabiendo que habíamos descubierto algunas de las razones, confesaba dos o tres de las quizás diez cosas que había hecho. Se sentía mejor, y entonces podía minimizar la importancia de las otras siete u ocho. Lo considerábamos un hijo de lo más sincero y diligentemente arrepentido, hasta que nos dimos cuenta. Del mismo modo, su propio ser interior arrojará manzanas de oro para que usted vaya en busca de ellas mientras la verdadera naturaleza del pecado sigue operando sin obstáculos (una parábola de nuestra psique sacada de la mitología griega).

Todas esas estructuras de la orientación al rendimiento van acompañadas de un sistema de recompensas. Mientras prefiramos las recompensas, no cambiaremos. Cierta vez yo (John) intentaba una y otra vez no cometer un pecado en particular, y oraba al respecto vez tras vez, para volver a caer en lo mismo. Finalmente, me enojé con Dios y clamé: "¿Por qué no me ayudas con esto?".

Me respondió en forma rápida y sucinta: *¡Todavía no estás indignado con eso!*. El odio no estaba totalmente maduro aún. Entonces, Dios me dijo: "Todavía sigues disfrutando esa cosa". "No es así. La odio", protesté.

"Hijo, si la odiaras lo suficiente, la dejarías. La disfrutas." Eso hizo que me preguntara de qué maneras ocultas podría, en efecto, estar disfrutando del pecado. El Señor comenzó a revelar laberintos de líneas subterráneas que llevaban deleites ocultos de una bolsa de pus a otra. Si el pecado consistía, por ejemplo, en volverme callado, frío, y desatento con Paula, detrás de ese único y simple suceso se hallaban estas raíces: el deleite de castigar a una madre crítica; sentimientos de poder, al sacar a alguien de quicio; la malvada fascinación de hacer sufrir a otro; fantasías de ser el noble mártir que mantiene la calma mientras Paula —pobrecita— pierde el control y se pone hecha una furia, no tan capaz de ser tan "cristiana y mesurada" como yo; sentimientos inaceptables de desquitarme con Paula; dominación y control; superioridad masculina; y así podríamos catalogar una lista casi interminable de deleites detrás de un único y simple pecado. No es probable que renuncie a tales recompensas mientras para los centros de control ocultos *de mi corazón* signifiquen más de lo que Paula o Dios significan para mí. Llegar a un aborrecimiento adecuado y suficientemente intenso del yo que hemos edificado en oposición a Dios es un don inconfundible del Señor. Pronto descubrí que no podía odiar suficientemente el pecado por el poder de mi voluntad carnal de alcanzar un arrepentimiento verdadero. Estaba corrompido sin esperanza. "Engañoso es el corazón más que todas las cosas, y perverso; ¿quién lo conocerá? (Jeremías 17:9).[b] El derivado latín de *desesperado*[b] significa "sin esperanza", inútil.

El arrepentimiento nace de un don de amor que alcanza a un segmento no arrepentido, inconverso de nuestro corazón. Hasta que se permita entrar al verdadero amor, o de alguna forma finalmente toque esa área vigilada, no podemos cambiar. Podemos elevar las alas de nuestra voluntad con determinación una y otra vez, pero generalmente el primer cambio en los vientos de la vida nos encuentra incapaces de virar, y entonces *atacamos*. Paula y yo, al sentirnos demasiado responsables, hemos acarreado a miles de personas en nuestro corazón (Filipenses 1:7) y nos hemos desgastado, al tratar de tocar esa necesaria profundidad, para darnos cuenta de que sólo cuando las soltamos Dios puede usar la circunstancia más improbable (como una bicicleta en un vendaval de cuarenta millas por hora) o a la persona más imposible. Finalmente, aprendimos a creer que Dios tocaría el corazón del otro (1 Corintios 13:7, el amor "todo lo *cree*", énfasis añadido) y ofrecernos a estar allí en caso de que el Señor quisiera tocar al otro a través de nosotros.

Si usted no es capaz de vencer la OR, debería estar dispuesto a buscar la ayuda de un ministro de oración cristiano o un líder de grupo pequeño. En muchos casos, un ministro de oración o un líder laico debe estar dispuesto a soportar y sobrellevar con paciencia (1 Corintios 13:7, el amor "todo lo soporta"), porque la persona a la cual ministra, como el marido borracho mencionado anteriormente, puede probarlo una y otra vez. Una hermosa señora joven para la cual nos habíamos convertido en padre y madre en Cristo nos desgarraba el corazón una y otra vez. Un día, vino a verme (a mí, John) para que orara por ella y observó mi rostro con un brillo en sus ojos mientras esta chica otrora totalmente moral me contaba con lujo de detalles su reciente experiencia sexual en su primera relación adúltera. No había forma de evitar que mis ojos y mi rostro reflejaran angustia. Pero pude extender perdón y mostrarle que la podía seguir amando y que seguiría siendo su "padre". La angustia le dijo más que todo lo demás que de verdad la amo.

Ese amor y angustia le hicieron comprender por primera vez cuánto angustian nuestros pecados a Jesús, y que no es la ley, sino el hecho de no estar dispuestos a lastimar a nuestro amado Señor lo que no nos deja pecar. Mi aceptación y constante amor incondicional se abrieron camino en su orientación al rendimiento y le dijo que podía rasgar y romper, pecar y lastimar, y con todo la seguiríamos amando. El brillo de sus ojos era porque me estaba probando (y debido a los mismos deleites perversos que catalogué anteriormente cuando castigaba a Paula). Fuera necesario o no todo ese pecado, el Señor lo usó para tocar su corazón y transformarla. Desde ese momento en adelante, comenzó a madurar y de una muchacha de veintisiete años que era como una adolescente temprana, se transformó en una encantadora joven que hoy sigue siendo nuestra "hija", pero también una amiga madura.

Nota a la traducción:

a. Traducción directa del inglés: "Religion is defined (in my big Oxford Dictionary) as 'action or conduct indicating a belief in, reverence for, and a *desire to please* a divine ruling power'." (emphasis added).

b. El texto inglés de Jeremías 17:9 expresa: "The heart is deceitful above all things, and desperately wicked: who can know it?" (KJV). De ahí el subsiguiente comentario sobre el término *desperate* (desesperado).

CAPÍTULO 4

LA BASE DE LA LEY

"La ley de Jehová es perfecta, que convierte el
alma; el testimonio de Jehová es fiel, que hace
sabio al sencillo. Los mandamientos de Jehová
son rectos, que alegran el corazón; el precepto de
Jehová es puro, que alumbra los ojos. El temor de
Jehová es limpio, que permanece para siempre;
los juicios de Jehová son verdad, todos justos.
Deseables son más que el oro, y más que mucho
oro afinado; y dulces más que miel, y que la que
destila del panal. Tu siervo es además amonestado
con ellos; en guardarlos hay grande galardón."

—SALMO 19:7-11

E N UN CAPÍTULO ANTERIOR, aprendimos que solemos atribuir
a Dios motivos que no son suyos. En ningún otro lugar, eso
se aplica más que a nuestros temores relativos a Dios y a la
ley. "En el amor no hay temor, sino que el perfecto amor echa fuera
el temor; porque el temor lleva en sí castigo. De donde el que teme,
no ha sido perfeccionado en el amor" (1 Juan 4:18). Por nuestro
temor a la disciplina cuando éramos niños y nuestros resentimientos ocultos hacia la autoridad, quizás no podamos pensar en leyes
impersonales como las leyes de siembra y cosecha, disciplina y
retribución, sin confundirlas con el castigo o el afán de venganza
personal.

Usted debe determinar en su corazón que cada ley de Dios es el don más amoroso (aparte de Jesús) que Dios pudo dar a la humanidad. La ley describe la forma en que debe actuar el amor o las acciones dejan de ser amor. La cosecha de semillas del mal que sembramos es castigo impersonal, no personal, y no tiene nada que ver con afán de venganza. Si un hombre no tiene un corazón puro con respecto a la disciplina infantil, y es incapaz de entender a Dios, no puede apreciar realmente que toda la ley fue dada por Dios para que el hombre viva en bendición.

Dios quiere que seamos felices. Los "no harás" tienen ese objetivo, mantenernos felices en un camino de bendición. No es que Dios sea rígido y quisquilloso, de pie en el cielo con un pesado matamoscas, esperando que alguien desobedezca para poder darle una tremenda paliza. Dios tuvo que crear un universo ordenado para todos los hombres y la naturaleza. El universo opera necesariamente según principios firmes. Cuando pecamos, pusimos en movimiento fuerzas irrevocables. Al ver eso, "de tal manera amó Dios al mundo, que ha dado a su Hijo unigénito" (Juan 3:16) para que no perezcamos.

El perdón no significa que Dios mire para otro lado. Quiere decir que los justos requerimientos de la Ley fueron satisfechos con dolor en el precioso Cuerpo del Señor Jesucristo. Así es como Él vino no a abolir la Ley sino a cumplirla (Mateo 5:17). Se hizo como uno de nosotros en Getsemaní para poder cargar sobre sí mismo en el Gólgota la totalidad de las demandas legales de todo lo que pusimos en movimiento (Colosenses 2:14). No obstante, el efecto de esa salvación suele espera nuestra confesión, pues, de lo contrario, cosechamos todo el peso de lo que hemos sembrado. Por esa misma razón, quizás usted esté necesitando un ministro de oración o un líder de grupo pequeño, porque la mayoría de las veces no podemos encargarnos de confesar nuestro pecado sin alguien que ayude al Espíritu Santo a que nos lo revele (Santiago 5:13-16).

EL PODER PARA TRANSFORMACIÓN

Si el líder de un grupo pequeño conoce con absoluta certeza las leyes de la retribución, conocerá con la misma seguridad el poder de la sangre y la cruz para liberar. Cuando le asegure al otro que ha recibido perdón de acuerdo con la Palabra de Dios, no tendrá ni una pizca de temor de que eso no suceda. Sabe con absoluta certeza que, en ese momento, la sangre de Jesús ha limpiado al otro por completo. No tiene ni la más mínima señal de intranquilidad de preguntarse si sucederá. Está hecho, terminado, y es inalterable, tanto aquí como en la eternidad.

"Hijitos míos, estas cosas os escribo para que no pequéis; y si alguno hubiere pecado, abogado tenemos para con el Padre, a Jesucristo el justo. Y él es la propiciación por nuestros pecados; y no solamente por los nuestros, sino también por los de todo el mundo."

—1 JUAN 2:1-2

"A quienes les perdonen sus pecados, les serán perdonados; a quienes no se los perdonen, no les serán perdonados."

—JUAN 20:23, NVI

Qué poder bendito y santo ha puesto el Señor en cada cristiano. Como cristiano, usted está investido con todo el poder de un embajador (2 Corintios 5:20). El cielo se mueve en respuesta a la oración de perdón hecha por el más humilde cristiano. Los resultados no son cuestión de tener suficiente fe para hacer que suceda. La Palabra de Dios no puede mentir o fallar. El éxito no depende del que hace la oración. El cumplimiento le pertenece a Dios, y Él declaró una vez y para siempre: "Consumado es" (Juan 19:30). No hace ninguna diferencia si usted es un gigante de la sanidad o un bebé recién nacido en Cristo. Dios no acata a la persona (Romanos 2:11), sino a la obra y los méritos de su Hijo en la cruz. Nada en el cielo o en la tierra podría ser más seguro que el completo perdón de Dios para el pecado, en la cruz de su Hijo.

Una de las más raras paradojas de la cultura del siglo veintiuno es nuestra actitud hacia la ley científica y moral y, por lo tanto, nuestra actitud hacia el carácter absoluto de las leyes fundamentales para la vida cristiana y el ministerio de oración. Hoy día hay más científicos vivos que en la suma total de toda la historia conocida. En estas últimas décadas, se ha desarrollado mucha más tecnología de la que se desarrolló en varios siglos anteriores. El conocimiento no solamente ha aumentado como se profetizó (Daniel 12:4), sino que también se disparó hasta perderse de vista.

Mientras que en los días de Milton un hombre podía lamentar haber aprendido todo lo que había por saber en cada campo disponible, ahora un hombre profesional en un sólo campo limitado puede descubrir que está desconectado y que su conocimiento pierde vigencia en menos de diez años, especialmente si no toma cursos de actualización constantes. Nuestros aviones ya son obsoletos antes de dejar las pizarras de diseño. Todo esto ha sucedido a medida que la humanidad ha adquirido la humildad para investigar las cosas naturales y admitir que algunas cosas están sujetas para siempre a la ley natural. "Tú fijaste todos los términos de la tierra; el verano y el invierno tú los formaste" (Salmos 74:17). Toda la humanidad, y muy ciertamente cada científico, sabe que podemos lanzar cohetes con precisión a los límites de nuestro sistema solar y más allá, solamente por la obediencia más circunspecta a las leyes naturales y con computadoras para ayudarnos a mantener el rumbo.

Si un piloto dijera: "Soy un libre pensador. Creo que deberíamos poder aterrizar este avión cabeza abajo allí sobre la hierba", no solamente no honraríamos su "libre pensamiento", tampoco nadie se subiría a nada piloteado por él. Lo más probable es que si persistiera, lo enviáramos a un psiquiátrico. Científicamente, no se puede permitir que libertad signifique licencia. Con justo derecho, exigimos que cada automóvil esté diseñado y construido de acuerdo con principios sólidos. La construcción de cada casa en la que planeamos vivir, debe obedecer a leyes arquitectónicas estrictas. Es justo afirmar que cada avance tecnológico que celebramos en nuestro tiempo debe su existencia al descubrimiento y obediencia de leyes naturales precisas e inmutables. Esta edad más científica de todas es, *ipso facto*, la más respetuosa de la ley; la obediencia a la ley natural es el *sine qua non* de toda la ciencia. Sin obediencia, ¡nada!

No obstante, la paradoja es que en esta era, la más humilde y obediente en lo relativo a la ciencia natural, ¡nos hemos vuelto más arrogantes e ilusos respecto a las leyes que gobiernan nuestros corazones y espíritus! Podríamos rastrear históricamente en la filosofía y la semántica cómo ha ocurrido semejante confusión, pero el clamor de nuestro corazón sería el mismo: "¡Cómo hemos llegado a ser tan necios!".

"Pues habiendo conocido a Dios, no le glorificaron como a Dios, ni le dieron gracias, sino que se envanecieron en sus razonamientos, y su necio corazón fue entenebrecido. Profesando ser sabios, se hicieron necios."

—ROMANOS 1:21-22

La humanidad, fuera de los círculos limitados de la iglesia, ha perdido la compostura: "Se levantarán los reyes de la tierra, y príncipes consultarán unidos contra Jehová y contra su ungido, diciendo: Rompamos sus ligaduras, y echemos de nosotros sus cuerdas" (Salmos 2:2-3). Muchos hombres creen que todas las leyes morales reconocidas son ficciones de la mente de los hombres, o al menos sólo relativas. La relatividad, científicamente, nunca ha querido decir lo que algunos han hecho con ella al ignorar la ley moral. La relatividad solamente significa que cada ley es relativa o relevante para operar dentro de su propia esfera, no que dicha ley no debe ser obedecida en contexto. Los más grandes científicos relativistas no se atreverían a decir que la ley de gravedad no tiene efecto sobre ellos en lugares altos, sino solamente que se ve afectada por condiciones diversas. Pero nosotros en nuestra necedad hemos llegado a creer que "No cometerás adulterio" es sólo relativa, significa que "no es necesario observarla". Cuando en cualquier otra esfera de las relaciones sociales naturales reconocemos el funcionamiento de leyes indiscutibles, ¿cómo podríamos no ver que, por ejemplo, en la relación sexual humana, hay leyes igualmente inmutables, muy estrictas e irrevocables? Éste es un universo legal. Todo físico sabe que por cada acción debe haber una reacción opuesta equivalente. Todo químico sabe que cada fórmula debe equilibrarse. Incluso, el más sexualmente aberrante sabe que la vida debe comenzar con un espermatozoide y un óvulo. Vemos leyes naturales que operan a nuestro alrededor en relación con los seres humanos, trabajando invencible e incesantemente, sin lugar a dudas. Un hombre que no respira no puede vivir más allá de la capacidad de resistencia física. Debemos comer. Debemos dormir. Es una ley absoluta. Nada la cambia. Tenemos suficiente sentido común para saberlo.

No obstante, Paula y yo hemos ministrado a muchos creyentes e incluso a cientos de predicadores de la Palabra de Dios que creen que ocasionalmente pueden mentir, engañar, robar o ir a la cama con cualquiera, ¡y que nada pasará! A Agnes Sanford le encantaba decir: "Si usted salta desde un acantilado, no quebranta la ley de gravedad; la ilustra". ¡Ninguna ley de Dios puede quebrarse! Sus leyes operan con retribución exacta, no importa si las conocemos, si las ignoramos mentalmente, si decidimos no observarlas, si nos sentimos bien o mal respecto de ellas, si las queremos o las odiamos, si creemos en ellas y en Dios, o no. "No os engañéis; Dios no puede ser burlado: pues todo lo que el hombre sembrare, eso también segará" (Gálatas 6:7). Es un hecho absoluto, inmutable.

Deje que los hombres cuestionen la sabiduría de nuestros antepasados. Deje que los hombres se pregunten si Dios realmente dijo los Diez Mandamientos o no. Olvide, si quiere, toda la historia religiosa de la humanidad. Descarte todas las Biblias, Coranes y Rig Vedas. ¿No horroriza a la mente que los hombres puedan (aparte de todos ellos) ver la naturaleza controladora de la ley a su alrededor en cada esfera de la existencia humana y natural, y no ver, al menos por inferencia, que la misma inmutabilidad de la ley podría concernir a las cuestiones espirituales y morales?

"Porque la ira de Dios se revela desde el cielo contra toda impiedad e injusticia de los hombres que detienen con injusticia la verdad; porque lo que de Dios se conoce les es manifiesto, pues Dios se lo manifestó. Porque las cosas invisibles de él, su eterno poder y deidad, se hacen claramente visibles desde la creación del mundo, *siendo entendidas por medio de las cosas hechas*, de modo que no tienen excusa."

—ROMANOS 1:18-20, ÉNFASIS AÑADIDO

Por cierto, toda religión importante sobre la faz de la tierra contiene las mismas leyes básicas que encontramos en los Diez Mandamientos. Dios no se ha quedado sin testigos en ninguna era en ningún lugar (Hechos 14:17).

Si la lluvia cae por la ley de gravedad, y el sol, la luna, los planetas y las estrellas pueden moverse por el universo con tal precisión, ¡entonces no es irrazonable suponer que Dios haya tenido el mismo cuidado para establecer las leyes de la vida del espíritu y las relaciones morales y éticas consiguientes! Qué extraña paradoja que por la firme obediencia de la ley química, llenemos nuestros tanques, traguemos nuestras medicinas ¡y pensemos que podemos mentir, robar o cometer adulterio con impunidad! No tiene sentido ni científica ni filosóficamente o, olvidemos las grandes palabras, pues ¡a veces la forma en que actuamos ni siquiera es de sentido común!

Un hombre con una pizca de coherencia en su forma de pensar debería poder hacer una simple comparación: si un avión debe volar por leyes naturales, un matrimonio debería "volar" únicamente por leyes éticas y morales. ¿Puede alguien decirme cómo el hombre moderno puede haberse vuelto tan paradójico y necio como para no saber estas cosas? El simple y horrible hecho es que es así. "En los cuales el dios de este siglo cegó el entendimiento de los incrédulos, para que no les resplandezca la luz del evangelio de la gloria de Cristo, el cual es la imagen de Dios" (2 Corintios 4:4). No solamente estamos ciegos al evangelio, ¡sino que además millones ya no pueden ver las leyes de Dios! Ciertamente, existe un enemigo. No obstante, en caso de que culpemos a nuestra necedad allí en alguna parte, nuestra carne por sí sola, sin la ayuda de Lucifer, es suficientemente necia. "Pues habiendo conocido a Dios, no le glorificaron como a Dios, ni le dieron gracias, sino que se envanecieron en sus razonamientos, y su necio corazón fue entenebrecido" (Romanos 1:21). "Por cuanto los designios de la carne son enemistad contra Dios; porque *no se sujetan a la ley de Dios*, ni tampoco pueden" (Romanos 8:7, énfasis añadido). *Como ve, obedecemos esas leyes del orden natural, que aumentan nuestras comodidades y aseguran nuestra buena vida consumista, pero a esas leyes morales que nos obligan a rendir cuentas y encadenar nuestras rebeldes pasiones las queremos llamar irrelevantes, relativas, inventadas por el hombre o anticuadas, ¡cualquier cosa para excusar nuestras lujurias y darles rienda suelta!* Así que cosechamos las consecuencias y nos preguntamos, en una era de conocimiento de leyes científicas y mecánicas, ¡por qué no nos va bien en la vida!

Las leyes de Dios han sido
fijadas para siempre

Debemos reconocer esta irrevocable e inquebrantable máxima: quién se llame a sí mismo cristiano debe saber, sin una pizca de duda, que las leyes morales de Dios son absolutamente inflexibles. *¡El pecado es pecado! ¡La ley es la ley!* Los matices de compasión y entendimiento se relacionan con nuestra comprensión de los motivos por los cuales los hombres pecan, no con la ley misma. No hay lugar para la condenación en Cristo, pero eso es así por la misericordia de la cruz, nunca por la laxación de alguna ley de Dios.

"Porque de cierto os digo que hasta que pasen el cielo y la tierra, ni una jota ni una tilde pasará de la ley, hasta que todo se haya cumplido."

—MATEO 5:18

"El cielo y la tierra pasarán, pero mis palabras no pasarán."

—MATEO 24:35

"De manera que cualquiera que quebrante uno de estos mandamientos muy pequeños, y así enseñe a los hombres, muy pequeño será llamado en el reino de los cielos; mas cualquiera que los haga y los enseñe, éste será llamado grande en el reino de los cielos."

—MATEO 5:19

Como líder de grupo pequeño o ministro de oración, usted no se vuelve amable y deja de juzgar disminuyendo o suprimiendo la garantía de la ley; sólo se vuelve inepto. El juicio muere solamente cuando un hombre ve su propio pecado y muere en Cristo a toda culpa, no por desarrollar una mente supuestamente "liberal".

Ésta es una era de racionalidad carnal, en la que los *vanguardistas* han querido aparecer como magnánimos y liberales, pensando de alguna forma que la necia sabiduría del hombre podía ser más caritativa que la ley de Dios. Pero "¿No ha enloquecido Dios la sabiduría del mundo?" (1 Corintios 1:20). Cuando venga la luz de Cristo (Isaías 60:1-2) y los más de dos mil cerdos de la mentalidad del hombre hayan sido echados al mar, y la humanidad haya vuelto a sentarse, totalmente vestida y en su cabal juicio, a los pies de Jesús (Lucas 8:26-39), entonces:

"He aquí, un rey reinará con justicia, y príncipes gobernarán con rectitud. Cada uno será como refugio contra el viento y un abrigo contra la tormenta, como corrientes de agua en tierra seca, como la sombra de una gran peña en tierra árida. No se cegarán entonces los ojos de los que ven, y los oídos de los que oyen escucharán. El corazón de los imprudentes discernirá la verdad, y la lengua de los tartamudos se apresurará a hablar claramente. Ya no se llamará *noble* al necio, ni al *tramposo* se le dirá generoso. Pues el necio habla necedades, y su corazón se inclina hacia el mal, para practicar la impiedad y hablar falsedad contra el SEÑOR, para mantener con hambre al hambriento y para privar de bebida al sediento. En cuanto al *tramposo*, sus armas son malignas; trama designios perversos para destruir con calumnias a los afligidos, aun cuando el necesitado hable lo que es justo. Pero el *noble* concibe cosas nobles, y en las cosas *nobles* se afirma".

—ISAÍAS 32:1-8, LBLA, ÉNFASIS AÑADIDO

Las leyes de Dios han sido fijadas para siempre, sin importar lo que nuestra mente enclenque pueda verse tentada a pensar ni cualesquiera sean los pecados de los que alardeen las tontas especulaciones de este mundo engañado. Dios llama a los hombres a despertar a la verdad de los luminosos principios divinos, reforzando por completo su vida con pilares seguros según los cuales vivir. El Salmo 119 debería ser la canción constante del creyente del pacto. Debemos estar apasionadamente enamorados de la ley de Dios, meditando en ella día y noche (Salmos 1:2).

LA VIDA DEL LÍDER LAICO

En cuanto al ministro de oración o líder laico, si usted no está totalmente seguro de que la Palabra de Dios es absoluta, de que sus leyes fueron dadas por revelación, y de que lo que Él dijo lo dijo en serio, ¡salga del ministerio antes de hacer más daño! ¡Se lo digo con cada fibra de mi ser! En incontables ocasiones, Paula y yo hemos escuchado con gran tristeza a almas atribuladas cuyas vidas quedaron aún más arruinadas por consejos necios: "Tenga una aventura", "No se sienta tan culpable", "Eso es solamente una anticuada ridiculez", "Seguramente, ya no creerá en todas esas cosas, ¿verdad?". Qué juicio están acumulando estos líderes laicos para el día del juicio final: "Hermanos míos, no os hagáis maestros muchos de vosotros, sabiendo que recibiremos mayor condenación" (Santiago 3:1). "Y cualquiera que haga tropezar a alguno de estos pequeños que creen en mí, mejor le fuera que se le colgase al cuello una piedra de molino de asno, y que se le hundiese en lo profundo del mar. ¡Ay del mundo por los tropiezos! Porque es necesario que vengan tropiezos, pero ¡ay de aquel hombre por quien viene el tropiezo!" (Mateo 18:6-7).

La vida personal de un ministro de oración o líder laico debe ser impecable. Quizás ningún otro oficio de la iglesia esté más sujeto a tentación. Quienes entran a las cámaras internas de los secretos del corazón de la gente, para gemir y luchar por ellos, no pueden evitar contaminarse con las emociones de las personas y a veces sobrecargarse con sus yugos y tristezas. Un líder laico debe saber por la Palabra de Dios cómo despegarse y desligarse de esas cargas: "Porque la sabiduría protege *como* el dinero protege; pero la ventaja del conocimiento es que la sabiduría preserva la vida de sus poseedores" (Eclesiastés 7:12, LBLA). En Proverbios 25:28, se describe a aquel que no atesora y se une eternamente a la ley de Dios en Cristo: "*Como* ciudad invadida *y* sin murallas es el hombre que no domina su espíritu" (LBLA).

La vida devocional personal del líder laico es su salvación. Sólo el Señor puede limpiar la inmundicia y quitar la carga de la gente de su corazón y espíritu. Únicamente el amor, frecuentemente renovado en la fuente de vida (Salmos 36:9), puede hacer que su amor por la obediencia a la Ley nazca continuamente del amor de Jesús que fluye hacia otros a través de él. El amor que fluye del trono de Dios es como un río (Apocalipsis 22:1; Salmos 46:4). Un líder ama la Ley porque le brinda márgenes seguras para que el río de ese amor fluya en su propio canal. Si un líder no se mantiene al día con su propia vida devocional, el río se secará, su corazón se volverá estéril y frágil, y la Ley se convertirá en un látigo para azotar a otros antes que en márgenes para el río del amor de Dios.

La vida moral personal del líder laico debe ser irreprochable, no solamente por causa de sí mismo sino también por la seguridad de aquellos a quienes ministra. Si no comprendemos la realidad eterna de la Ley y el doloroso precio que Jesús pagó por nosotros en la cruz, Satanás puede usar el tumulto de la batalla para ponernos anteojeras hasta que ya no podamos ver las consecuencias de lo que hacemos, y tampoco tendremos una conciencia que funcione como debería. Entonces, aunque comenzamos bien, perderemos de vista al Señor en medio de la batalla y nos quedaremos ciegos.

Pero no estoy hablando únicamente a los que ministran, porque la tesis de este libro es que todo el Cuerpo de Cristo está llamado a ministrar. Pero permítame separar las cosas cuidadosamente, porque no estoy llamando a cualquier cristiano a ser psicólogo. Cualquiera de nosotros puede usar conocimientos psicológicos y estar agradecido por ellos. Pero nuestra base no es la misma.

LA PSICOLOGÍA Y LA FE

La psicología tiene su origen en Descartes, un filósofo francés (1596-1650) que dijo: *"Cogito, ergo sum"* o "Pienso, luego existo". Eso hace que nuestra vida dependa de lo que nos han enseñado a pensar antes que del hecho de que tenemos un espíritu y un alma inmortales. La fe sostiene que tenemos un espíritu, que por elecciones personales moldea un alma en la cual residen el carácter y la personalidad. La fe cristiana dice: "Dios habla, y nosotros oímos". Y agrega que nuestro espíritu puede captar intuitivamente el conocimiento más allá de la mente, incluso sin la ayuda de Dios.

La parapsicología considera la percepción extrasensorial, kinesis, clariaudiencia, clarividencia, psicometría y otros fenómenos relacionados como funciones de la psique. Por tanto, la psicología examina solamente dos niveles de la existencia humana. La fe abarca una tricotomía de mente, corazón y espíritu. La fe dice que la mente consciente y el corazón son informados, guiados, a veces controlados y, sin duda, grandemente influidos por la mente profunda y el corazón de nuestro espíritu.

Los psicólogos conductistas skinnerianos (basados en el determinismo) intentan cambiar a la gente dándole "modos" o maneras de cambiar la forma en que se conduce. Los activistas sociales creen que si pueden ejercer presión para cambiar las leyes para mejorar la sociedad y así brindar un buen ambiente a cada persona, habrán efectuado el cambio para producir la fraternidad de la humanidad. Los cristianos pueden brindar apoyo a algunas acciones sociales y los ministros de oración pueden emplear algunos modos skinnerianos para la autodisciplina, pero los cristianos no ven ningún cambio duradero por ningún otro medio que no sea cambiar el corazón *interior* alcanzando al espíritu con convicción de culpa, confesión y perdón. No cambiamos de afuera hacia adentro, sino de adentro hacia afuera.

El método psicológico es la iluminación: conocer el *propio* yo. El método cristiano es la iluminación: conocer el propio yo como *pecador*. Los psicólogos intentan alentar el cambio mediante la intención o la fuerza de voluntad para convertirse en una mejor persona. El poder cristiano es, primero, el Espíritu Santo y, segundo, la oración, para hacer que una persona sea *convertida*. Los psicólogos tratan de cambiar el entorno, la forma en que se comporta la familia o las circunstancias (como la manera en que se maneja la casa, el estrés del trabajo o los compañeros que nos rodean). Un ministro de oración o líder laico, viendo tales acciones como algo útil, busca primero cambiar las actitudes y motivos internos hacia las personas y circunstancias por medio del perdón y de la amorosa naturaleza de Jesús que mora dentro de nosotros. Un ministro de oración o líder laico no puede intentar cambiar de ninguna manera las circunstancias, viéndolas como el medio por el cual el Señor piensa escribir en el corazón de la persona toda lección que Dios sabe que la persona necesita aprender.

Un psicólogo pone sus ojos en la función, intentando restaurar al aconsejado su capacidad de actuar. El ministerio de oración, aunque finalmente espera que el individuo sea capaz de funcionar, busca primero capacitar a la persona para que tenga convicción en su corazón.

De este modo, en el ministerio trabajamos para establecer la culpa. No le tenemos miedo y, a menos que percibamos falsa culpa, nunca sugeriríamos: "No se sienta culpable". A menos que una persona reconozca la culpa, el pecado de esa persona no puede hallar su camino a la cruz, y la libertad no se produce.

Algunos psicólogos, apoyándose demasiado en el enfoque determinista, suelen ver a las personas como víctimas antes que como perpetradoras. La vida les ha sucedido a ellas. El determinismo cultural significa que la vida nos ha hecho lo que somos. De esta manera, los criminales "no son responsables". Nosotros (la sociedad) los hemos creado. En consecuencia, algunos psicólogos han producido personas compadecidas de sí mismas, seguras de que la vida les ha producido todos sus problemas. Karl Menninger, un gran psiquiatra contemporáneo, ha llamado a la psicología secular a dar cuenta de su fracaso en esta área en su libro *Whatever became of sin?* ("¿Qué ocurrió con el pecado?"), del que citamos: "El mensaje es simple. Es que la preocupación es la piedra de toque. Preocuparse. Renunciar al pecado de la indiferencia. Esto reconoce a la acedia como el Gran Pecado; el corazón de todo pecado. Algunos lo llaman egoísmo. Algunos lo llaman alienación. Algunos lo llaman esquizofrenia. Algunos lo llaman egocentrismo. Algunos lo llaman separación".[1]

Para los psicólogos, el poder del cambio se encuentra en el deseo natural y en la fuerza de voluntad humanos, además del consejo y el apoyo de amigos y familiares. El poder del cambio para los cristianos está primeramente la fe en el poder y las intenciones de Dios expresadas por medio de su Hijo, nuestro Señor Jesucristo en la cruz, por medio de su sangre y vida de resurrección, seguidas por otras ayudas que inspire el Espíritu Santo.

De modo que no estamos llamando a los miembros del Cuerpo de Cristo a ser psicólogos, sino más bien confesores, parteros, y padres y madres en Cristo los unos de los otros en el Cuerpo de Cristo. Estamos llamando al Cuerpo de Cristo a tratar los problemas cotidianos de la vida de la manera bíblica, concreta, de ministración y oración.

Si uno realmente capta las pocas y simples leyes sobre las que Dios ha establecido el funcionamiento de la naturaleza humana, ¡esa única llave es suficiente para comenzar a desentrañar los millares de misterios del corazón humano! La naturaleza humana, como el motor de los automóviles, opera de acuerdo con principios mecánicos absolutos. Una vez que uno entiende la base de la ley que está detrás de todas las relaciones humanas, tiene el fundamento sobre el cual construir y conectar percepciones en cada problema. El genio de Einstein iba a descubrir la simplicidad de la ley que estaba detrás de la construcción aparentemente compleja de la naturaleza. La genialidad de la Palabra de Dios es dejar al descubierto la simplicidad de la vida. Es como si toda la vida, como las fracciones, estuviera fundada en simples denominadores comunes sobre los que operan diversos numeradores. Si un cristiano está suficientemente adherido a los simples estatutos de Dios, sus ojos jamás quedarán cegados por las variaciones caleidoscópicas de las complejidades humanas. Por debajo de todo, él verá y volverá a las claves simples. Los numeradores (cómo vemos y actuamos) varían tan a menudo como hay individuos que meten la pata. Los denominadores (las leyes de Dios) son pocos, básicos, universales y simples.

Dios nos da la llave única y básica para la vida en los Diez Mandamientos y en el Sermón del Monte. Esas leyes morales no son el intento de alguien de acertar cómo debería vivirse la vida. No son un invento de la humanidad. No los aprendimos por ensayo y error. No son meramente un conjunto de reglas que si todos obedeciéramos, éste sería un mundo mejor. Son *la descripción de Dios de cómo funciona la realidad*. Los Diez Mandamientos y el Sermón del Monte son el plano del arquitecto para construir la casa de la vida familiar. Son la fórmula del químico para preparar mezclas seguras de hombres y mujeres. Son los principios del ingeniero para la construcción y el funcionamiento de todas las relaciones. Son la receta del cocinero para nutrir, no envenenar.

No son cosas inertes, desechables. Si un hombre deja su automóvil en el garaje, lo único que lo perjudica es que pide que le den un aventón y paga las cuentas del auto para nada. Pero si un hombre estaciona los Diez Mandamientos en el garaje del olvido, tarde o temprano, cosechará un torbellino de destrucción.

Mucha gente cree que los Diez Mandamientos y el Sermón del Monte son una hermosa lista de *"deberías"* de algún idealista, pero eso, por supuesto, el hombre macho de mente práctica lo sabe bien. Muchos creen que no saber un mandamiento, descuidar o ignorar uno no tiene más consecuencias que un ejercicio filosófico liberador, que no afecta nada, excepto una conciencia hiperactiva. ¡Es extraño que ninguna de estas personas de "mente práctica" pensaría que puede entrar en una sala llena de gas lacrimógeno y esperar que su ignorancia al respecto o el hecho de no llevar una máscara puesta no tuvieran efecto! Las leyes de Dios son como un vendaval de mil millas por hora; con el tiempo, arrasará todo a su paso. Un viento de mil millas por hora incluso terminará por erosionar una montaña. Cualquiera que haya observado cómo una fuerte inundación arranca un árbol de raíz o arroja una casa como un escarbadientes, sólo tiene una pequeñísima aproximación al poder de las leyes de Dios. El viento cesará y la inundación cesará, pero las leyes de Dios continuarán operando más allá de la muerte, a través de la eternidad.

La verdad es que el hombre de "mente práctica" está ciego y engañado.

"Cuando no se ejecuta rápidamente la sentencia de un delito, el corazón del pueblo se llena de razones para hacer lo malo."

—ECLESIASTÉS 8:11, NVI

Los molinos de la justicia de Dios muelen lentamente, pero muelen en forma sumamente fina. Como el "hombre práctico" no ve la retribución inmediata, no cree. Esa incredulidad no tiene efecto alguno sobre la operación de la ley de Dios. Él y sus descendientes cosecharán indefectiblemente, sin importar lo que piense o descrea, sea consciente o rechace. Observe nuevamente: aún en creyentes de larga data, estamos tratando con la incredulidad del corazón. Millones de millones de cristianos no han llegado aún a estar cimentados en la Palabra de Dios de que su ley esté escrita indeleblemente en su corazón (Jeremías 31:33). En su corazón, todavía siguen creyendo que pueden hacer lo que quieran sin consecuencias. Es como si todas las hebras de la coherencia se hubieran roto, ondeando en los vientos aislados de las lujurias y deseos carnales. Realmente, no relacionan ni pueden relacionar causa y efecto, siembra y cosecha, pecado y resultado, o buena obra y bendición.

Por consiguiente, todo cristiano que ministre a otro nunca debe permitirse dar por sentado que la otra persona realmente se atiene a las leyes de Dios o al bien y el mal. La mente de la persona a la que está guiando puede aceptarlo de la boca para afuera, pero "Este pueblo de labios me honra; mas su corazón está lejos de mí" (Mateo 15:8). Por tanto, cada cristiano es constantemente un evangelista y maestro *al corazón*. Los hombres sencillamente no relacionan pecado y retribución *en el corazón y en la vida* en términos reales y prácticos.

"Cuando se acercaba a Jerusalén, Jesús vio la ciudad y lloró por ella. Dijo: ¡Cómo quisiera que hoy supieras lo que te puede traer paz! Pero eso ahora está oculto a tus ojos."

—LUCAS 19:41-42, NVI

HONRA A TU PADRE Y A TU MADRE

La única, simple y fundamental clave para el ministerio de oración o de grupo pequeño se encuentra en el quinto mandamiento. "Honra a tu padre y a tu madre, como el Señor tu Dios te lo ha ordenado, para que disfrutes de una larga vida y te vaya bien en la tierra que te da el Señor tu Dios" (Deuteronomio 5:16, NVI). Este único principio, que la vida irá bien a quienes honran a sus padres y que no será así para quienes no lo hacen, llega a explicar *la causa* de la mayoría de los problemas maritales, dilemas en la crianza de los hijos e inclinaciones morales e inmorales. Este quinto mandamiento sólo es una descripción de la manera en que la realidad opera en toda la vida humana. En cada área en la que consciente o inconscientemente juzgamos o deshonramos a nuestros padres, ¡en esa misma área de la vida no nos irá bien! La vida es así de fundamentalmente simple.

"Así, todo buen árbol da buenos frutos, pero el árbol malo da frutos malos. No puede el buen árbol dar malos frutos, ni el árbol malo dar frutos buenos. Todo árbol que no da buen fruto, es cortado y echado en el fuego. Así que, por sus frutos los conoceréis."

—MATEO 7:17-20

"No juzguéis, para que no seáis juzgados. Porque con el juicio con que juzgáis, seréis juzgados, y con la medida con que medís, os será medido."

—MATEO 7:1-2

"No os engañéis; Dios no puede ser burlado: pues todo lo que el hombre sembrare, eso también segará."

—GÁLATAS 6:7

Esas pocas y simples leyes engloban toda relación humana. No hay escape. No hay excepciones. La vida irá sin falta por el camino de nuestras buenas obras, pero también de nuestros pecados, juicios y siembras, a menos que intervenga la gracia de Dios.

Cuando estamos ministrando a alguien, una vez que hemos decidido en nuestra mente que no estamos tratando con una fantasía o mito, sino con la realidad eterna, inalterable, que durará más que todo el universo, no podemos dejarnos llevar por suposiciones y falacias (Salmos 119:89). Tenemos la llave infalible hacia la verdad. Por ejemplo, una persona puede decir: "No pude evitar hacerle tal o cual daño a mi cónyuge". Cuando corrige demasiado, reprende y critica, la persona puede racionalizarlo diciendo: "Aprendí de mis padres que existe una forma correcta de hacer las cosas, y si vale la pena hacer algo, vale la pena hacerlo bien. Y amo tanto a mi esposo (esposa), que quiero que él (ella) haga lo mejor que pueda, para que todo nos salga bien".

Un buen árbol no puede producir mal fruto. Exigir y controlar es mal fruto; es imposible que eso surja del amor. El amor es bueno. El control es malo. El mal fruto tuvo que nacer de alguna mala raíz en la vida de la persona. Quizás el padre o la madre criticaba, fastidiaba y controlaba. El niño detestaba eso, pero creía que no era aceptable sentir enojo hacia los padres. Como no entendía la frase "Si se enojan, no pequen" (Efesios 4:26, NVI), el niño reprimía esos sentimientos. Ahora, la ley (Romanos 2:1) compele al adulto a fastidiar y criticar de la misma forma en que se lo hicieron a él (ella).

Muchas veces, deseamos atribuir nuestra conducta corrompida a cosas buenas en nosotros. El entendimiento de la prístina claridad de las leyes de Dios revela las mentiras del hombre a sí mismo. La pureza de la ley enhebra cada aguja y desata los nudos gordianos del carácter humano. La ley de Dios penetra las marañas de engaño. "Los mandamientos de Jehová son rectos, que alegran el corazón; el precepto de Jehová es puro, que alumbra los ojos" (Salmos 19:8). "La exposición de tus palabras alumbra; hace entender a los simples" (Salmos119:130).

Existen muchos "tal vez" en nuestro entendimiento de los problemas, y todo ministro laico debe estar revestido de humildad y disposición para admitir el error. "El primero en presentar su caso parece inocente, hasta que llega la otra parte y lo refuta" (Proverbios 18:17, NVI). Pero no existen los "tal vez" en el funcionamiento de la ley. Nuestras interpretaciones son imperfectas, pero el golpe de la retribución en las realidades que examinamos no tiene flexibilidad ni cambio. Únicamente la gracia de Cristo en la cruz detiene el golpe de la retribución inevitable.

Por lo tanto, cuando Dios revela, debemos creer y actuar con oración para liberar. No podemos hacerlo si somos "llevados por doquiera de todo viento de doctrina, por estratagema de hombres que para engañar emplean con astucia las artimañas del error" (Efesios 4:14). Es la firme creencia en la ley de Dios lo que sujeta nuestra mente a los seguros fundamentos de la vida.

A los que no están firmemente asegurados, deberíamos decirles: "No, si no puede soltar a su hijo para que vaya a la universidad, no es porque 'lo ama demasiado'. Ser posesivo es un fruto malo. El amor es bueno. Los buenos árboles no pueden producir mal fruto. Ahora, descubramos la verdadera razón por la que no lo puede soltar".

Al hombre que está experimentando problemas maritales: "Usted ama demasiado a su esposa; entonces, ¿dice que no pudo evitar golpear a ese hombre que la miró en la fiesta? No, amigo mío. El amor, al ser bueno, no produce mal fruto. El fruto malo debe venir de las malas raíces de un árbol malo. Ahora bien, ¿quién dejó a quién en su niñez o quién no dejaba de tomar algo que era suyo? ¿Qué sucedió entre su padre y su madre o con sus hermanos y hermanas? En alguna parte, hubo alguna mala experiencia. Encontrémosla".

Una persona no puede decir: "Él me habría dejado. Tenía que acostarme con él. Lo amo demasiado, supongo". Nunca permita que una razón noble se oculte detrás de una cosa innoble. Eso es imposible. Los buenos árboles no producen frutos malos.

Como ministro, usted podría decirle: "No es así, querida. El amor, al ser bueno, no produce pecado. Tratamos de usar el amor para encubrir el pecado, pero hubo otra cosa que lo produjo. ¿De qué tenía miedo? Examinemos la relación con su padre. ¿Qué clase de trabajo tenía? ¿Estaba en casa a la noche? ¿Estaba 'en casa' cuando estaba en casa? ¿Se quedaba con su madre? ¿Cómo se llevaban? Lo más importante, ¿qué juicios puede haber hecho usted sobre ellos?".

¿Ha comenzado a ver cómo la Palabra de Dios es una protección para la mente del ministro o de cualquier otra persona? "¿Con qué limpiará el joven su camino? Con guardar tu palabra" (Salmos 119:9). *"En mi corazón he guardado tus dichos, para no pecar contra ti"* (v. 11, énfasis añadido). "Toda palabra de Dios es digna de crédito; Dios protege a los que en él buscan refugio" (Proverbios 30:5, NVI).

Para la persona que ministra a otra, la Palabra de Dios es una espada segura para el análisis, no ardides o pruebas psicológicas. Eso es lo que dice el Espíritu Santo que es:

> "Porque la palabra de Dios es viva y eficaz, y más cortante que toda espada de dos filos; y penetra hasta partir el alma y el espíritu, las coyunturas y los tuétanos, y *discierne los pensamientos y las intenciones del corazón.*"
>
> —HEBREOS 4:12, ÉNFASIS AÑADIDO

> "Entonces entenderás justicia, juicio y equidad, y todo buen camino. Cuando la sabiduría entrare en tu corazón, y la ciencia fuere grata a tu alma, la discreción te guardará; te preservará la inteligencia, para librarte del mal camino, de los hombres que hablan perversidades, que dejan los caminos derechos, para andar por sendas tenebrosas; que se alegran haciendo el mal, que se huelgan en las perversidades del vicio; cuyas veredas son torcidas, y torcidos sus caminos."
>
> —PROVERBIOS 2:9-15

Ya sea que le estemos permitiendo a Dios tratar con las raíces de pecado ocultas en nuestro corazón o que estemos ministrando a otro creyente con la expectativa de transformación, debemos ser como detectives, buscando el verdadero "quién lo hizo" en cada rincón. La Palabra de Dios es una lupa segura, y como cada huella digital únicamente señala al culpable, así la Ley revela en forma precisa la impronta de la naturaleza de cada hombre. Asegúrese de que su mente y su corazón estén arraigados exclusivamente en la Palabra de Dios. "La lámpara del cuerpo es el ojo; así que, si tu ojo es bueno, todo tu cuerpo estará lleno de luz" (Mateo 6:22). El "ojo" es la forma en que interpretamos la vida, debe estar cautiva únicamente de la Palabra de Dios (2 Corintios 10:5).

"Por esto, ya que por la misericordia de Dios tenemos este ministerio, no nos desanimamos. Más bien, hemos renunciado a todo lo vergonzoso que se hace a escondidas; no actuamos con engaño ni torcemos la palabra de Dios. Al contrario, mediante la clara exposición de la verdad, nos recomendamos a toda conciencia humana en la presencia de Dios."

—2 CORINTIOS 4:1-2

La vida con nuestros padres, o con quien fuere que nos crió, es la raíz y el tallo de nuestra vida. Todo aquello que se manifiesta en el presente deriva de esas raíces. Después de cuarenta años de ejercer el ministerio de oración durante unas mil doscientas horas al año, Paula y yo podemos decir con confianza y tranquilidad que el ministerio es básicamente así de simple, y la Ley de Dios es así de básica.

No es que haya que culpar a los padres. Sea lo que fuere que hayan sido los padres, santos o demonios, gente normal o psicópata, lo que importa son las reacciones del niño. Hemos visto casos de niños que fueron terriblemente abusados y, no obstante, se convirtieron en adultos afectuosos y tiernos. No se trata del determinismo cultural, o del conductismo, que sostienen que el hombre es formado por sus circunstancias, por el medio y por la gente. Estamos comprendiendo por la Palabra de Dios, que proclama que por nuestro espíritu hemos elegido cómo vamos a reaccionar. En toda forma en que hayamos reaccionado pecaminosamente, hemos puesto en marcha fuerzas que darán su cosecha, a menos que prevalezca la misericordia. No culpamos a los padres por ver que la raíz y el tallo de la vida se forman con ellos. Siempre debemos llevar nuestra propia carga de culpa (Gálatas 6:5).

LA BASE DE LA LEY

Depositar la responsabilidad en un pequeño de dos años no quiere decir cargarlo con culpa o condenación. En Cristo, eso está descartado (Romanos 8:1). Vemos los hechos de la operación de la ley para liberar por medio de la cruz. No nos interesa saber quién tiene la culpa de algo. *Estamos* interesados en ver qué sucesos y reacciones tuvieron lugar, y qué estructuras de carácter resultantes se establecieron, para poder llevar el resultado del pecado a la cruz. Una vez que vemos que todo ser humano es pecador por herencia, la culpa muere. Podríamos atribuir con justicia la culpa a alguien que, como dice Pablo, ya ha sido limpiado y lleno del Espíritu Santo y que después elige intencionalmente la maldad, y de esa manera decide crucificar a Jesús nuevamente (Hebreos 6:6). Pero al tratar con la pecaminosidad normal de todos nosotros, la culpa no es parte del juego. Es totalmente irrelevante, como un jugador que nunca entró al estadio de béisbol, y mucho menos a batear. Todos hemos nacido con corazones pecadores en un mundo pecador.

> "No ha hecho con nosotros conforme a nuestras iniquidades, ni nos ha pagado conforme a nuestros pecados. Como el padre se compadece de los hijos, se compadece Jehová de los que le temen. Porque él conoce nuestra condición; se acuerda de que somos polvo."
>
> —SALMO 103:10, 13-14

Podría parecer que hemos dicho que por un lado todo hombre es responsable por elegir equivocadamente, y que ahora decimos que todo hombre nace pecador, infiriendo entonces que no tenía elección. No es así; en efecto todo hombre es responsable de sus decisiones. Somos culpables. Pero nuestro estado degradado es tan profundo y dominante, que somos capaces de desarrollar estructuras pecaminosas de las que no somos conscientes. Jesús dijo: "Padre, perdónalos, porque no saben lo que hacen" (Lucas 23:34). Pero la compasión dice que aunque todo hombre es responsable, la compasión del Señor no lo culpa ni lo condena. Porque a quienes toman conciencia de una raíz de amargura y eligen arrepentirse, solamente los ama y libera.

El carácter absoluto de la ley de Dios también se convierte en la garantía de sanidad:

"Cuando Dios hizo su promesa a Abraham, como no tenía a nadie superior por quien jurar, juró por sí mismo, "Te aseguro que te bendeciré y te daré muchos descendientes". Y así, después de esperar con paciencia, Abraham recibió lo que se le había prometido. Los seres humanos juran por alguien superior a ellos mismos, y el juramento, al confirmar lo que se ha dicho, pone punto final a toda discusión. Por eso Dios, *queriendo demostrar claramente a los herederos de la promesa que su propósito es inmutable,* la confirmó con un juramento. Lo hizo así para que, *mediante la promesa y el juramento, que son dos realidades inmutables en las cuales es imposible que Dios mienta, tengamos un estímulo poderoso* los que, buscando refugio, *nos aferramos a la esperanza* que está delante de nosotros. Tenemos como *firme* y segura *ancla* del alma una esperanza que penetra hasta detrás de la cortina del santuario, hasta donde Jesús, el precursor, entró por nosotros, llegando a ser sumo sacerdote para siempre, según el orden de Melquisedec".

—HEBREOS 6:13-20, NVI, ÉNFASIS AÑADIDO

¿ARROGANCIA O HUMILDAD?

Ésta es una palabra final de aclaración y consuelo para usted, sea que haya reconocido o no el llamado de Dios a usted para ser un ministro de oración o líder laico. Usted desea estar firme con respecto al carácter absoluto de la Palabra de Dios pero teme la amenaza de ser llamado *intolerante, fanático, arrogante, dogmático o necio.* Satanás y nuestra confusa mentalidad moderna han dado vuelta las cosas, torciendo los caminos rectos de Dios

(Hechos 13:10). Los hombres del mundo llaman arrogante a lo que es humilde, y viceversa. Por ejemplo, ante toda la evidencia de esfuerzo científico acumulada, si un hombre insistiera obstinadamente en que el mundo es plano, no lo llamaríamos sino arrogante y necio, ¿verdad? Considerando la evidencia, admitir que la tierra es redonda es humildad. Creer ese hecho sin reservas no es arrogancia ni intolerancia; es tener una mente en su sano juicio (2 Timoteo 1:7). Establecer la redondez de la tierra como algo probado más allá de toda duda es poseer la flexibilidad para cambiar cualquier antigua opinión contraria, y el sentido para sujetar la mente firmemente a la realidad. Lo mismo sucede en lo concerniente al carácter absoluto de la Palabra de Dios.

En el principio, aceptar la irrevocabilidad de la Palabra de Dios puede tener que tomarse como uno tomaría una hipótesis científica. Uno la pone a prueba y se pregunta si su sentido común lo ha abandonado. Quien pone a prueba a Dios (Malaquías 3:10) y obedece sus estatutos no tardará en descubrir que Dios confirma por señales y maravillas (Marcos 16:17) y que "por boca de dos o de tres testigos se decidirá todo asunto" (2 Corintios 13:1). La confirmación de Dios pronto se convertirá en tal montaña de evidencia que no creerla y aceptarla de una vez por todas sería la cumbre de la arrogancia mental, intolerancia y necedad.

Una vez que vemos que en su Palabra revelada y escrita Dios en efecto ha hablado de una vez y para siempre, esa visión da vuelta la forma de pensar del mundo de tal forma que se convierte en humildad el aceptar los absolutos de Dios hasta lo más profundo de nuestro pensamiento y arrogancia el seguir desfilando sobre el terreno de las especulaciones carnales del hombre. Los cristianos que *conocen* el carácter absoluto de las leyes de Dios no tienen nada que temer; se necesita una mente humilde para cimentarse honestamente sobre la verdad de la Palabra de Dios y una mente arrogante para no hacerlo.

CAPÍTULO 5

EL PODER FUNDAMENTAL DEL PERDÓN Y SU NECESIDAD

"Y cuando estéis orando, perdonad, si tenéis algo contra alguno, para que también vuestro Padre que está en los cielos os perdone a vosotros vuestras ofensas. Porque si vosotros no perdonáis, tampoco vuestro Padre que está en los cielos os perdonará vuestras ofensas."

—MARCOS 11: 25-26

L A PRIMERA NECESIDAD de perdón deriva de la Ley. Hasta que el perdón sea un hecho en el corazón, la ley de la retribución oscilará hasta llegar a su inevitable conclusión: "Entonces la concupiscencia, después que ha concebido, da a luz el pecado; y el pecado, siendo consumado, da a luz la muerte" (Santiago 1:15). La legalidad del universo demanda una resolución.

LA CAUSA Y EL EFECTO DEL
ESTÍMULO EMOCIONAL

Cada enojo en la familia es un estímulo. Cada estímulo engendra una respuesta, sea que la reconozcamos conscientemente o la reprimamos. Cada respuesta se convierte en un estímulo para el otro, que a su vez demanda una respuesta, la cual a su vez se convertirá en un estímulo que demandará otra respuesta, y es así como las discusiones incitan a las peleas, los problemas grupales se convierten en disturbios y las tensiones nacionales se transforman en guerras. "¿De dónde vienen las guerras y los pleitos entre vosotros? ¿No es de vuestras pasiones, las cuales combaten en vuestros miembros? Codiciáis, y no tenéis; matáis y ardéis de envidia, y no podéis alcanzar; combatís y lucháis, pero no tenéis lo que deseáis, porque no pedís" (Santiago 4:1–2).

Mientras usted siga sin arrepentirse de una raíz amarga, su respuesta a un estímulo emocional ilustrará la ley de la siembra y la cosecha. Esta ley operará tan claramente como las leyes de la electricidad. Podemos intentar controlar nuestras pasiones, romper el circuito de "estímulo y respuesta" con fuerza de voluntad o un carácter amable o negando los demás estímulos mediante la supresión de nuestras propias respuestas, pero sólo los pospondremos, ya que los impulsos legítimos no pueden ser negados. *Segaremos* lo que sembramos (Gálatas 6:7). Las leyes de Dios (su Palabra) no pueden ser quebrantadas (Juan 10:35).

El hecho de la inmutabilidad de la ley es la verdad de la que habla el Espíritu Santo en Malaquías 3:6: "Porque yo Jehová no cambio; por esto, hijos de Jacob, *no habéis sido consumidos*" (énfasis añadido). Si Dios cambiara, *seríamos* consumidos. ¿Si Él cambiara qué? "...por lo cual puede también salvar perpetuamente a los que por él se acercan a Dios, *viviendo siempre para interceder por ellos*" (Hebreos 7:25, énfasis añadido). La lógica es inevitable: si Jesús cambiara, y por consiguiente dejara de interceder por nosotros ante el Padre, el resultado sería "¡Esta cinta se autodestruirá en cinco segundos!"

Las leyes de la siembra y la cosecha y del incremento aseguran que todas nuestras relaciones humanas, de hecho toda la vida humana, debido a nuestra carne continuamente pecadora, ¡siempre se estarán acelerando hacia la guerra y la destrucción! Nada puede detener ese golpe, salvo la cruz de Cristo. Ése es el núcleo del perdón: "De hecho, la ley exige que casi todo sea purificado con sangre, pues sin derramamiento de sangre no hay perdón" (Hebreos 9:22, NVI). El odio mata: "Todo aquel que aborrece a su hermano es homicida; y sabéis que ningún homicida tiene vida eterna permanente en él" (1 Juan 3:15). Todos los resentimientos y amarguras nacen del odio; sin importar cuántos eufemismos usemos y pretendamos que no odiamos, sí lo hacemos. Nuestras emociones matan (o bendicen) al otro. El asesinato destruye la vida. La vida está en la sangre (Génesis 9:4). A menos que nos arrepintamos de nuestras tendencias pecaminosas nacidas de raíces amargas, los estímulos demandarán respuestas, y las semillas sembradas deberán ser cosechadas; por lo tanto, cada odio requiere sangre. Sólo la sangre de Jesús puede detener el ciclo creciente del odio humano. La sangre del perdón es por ello central, incluso para la posibilidad de continuación de la vida humana.

Cuando Mary Jones se siente despreciada por su esposo, Sam, su amargura no resuelta hacia otras personas que la han despreciado en el pasado, demanda una respuesta. Si ella le da rienda suelta, él puede responder desde su propia amargura. El enojo crece y la batalla continúa. Si él se reprime, el estímulo igual no muere. Fermenta en su corazón. En algún lugar, de alguna manera, se *manifestará*, aún por el sólo rechazo silencioso aunque subliminal, la amargura de Sam estará matando inconscientemente a su esposa. Sam podría, por determinación carnal o aún por el poder del Espíritu Santo, devolver una respuesta amorosa, que pueda evocar una respuesta amorosa, de manera que la tarde pueda cambiar y ser gozosa. Sin embargo, la herida original no puede ser negada. No está expresada ni tratada apropiadamente, sino viva, reprimida y olvidada. Pero el universo se rige legalmente, y esa herida aún debe encontrar una respuesta.

Si multiplicáramos ese incidente por los miles que normalmente ocurren en cada relación, veríamos que si Jesús dejara de interceder continuamente, la felicidad moriría, y aún la destrucción física sería inevitable para todos nosotros. Hoy, aunque el mundo se ha apartado cada vez más de Dios, su misericordia prevalece. Escuchamos tan frecuentemente noticias de gente que discute y se mata. El ciclo del odio oscila hacia la muerte sin el obstáculo de la gracia. La ley es la ley, y la cosecha es inevitable cuando se impide la gracia.

"Pero si andamos en luz, como él está en luz, tenemos comunión unos con otros, y la sangre de Jesucristo su Hijo nos limpia de todo pecado" (1 Juan 1:7). La elección que Sam hizo al amar fue una invitación, por escoger caminar en luz, y permitir que la sangre de Jesús limpiara el corazón.

Por otro lado, nadie podría saber cuántos billones de casos fluyen cada día en las relaciones humanas por su sangre, todos invisibles y desconocidos en su totalidad. ¡Cuán tremendamente misericordiosa es la gracia de nuestro Señor, nadie podría imaginarlo! Ni nadie puede entender por qué tantos billones de incidentes pueden ser lavados por la sangre sin darse cuenta, y sin embargo a veces se requiere que los reconozcamos conscientemente y los confesemos, o de lo contrario sufriremos sus consecuencias. Desde ya que Dios, en su sabiduría, lo sabe. La mayoría de los pecados son limpiados sin que si siquiera nos demos cuenta. Basta con decir el mandamiento: "Haced esto en memoria de mí" (Lucas 22:19), que se basa probablemente en el conocimiento de Jesús de nuestra continua necesidad de ser lavados. ¿Con cuánta frecuencia nos perdona Dios y nos limpia mientras lo adoramos, aunque no estemos conscientes de ello? Las elecciones que hacemos por amor nos limpian, pero la elección más efectiva es la oración y la adoración. Necesitamos orar unos por otros en forma regular, como lo hacía Pablo: "Que Dios mismo, el Dios de paz, los *santifique* por completo, y *conserve* todo su ser —espíritu, alma y cuerpo— *irreprochable* para la venida de nuestro Señor Jesucristo" (1 Tesalonicenses 5:23, NVI, énfasis añadido). ¡Qué oración!

LA IMPORTANCIA DE LA COMUNIÓN Y LA ADORACIÓN

Habiendo sido privilegiados como pocos al ver diariamente la obra maravillosa en lo profundo de los corazones, Paula y yo nos gozamos y también lloramos sobre las escrituras:

"Mantengamos firme, sin fluctuar, la profesión de nuestra esperanza, porque fiel es el que prometió. Y considerémonos unos a otros para estimularnos al amor y a las buenas obras; *no dejando de congregarnos*, como algunos tienen por costumbre, sino exhortándonos; y tanto más, cuanto veis que aquel día se acerca. Porque si pecáremos voluntariamente después de haber recibido el conocimiento de la verdad, *ya no queda más sacrificio por los pecados*, sino una horrenda expectación de juicio, y de hervor de fuego que *ha de devorar* a los adversarios".

—HEBREOS 10: 23-27, ÉNFASIS AÑADIDO

Nos regocijamos porque sabemos que quienes participan del servicio de adoración, se sirva o no la Santa Cena, serán limpiados al andar en luz, y sus matrimonios y familias serán bendecidos lo sepan ellos o no. Quizás las familias peleen después de salir por las puertas de la iglesia, pero gran parte de la acumulación de semillas de odio sembradas en la semana previa habrán sido recogidas por el Señor. Las personas podrán recordar los enojos y provocar nuevas peleas, pero la necesaria retribución legal de lo pasado fue eficazmente concluida en la cruz, durante la adoración.

Lloramos al ver el gris de la muerte en los rostros de aquellos que jamás atraviesan su umbral; vemos qué horrenda acumulación de mal vuelven a cosechar, porque han desperdiciado la oportunidad de escoger vida en Él, y, por consiguiente, le dejan muy poca oportunidad para que los limpie.

El poder del perdón está en la sangre de Jesús. Y la sangre de Jesús es suficiente (Hebreos 10:19–29). Dudamos de que la Iglesia pueda estar lo suficientemente "ensangrentada". Menno Simons

(1496–1561), de quien surgieron los menonitas, se hizo conocido tanto por su piedad como por el énfasis que ponía en la sangre de Jesús, un énfasis que fue heredado por sus seguidores. Mientras navegaba hacia América en un barco que se sacudía, en 1735, John Wesley resultó tan influenciado por la misericordiosa devoción de un grupo de moravianos, que cantaban acerca de la sangre de Jesús, que muchos creyeron que el ímpetu que recibió para el avivamiento provino de aquel comienzo y, a partir de aquella experiencia, el metodismo primitivo se llenó de devoción y canciones que celebraban la sangre de Jesús.

Una curiosa revisión a través de la historia de la iglesia estadounidense revela que allí donde se ha dado *precedencia* a la devoción y la celebración de la sangre de Jesús, luego ha *procedido* un avivamiento y una verdadera vida de amor en nuestro Señor Jesucristo. La sangre de Jesús es lo que rocía el corazón, el espacio de paz interior que necesitamos conquistar: "Y teniendo un gran sacerdote sobre la casa de Dios, acerquémonos con corazón sincero, en plena certidumbre de fe, *purificados los corazones de mala conciencia*, y lavados los cuerpos con agua pura" (Hebreos 10:21-22). ¿Cuán a menudo cantamos: "Hay poder, poder, sin igual poder. En la sangre que él vertió", sin conocer el poder de lo que estamos cantado?[1]

Que ningún cristiano pueda olvidarse jamás de la gran herramienta de poder que Dios ha puesto en sus manos: la sangre de Jesús. La Palabra de Dios es dada como instrumento poderoso, porque "es poder de Dios para salvación" (Romanos 1:16). Pero la sangre de Jesús es el principal poder para la limpieza del corazón: "A Jesús el Mediador del nuevo pacto, y a la sangre rociada que habla mejor que la de Abel" (Hebreos 12:24).

"De ahí que ni siquiera el primer pacto se haya establecido sin sangre. Después de promulgar todos los mandamientos de la ley a todo el pueblo, Moisés tomó la sangre de los becerros junto con agua, lana escarlata y ramas de hisopo, y roció el libro de la ley y a todo el pueblo, diciendo: *"Ésta es la sangre del pacto que Dios ha mandado que ustedes cumplan."* De la misma manera roció con la sangre el tabernáculo y todos los objetos que se usaban en el culto. De hecho, la ley exige que casi todo sea purificado con sangre, pues sin derramamiento de sangre no hay perdón. Así que era necesario que las copias de las realidades celestiales fueran purificadas con esos sacrificios, pero que las realidades mismas lo fueran con sacrificios superiores a aquéllos. En efecto, Cristo no entró en un santuario hecho por manos humanas, simple copia del verdadero santuario, sino en el cielo mismo, para presentarse ahora ante Dios en favor nuestro. Ni entró en el cielo para ofrecerse vez tras vez, como entra el sumo sacerdote en el Lugar Santísimo cada año con sangre ajena. Si así fuera, Cristo habría tenido que sufrir muchas veces desde la creación del mundo. Al contrario, ahora, al final de los tiempos, se ha presentado una sola vez y para siempre a fin de acabar con el pecado mediante el sacrificio de sí mismo. Y así como está establecido que los seres humanos mueran una sola vez, y después venga el juicio, también Cristo fue ofrecido en sacrificio una sola vez para quitar los pecados de muchos; y aparecerá por segunda vez, ya no para cargar con pecado alguno, sino para traer salvación a quienes lo esperan."

—HEBREOS 9:18-28, NVI, ÉNFASIS AÑADIDO

La sangre de Jesús es primordial para la sanidad del corazón humano. La Palabra penetra en *la mente* y *discierne las intenciones del corazón* (Heb. 4:12), pero es la sangre lo que sana al corazón. La paradoja es que aunque la sangre ofrecida una vez no necesita volver a ser ofrecida nunca más, es necesario aplicarla cada día, o de lo contrario el corazón se enfermará y se volverá a agriar. No podemos cambiar el corazón mediante la lógica o el poder de la voluntad. Por más claro que veamos lo que se aloja en él, allí permanecerá. Es aquí donde fallan los psicólogos seculares, porque no pueden limpiar lo que ven. Pero el cristiano puede. Allí donde lo secular acaba, el cristiano recién comienza. Pero tenemos que pedir la sangre del Cordero: "El siguiente día vio Juan a Jesús que venía a él, y dijo: He aquí el Cordero de Dios, que *quita el pecado del mundo*" (Juan 1:29, énfasis añadido).

La oración no da la medida de la fe, sólo hace lo necesario para expresar el pedido. Hasta el más pequeño de los cristianos tiene el mayor de los poderes. Cuán maravillosamente indescriptible es que a pesar de que el pecado se multiplique y la oscuridad se propague, ¡la sangre de Jesús jamás se acabará! Su fidelidad nos garantiza que siempre estará allí, a nuestro alcance, para limpiar el corazón total y completamente.

APRENDER A "VOLAR A CIEGAS"

La mayor dificultad respecto al perdón es que la mayoría de las veces no nos damos cuenta de que seguimos guardando rencores o que nos hemos mentido a nosotros mismos y lo hemos olvidado. Usted no debe fundamentar la convicción de pecado o la falta de pecado en el sentimiento de que ha perdonado. Los sentimientos sobre estos asuntos suelen ser mentiras empedernidas. Los pensamientos y los recuerdos se minimizan con eufemismos y mentiras tales como: "Yo nunca estuve enojado". "Yo no estaba herido". La clave fue dada en el capítulo anterior: si hay un mal fruto, debe haber falta de perdón escondida en la raíz. Es la clara lógica de la Palabra de Dios lo que trae luz a los pecados escondidos en su corazón, y no sus propias nociones y sentimientos confusos acerca de usted mismo.

Los pilotos deben tener un entrenamiento intensivo para reprogramar su mente y no dejarse guiar por su propio sentido de arriba y abajo, luz y oscuridad, ya que deben lograr confiar en los instrumentos y obtener la coordinación adecuada para poder volar "a ciegas". "¿Quién es ciego, sino mi siervo? ¿Quién es sordo, como mi mensajero que envié? ¿Quién es ciego como mi escogido, y ciego como el siervo de Jehová" (Isaías 42:19). "Le hará entender diligente en el temor de Jehová. *No juzgará según la vista de sus ojos, ni argüirá por lo que oigan sus oídos"* (Isaías 11:3, énfasis añadido).

Los ministros de oración y los líderes laicos deben aprender a volar a ciegas, confiando en el instrumento de la Palabra de Dios, y no en las sensaciones ni en los sentimientos humanos. "La ley del SEÑOR es perfecta, que *restaura el alma*; el testimonio del SEÑOR es seguro, que *hace sabio al sencillo"* (Salmos 19:7, LBLA, énfasis añadido). A pesar de que establecimos estos conceptos como básicos en el capítulo anterior, vemos que no hay ningún lugar en que su aplicación sea más verdadera e incisiva que en el tema del perdón. Las personas creen casi invariablemente que han perdonado cuando en realidad no lo han hecho. ¿Y cómo podemos estar seguros? Por lógica pura y simple conforme a la Palabra de Dios. Si el problema sigue allí, el perdón está incompleto.

Es por ello que muchas veces se necesita ser ministrado o ministrar a otro que está buscando ser transformado a causa de pecados escondidos. Una cosa es que alguien que está ministrando a otro vea un problema; pero otra es que el que está recibiendo la ministración permita que su corazón, así como su mente, también lo hagan.

Recuerde que aunque la Ley es absoluta, no existen certezas en la comprensión. Jamás le diga a la persona a la que está ministrando: "Ajá, usted tiene este o aquel problema". Mejor, invítela —por medio de preguntas, parábolas, historias y demás— a reconocer lo que ha estado escondido en su corazón. Busque la historia completa de la persona, pero no saque conclusiones prematuramente. Invite a esa persona a buscar para que vea y conecte las cosas por sí misma.

¿CÓMO LIDIAMOS CON EL PASADO?

Muchas personas consideran equivocadamente que deben regresar al pasado para encontrar a aquella persona o situación que haya precipitado la raíz de pecado, y hablarlo. Esto ni siquiera es posible si esa persona esta muerta. No sólo es innecesario hablar con la persona en cuestión, sino que además sería doloroso. Quien nos haya herido, puede no ser consciente de ello, o si lo es puede creer que ya pasó y fue resuelto. El perdón puede lograrse solamente en lo oculto del corazón del creyente. Puede ocurrir que el Espíritu Santo más tarde lo guíe a participar de una conversación actual que lleve a una reconciliación, pero esto debe hacerse con sabiduría y con tacto. No siempre es necesario.

Cuando los padres han sido normales y buenos, extrañamente resulta más difícil llegar a las raíces que cuando los padres fueron claramente malos. El resentimiento en este último caso puede ser fácilmente visto y admitido conscientemente. Pero la lealtad enmascara el otro caso, tanto en la infancia como en el creyente adulto que desea una transformación. De nuevo, la lógica clara y directa de la Palabra nos permite actuar en fe, sin importar los sentimientos que se tengan, como testificamos antes Paula y yo.

Frecuentemente, los resentimientos yacen totalmente escondidos detrás de la mente y el corazón, por haberse originado tan tempranamente que en ocasiones no podemos recordar cuándo nacieron o por reacciones a actos inconclusos de aquellos que deberían haberlas hecho por nosotros. A veces, los padres no han hecho nada reconociblemente malo, pero aún así han fallado como padres. Un ejemplo ocurre en los hogares en los cuales los padres han sido temerosos de Dios, personas morales, conscientes de sus deberes, íntegras, pero que jamás han tratado a sus hijos con afecto. La mente y el corazón de esos niños podrían no entender qué es lo que les falta y recordar sólo las cosas buenas que hacían sus padres. Pero sus espíritus están lastimados por la falta de afecto y les duele no haberlo tenido. Ahora, de adultos, no pueden dar amor, y la familia sufre hambre de él. O tal vez el cónyuge sea infiel. El fruto malo evidencia una raíz amarga. La oración de perdón libera de todo resentimiento aunque tal vez jamás haya sido experimentado conscientemente.

Otro ejemplo es especialmente trágico. A menudo, hemos ministrado gente cuyos padres no sólo hicieron casi todo bien, sino que también han sido tremendamente afectuosos; aún así, fallaron miserablemente como padres. ¿Por qué? Porque no supieron cómo dar espacio al niño para que pudiera convertirse en una persona independiente. Lo sobreprotegieron tanto que sofocaron la vida en ciernes del niño. Esas personas, ya como adultos, tendrán una tremenda dificultad para poder ver el resentimiento en su corazón por las dificultades actuales. De nuevo, cuando el fruto es una vida temerosa y abrumada, se revela la presencia de una mala raíz de resentimiento en el espíritu del niño. El arrepentimiento, la confesión y la absolución deben realizarse solamente por fe, de acuerdo con la Palabra de Dios.

Los acontecimientos no son nuestra principal preocupación. Situaciones horrendas pueden no marcar tan profundamente el corazón, dependiendo de la gracia de Dios. Sucesos menores sí pueden dejar cicatrices y resultar en prácticas que quiebren relaciones de allí en adelante. Lo que importa es la reacción del corazón. A veces, las reacciones no ocurren inmediatamente, sino que explotan más tarde, como una bomba de reacción diferida.

El perdón concerniente a esos acontecimientos puede no lograr la completa liberación. Las reacciones a los sucesos de la niñez originan ciertos comportamientos, que se transforman en hábitos y prácticas carnales. Esos patrones de comportamiento, una vez que están firmemente estructurados en el alma, no son fáciles de tratar. Por ejemplo, podemos reaccionar a la frialdad de parte de los padres y crear dentro de nosotros patrones de retraimiento, un corazón de piedra, el hábito de cobrar venganza, y todos los demás retorcidos tentáculos del pulpo del yo. Deberíamos preocuparnos más por las obras de la carne (Colosenses 3:9), que por los eventos que las originan. El sólo hecho de perdonar a nuestros padres no nos liberará. Debemos también dar muerte, a través del arrepentimiento, a las prácticas pecaminosas que se suceden como consecuencia de ello.

Dijimos antes que si el mal fruto persiste, no se ha logrado aún el perdón. Una persona puede, perdonar totalmente a alguien que la haya herido, y sin embargo retener la práctica destructiva que resulta de ese dolor. Esa práctica también puede ser desmantelada (o transformada) por la cruz y el perdón. Cuando una persona ha perdonado a otra, aún tiene que perdonarse a sí misma. No podemos lograr la destrucción de nuestras prácticas más íntimas hasta que hayamos perdonado y restaurado la propia capacidad de confiar y soltar. Predicamos la muerte del yo, que sólo podrá ser lograda mediante el perdón total. No podemos ser crucificados con Él mientras sigamos culpándonos y castigándonos tratando de ser diferentes. La muerte de esa lucha para poner orden en las cosas se construye sobre la base del perdón total, a través del cual dejamos de atacarnos a nosotros mismos.

El perdón nos trae paz. La sangre de Jesús quita la batalla por la culpa de manera que esos hábitos y estructuras puedan ser conducidos a la muerte. Si usted ha orado ya muchas veces por la muerte en la cruz de un pecado y su culpa, pero el patrón de pecado sigue prevaleciendo, tiene una gran necesidad de volver al fundamento número uno y examinar si ha habido perdón total hacia usted mismo y de Dios.

El único camino a la cruz es a través de Getsemaní, que es cuando identificamos nuestro pecado y luchamos con nuestras emociones y con los viejos patrones de conducta. De no ser así, seguiríamos con nuestros viejos hábitos ajenos a la cruz antes de que Él llegue a exclamar: "Consumado es". El perdón ocurre *antes* de la muerte, incluso como lo pidió Jesús: "Padre, perdónalos" horas antes de estar listo para proclamar de una vez y para siempre: "Consumado es". El perdón total nos prepara para soltarnos sencilla y felizmente, cual si fuésemos una pluma en la suave brisa, sin perdón total, practicamos con la cruz sólo para descubrir que se queda pegada en nuestras manos, pegada allí por la falta de perdón de uno mismo y de Dios. Sin el perdón total, la obra de santificación y transformación se hace pesada y agotadora; el perdón en cambio hace las cosas más fáciles y livianas.

LA TRANSFORMACIÓN TIENE DOS CARAS

La transformación tiene dos caras. La sangre de Jesús lava el corazón, limpiándolo, pero la sangre no destruirá las obras de tinieblas en el alma (1 Juan 3:8). Sólo la cruz puede hacer eso. El perdón es primordial, pero sólo marca el comienzo del proceso. La obra de transformación es una lucha diaria desde entonces para crucificar el yo.

Algunos aspectos del perdón pueden continuar influenciando y mejorando esa transformación. Ore para que Dios bendiga a quienes lo han lastimado o le han fallado (Romanos 12:14–21; 1 Pedro 3:8–14). Ministre a otros que atraviesen dificultades similares; al hacerlo, se verá a usted mismo con mayor claridad, y el amor llenará sus propios espacios desiertos.

En especial, ore con acción de gracias por todo lo que haya sucedido en el pasado. Al orar con acción de gracias, su corazón será cambiado del enojo y la autocompasión a dar gloria a Dios por haberlo acompañado en y a través de aquello.

El perdón no estará completo hasta que Dios el Padre esté incluido. La Escritura dice: "La insensatez del hombre tuerce su camino, Y luego contra Jehová se irrita su corazón" (Proverbios 19:3). Fíjese de nuevo en la palabra *corazón*. La mente protesta: "¿Cómo podría enojarme con Dios? Él es tan perfecto. Jamás me ha hecho nada". Pero eso no es lo que dice el corazón. El corazón dice perversamente: "¡Oh, sí. Si fueras un buen Padre, no me habrías dejado caer tan bajo!". O en el caso de gente herida durante la niñez, en la matriz o al nacer: "Me enviaste para servirte, y luego dejaste que estas personas me maltrataran. Ahora, ¿cómo esperas que te sirva? ¡No es justo!", "¿Dónde estabas cuando te necesité?" o "¿Por qué yo, Dios?", Y así sucesivamente, el corazón grita en forma tan infinita como los problemas que atravesemos.

Por esa razón, Job clamó: "No hay entre nosotros árbitro que ponga su mano sobre nosotros dos" (Job 9:33). Un árbitro era el equivalente al ministro de oración en los tiempos bíblicos. Los hombres se dirigían a tal persona para dirimir disputas, como en el caso en que las dos mujeres fueron ante el Rey Salomón como su árbitro en su disputa sobre de quién era el bebé (1 Reyes 3:16–28). Tal ministro de oración u árbitro habló con ambas partes, razonó con ellas, y habiendo establecido la cuestión, impuso sus manos sobre los hombros de ambas y atrajo la una hacia la otra para que se perdonaran. El clamor de Job es para que nuestro Señor Jesús sea nuestro árbitro entre Dios y el hombre. Y eso es lo que 2 Corintios 5:18-20 dice, a saber que: "Dios estaba en Cristo reconciliando consigo al mundo". Observe en la última porción de la cita, Pablo habla de ser reconciliado con Dios, no hay otra manera. Necesitamos ser reconciliados con Dios porque estamos enojados con Él. En la siguiente frase el Espíritu Santo nos habla de su perdón hacia nosotros: "no tomándoles en cuenta a los hombres sus pecados". Esa es la función del árbitro, imponer sus manos sobre cada uno para lograr el perdón mutuo y la paz.

Jesús es nuestro árbitro. Por medio de Él, somos capaces de lograr el perdón entre Dios y el hombre, y entre el hombre y Dios.

CAPÍTULO 6

ROMPER EL CICLO

"Porque todos los que dependen de las obras
de la ley están bajo maldición, pues escrito está:
Maldito todo aquel que no permaneciere en todas
las cosas escritas en el libro de la ley, para hacer-
las. Y que por la ley ninguno se justifica para con
Dios, es evidente, porque: El justo por la fe vivirá;
y la ley no es de fe, sino que dice: El que hiciere
estas cosas vivirá por ellas. Cristo nos redimió de
la maldición de la ley, hecho por nosotros maldición (porque está escrito: Maldito todo el que es
colgado en un madero), para que en Cristo Jesús
la bendición de Abraham alcanzase a los gentiles,
a fin de que por la fe recibiésemos la promesa del
Espíritu."

—GÁLATAS 3: 10-14

"Pero los que son de Cristo han crucificado la
carne con sus pasiones y deseos."

—GÁLATAS 5:24

No es suficiente con sólo perdonar. El hecho de que nuestra carne siga viva garantiza que repetiremos muchas de las ofensas más de cuatrocientas noventa veces (Mateo 18:21–22). Imagínese un boxeador profesional evitando hábilmente los golpes en incontables asaltos, defendiéndose de un atacante incansable; eso podría comenzar a retratar la incesante necesidad de perdón en una familia, mientras la carne no sea tratada. ¿No es verdad que en ocasiones todos nos sentimos como mártires, porque debemos ser nosotros quien perdonamos en la familia y nos volvemos terriblemente impacientes con Dios para que cambie a todos los demás? Las estructuras habituales se repiten con tanta constancia que pueden terminar por agotar hasta al santo más paciente. Por lo tanto, la cruz es primordial para la supervivencia, porque la sangre no rompe el ciclo del odio. Sólo lava sus resultados en el corazón. Sólo la cruz detiene los estragos que ocasiona la carne.

El arrepentimiento no es un *sentimiento*; es una *acción*. No producirá demasiado cambio si sólo nos sentimos apenados. El cambio en las relaciones recién ocurre cuando se rompe el ciclo del odio y es transformado por los estímulos del amor. El cambio se produce en los individuos, uno a uno, sólo al relacionarse. El cambio ocurre en los individuos sólo cuando esas estructuras que estimulaban acciones incorrectas, y las respuestas a ellas, son crucificadas en la cruz. Sin esa crucifixión, las escenas de batallas seguirán repitiéndose en formas variadas e innumerables.

Muchos creyentes intentan sanar relaciones cambiando superficialmente su forma de actuar o hablar. Como toda palabra o acción tiene detrás ríos de intenciones y estructuras ocultas de la carne, es como tapar con un dedo un agujero de un dique, sólo para descubrir otra rajadura y otra más. A la larga, uno puede imaginarse a un hombre aplastado contra una pared, con cada dedo de las manos y pies pegado a ella, mientras emociones e incidentes se derraman a su alrededor, como por un colador, hasta que toda la relación estalla de golpe.

Al hacerse como nosotros en Getsemaní, nuestro Señor Jesucristo ganó el derecho (que era necesario por nuestro libre albedrío) a morir por nosotros *como si fuera nosotros* en la cruz. La muerte destroza las estructuras del yo. En el momento en que nuestro cuerpo físico muere, el espíritu desalojado deja de poder sostener sus estructuras, entonces aquel colapsa y cae. En el momento en que la actitud de nuestro corazón encuentra su sentencia de muerte en la cruz, las estructuras que lo sostenían también comienzan a encontrar su muerte en la cruz. En cada sucesiva muerte interior, vamos atravesando un proceso, que fue ejemplificado para nosotros por el precursor y pionero de nuestra fe, cuando murió y resucitó. Como Jesús, después de un tiempo (tres días en las entrañas de la tierra), un espíritu nuevo y resucitado llena nuestra vieja estructura, recientemente muerta, con un propósito nuevo y transformado que puede moverse a través de las "puertas cerradas" (Juan 20:19-26) para sanar y saciar los corazones de otros.

Cuando la estructura que determinaba un carácter muere, esa porción de nuestro ser interior se sumerge figuradamente "en las entrañas de la tierra". "Porque así como tres días y tres noches estuvo Jonás en el vientre de un gran pez, también tres días y tres noches estará el Hijo del hombre en las entrañas de la tierra" (Mateo 12:40, NVI). En el simbolismo bíblico, "las entrañas de la tierra" es el depósito de los pensamientos y sentimientos. "El que cree en mí, como dice la Escritura, ríos de agua viva correrán de su vientre[1]" (Juan 7:38, RV2000).

La muerte de una parte de nuestro ser inicia una convulsión o un profundo estremecimiento que atraviesa nuestro ser interior. Esa muerte se hace dulce por la irresistible presencia de Jesús que envuelve nuestros corazones mientras recibimos su toque sanador. Sin embargo, a veces parece que ocurriera lo contrario, al menos inicialmente. Cuando el fuego del Espíritu Santo conduce toda la escoria que estaba oculta hasta la superficie de nuestro corazón (Malaquías 3:2), esa purga puede traer una incomodidad temporal. En tal situación, podríamos experimentar tristeza, confusión, desorientación, desaliento, pesadez, somnolencia o agitación. En ese momento, está aconteciendo la muerte a través de las regiones subterráneas de nuestras motivaciones y prácticas. Verdaderamente, nosotros también, como Jesús, pasamos nuestros tres días en las entrañas de la tierra.

Los "tres días" pueden ser sólo un momento, horas, días o, en raras ocasiones, semanas, dependiendo de quién sabe qué en la complejidad de nuestro ser. Paula y yo hemos visitado a muchos creyentes durante sus "tres días". Ellos afirmaban alguna de las siguientes cosas:

"No sé lo que me está pasando."

"¡Estoy tan cansado todo el tiempo!"

"Me siento tan pesado, que parece que estuviese drogado."

"No tengo ganas de hacer nada."

"No tengo mis sentimientos normales, comunes."

"Camino como si fuera un zombi."

"Me siento como si fuera un pote de gelatina."

"Estoy muy confundido."

"Siento como si se estuviera gestando un terremoto adentro de mí, y no pudiera contenerlo."

"Sólo quiero dormir todo el tiempo."

"Usted no me dijo que sería así. ¿Cuánto dura esto? ¿Es normal?"

La experiencia más común es una fatiga extremadamente grande. Realmente, lo que ocurre es similar a lo que sucede los primeros días de unas vacaciones muy necesarias. Cuando nos aflojamos, nos damos cuenta de cuán fatigados estábamos. El agotamiento no es algo nuevo. Estuvo siempre allí. Al aflojarnos, sentimos toda la fatiga que veníamos acumulando.

Jesús llegó a decir a los cansados: "Venid a mí todos los que estáis trabajados y cargados, y yo os haré descansar. Llevad mi yugo sobre vosotros, y aprended de mí, que soy manso y humilde de corazón; y *hallaréis descanso para vuestras almas*; porque mi yugo es fácil, y ligera mi carga" (Mateo 11:28-30, énfasis añadido). Toda estructura de la carne se encuentra marcada por la agitación. Todo lo que haya sido edificado por Dios está en reposo, como Dios ha reposado (Hebreos 4:10). Todo lo que hayamos edificado nosotros mismos no reposa; debe ser constantemente examinado, cambiado, defendido, apreciado y aprobado. Por lo tanto, cada práctica demanda una gran cantidad de energía para sostenerse. Es por ello que a veces nuestra mente consciente se olvida de lo que está haciendo. Nuestras luchas internas roban a la superficie de la mente su capacidad de concentrarse, consumiéndole toda su energía por batallas internas más demandantes. Así que cuando morimos con Jesús en la cruz, nuestro ser interior va a la tumba con Él, y caemos en esa fatiga espiritual, emocional y mental que siempre estuvo allí.

Sin embargo, como dijimos antes, tal incomodidad es la excepción y no la regla. Pero hemos hablado un poco más de este tema para beneficio de aquellos que puedan estar experimentando tales sensaciones y se pregunten qué es lo que les está pasando.

En cualquier caso, ese tiempo de muerte interior no puede ser apresurado. Al igual que Jesús, necesitamos nuestros "tres días en las entrañas de la tierra", sin importar cuán corto o largo pueda ser. Nosotros también necesitamos a nuestro José de Arimatea y nuestro Nicodemo para que estén allí cuando bajemos de la cruz de la muerte, para que nos ponga a descansar amorosamente. (Mateo 27:58–59). Eso, en la práctica, significa que necesitamos gente que responda por nosotros ante el cambio, gente que no se sienta amenazada si actuamos en forma diferente o si no hacemos nada. Gente que permanezca a nuestro lado, sin forzarnos a volver a los viejos patrones de conducta. Gente que no haga otra cosa más que estar allí, aceptándonos, mientras dejamos de hacer lo que era familiar para ellos. Gente que no se enoje porque no actuamos como solíamos hacerlo, ni practicamos los mismos juegos de antes. Necesitamos gente que no nos demande que respondamos como lo hacíamos antes, desde un centro emocional que ya no está, que no nos esté hiriendo, acusando ni controlando. Gente que nos permita ser un completo desorden e igual nos ame.

Además, necesitamos gente como el centurión romano y sus soldados, personas que hagan guardia alrededor de nosotros toda la noche de nuestra muerte. No podemos soportar totalmente el clamor de nuevos eventos y desafíos durante ese tiempo de muerte interna. Necesitamos personas que respondan por nosotros, que se ocupen de los detalles y no nos critiquen cuando fallamos en algo que acostumbrábamos a hacer fácilmente. Necesitamos un área protegida, como un mariscal de campo, que depende de sus guardias para evitar a los defensores el tiempo suficiente como para que la jugada se desarrolle de forma diferente frente a nosotros. Habrá una noche de muerte interna y necesitaremos tener tiempo para atravesarla.

Puede ser que no estemos listos para ser tocados, como Jesús con María en el jardín (Juan 20:17). Así como Jesús todavía necesitaba ir a su Padre, nosotros también necesitaremos en privado confirmaciones de la nueva vida hasta que ella se establezca: "Y después de que ustedes hayan sufrido un poco de tiempo, Dios mismo, el Dios de toda gracia que los llamó a su gloria eterna en Cristo, los restaurará y los hará fuertes, firmes y estables" (1 Pedro 5:10, NVI). Y las personas pueden no reconocernos (Juan 20:14; Lucas 24:16). No están acostumbradas a nuestro nuevo ser, y nosotros tampoco. De manera que las viejas demandas familiares que recaen sobre nosotros durarán algún tiempo. Otra analogía puede ser que seamos como un motor nuevo, recién puesto a punto, que no debería andar a toda marcha hasta que los nuevos aros de pistones estén bien sellados. Debemos ir metiéndonos de a poco en nuestro nuevo viejo cuerpo. Si nos apresuráramos, podríamos no lograr la plenitud del reposo y la nueva identidad que anhelamos conseguir.

RESPETE LO RECÓNDITO DEL PROCESO

Hay ciertas cosas ocultas que deben ser respetadas. Nadie sabe qué es lo que ocurrió con Jesús durante esos tres días en la tumba. Sabemos lo que *hizo*. "Porque también Cristo padeció una sola vez por los pecados, el justo por los injustos, para llevarnos a Dios, siendo a la verdad muerto en la carne, pero vivificado en espíritu; en el cual también fue y predicó a los espíritus encarcelados"

(1 Pedro 3:18-19). Pero *no* sabemos qué clase de metamorfosis, si la hubo, sufrió o cómo sucedió. Sabemos que fue perfeccionado por sus aflicciones (Hebreos 2:10). Tal vez, esa perfección debía continuar completándose allí, en las profundidades del sufrimiento de nuestra muerte, a menos que "consumado es" se refiera también al proceso. Ya sea que algo le siguiera ocurriendo a Jesús o no, sí nos ocurre sin lugar a dudas *a nosotros* en nuestros "tres días en las entrañas de la tierra". Durante ese tiempo, *la introspección debe detenerse.*

En el ministerio de oración, Paula y yo sentíamos a menudo el freno del Espíritu Santo, guiándonos a decir a la persona que dejara de "mirar para adentro" durante ese periodo. El Señor, en tales tiempos, no revelaba nada más con respecto a la naturaleza interior de la persona que estábamos ministrando y nos daba a entender que ese no era el momento apropiado para tratar con nada más que lo que ya hubiéramos visto en el interior de la persona. Otras cosas pueden llegar a morir después, pero entonces estaban ocurriendo tanta muerte y tantas reformas profundas y ocultas que sólo debíamos sentarnos y celebrar, sin buscar más allá. A menudo, hemos tenido que decirle a la persona: "¡Deja de cavar buscando la semilla para ver cómo está; déjala en paz!". Nuestro consejo espiritual y santo es entonces sugerir a la persona que lea una novela de misterio, mire alguna comedia o alguna película o juegue a algo —cualquier cosa que ocupe su mente en algo externo— y que la distraiga de sus especulaciones internas, de manera dejar tranquilo su ser interior.

Cuán significativo es que Jesús haya regresado en el mismo cuerpo físicamente herido. Además de todas las implicaciones teológicas, que nunca pueden ser sobreestimadas ni exageradas, existe una muy importante que tiene que ver con el ser interior, que es la esencia de la transformación. De la misma manera, nuestra propia nueva naturaleza también resucita con la estructura de lo que habíamos sido. No es que pudiéramos estar mejor si saliéramos de nosotros mismos, y nos convirtiéramos en otra persona. Tal vez a todos nos gustaría ser como ese amigo o ese vecino cuyo carácter nos parece ideal, o como algún santo favorito. Pero Dios no nos llamó a ser como ellos. Él nos llamó a ser nosotros mismos, y a convertirnos en ese nuevo ser dentro del mismo desastre que habíamos sido, ahora transformado por la vida resucitada de Jesús en nosotros.

Cuando Jesús nos restaura, no nos sobreimprime su propio ser para que seamos estampados como galletitas con forma de hombrecitos de jengibre. Más bien, la naturaleza de Él sigue siendo la del que murió por nosotros, de modo que completa lo que vamos a ser, que es singular y gloriosamente nosotros. Nuestra propia crucifixión personal no nos quita nada de lo que hayamos sido. Somos completados. Su vida llena la estructura de nuestra vida con el poder de su resurrección para que tenga lugar la gloria que Él planeó desde el principio: "Y hay cuerpos celestiales, y cuerpos terrenales; pero una es la gloria de los celestiales, y otra la de los terrenales. Una es la gloria del sol, otra la gloria de la luna, y otra la gloria de las estrellas, pues una estrella es diferente de otra en gloria. Así también es la resurrección de los muertos" (1 Corintios 15:40–42).

Nuestro precioso Dios se revela de muchas maneras. "¡Cuán amables son tus moradas, oh Jehová de los ejércitos!" (Salmos 84:1). "¿O ignoráis que vuestro cuerpo es templo del Espíritu Santo, el cual está en vosotros, el cual tenéis de Dios, y que no sois vuestros?" (1 Corintios 6:19). "En quien vosotros también sois juntamente edificados para morada de Dios en el Espíritu" (Efesios 2:22). Dios nunca hará a un individuo igual a otro. Nadie puede ser reemplazado. Cada hijo de Dios es único, glorioso por derecho propio, y necesario para el resto. Por lo tanto, un ministro de oración o un líder laico no construye en otro lo que ese ministro o líder cree que esa persona debe ser. La mayor pérdida en el mundo sería tener un montón de Johns y Paulas Sanford actuando todos de idéntico modo. Si producimos clones, erramos. Cada creyente debe mantenerse al margen y observar cómo Jesús resucita al otro en esa singular maravilla de creación que Dios planeó para esa persona en particular. Ése es el gozo de ser llamado a ser un ministro: contemplar la belleza única de cada mariposa que emerge.

Como dijimos antes, hasta que ocurra la muerte interna y emerja la nueva criatura que somos, el ciclo del odio no será quebrado. Nuestros viejos patrones de conducta continuarán provocando problemas, tanto con los demás como en nosotros mismos. Y la batalla sigue y sigue. Ahora agregamos que, aunque estemos en el proceso de captar los juegos engañosos del yo en algunas áreas, en otras apenas estamos comenzando o ni siquiera hemos empezado la labor de conocernos, observar nuestras respuestas, y llevarlas a la cruz. No hay modo fácil de llegar a ser santos. Sólo hay que perseverar (Hebreos 3:14; 12:1). Deje por un momento de estar en guardia y volveremos a estar luchando las mismas batallas. Llegamos a cansarnos tanto de ellas. La paz verdadera no llegará hasta que permitamos que toda la estructura sea tratada. Aunque seamos llenos en lo recóndito del espíritu en el momento de la *conversión*, la paz no se establece en todo nuestro ser hasta que nuestro hombre interior completo se somete a la cruz y el yo es transformado.

Aún así, esa transformación depende de la continua gracia de la presencia de nuestro Señor en nosotros. Si caminamos en seco, sin oración, esa condición árida se convierte en el terreno de la resurrección, pero no de la nueva vida, sino de la vieja. "Tú guardarás en completa paz a aquel cuyo pensamiento en ti persevera; porque en ti ha confiado" (Isaías 26:3). Fíjese con atención: no es que *nosotros mantengamos* el pensamiento en Él por propia determinación o por algún poder de la carne que podamos querer utilizar, sino que el pensamiento *"persevera"* por obra del Señor. Así que sólo quien *permanece* en Él lleva mucho fruto (Juan 15:1–5). "Y decía a todos: Si alguno quiere venir en pos de mí, niéguese a sí mismo, tome *su cruz cada día*, y sígame" (Lucas 9:23, énfasis añadido).

El factor más común con que lidiamos en el ministerio de oración es el hecho de la carne no muerta en cristianos nacidos de nuevo. La comprensión de la crucifixión resulta primordial para que el Cuerpo de Cristo pueda madurar. Fíjese, por lo tanto, en una diferencia: la muerte física tiene tendencia a ser algo fácil y rápido, pero la crucifixión es lenta y dolorosa. Desarrollarse es aún más lento y doloroso. Así como no hay santos instantáneos, tampoco hay transformaciones súbitas.

Al Durance, un rector Episcopal amigo nuestro, suele usar camisetas que dicen: "El problema con los sacrificios vivos es que tratan de escaparse del altar". ¡Qué cierto es eso! Quizá tengamos que sufrir la vergüenza de fracasar una y otra vez, y tanto que no podamos soportar lo que somos y ya no tengamos temor de la muerte: hasta entonces no podremos morir al yo.

No podemos tener éxito poniéndonos en la cruz nosotros mismos. Debemos ser impelidos por el proceso que Él nos hace atravesar. Si pudiéramos hacerlo por nosotros mismos, nunca lograríamos evitar al orgullo de creer que morimos más que cualquier otro. "Bueno, amigo, serías tan santo como yo si tan sólo pudieras morir lo suficiente" El Señor planea de tal manera nuestra salvación que aunque tengamos parte en ella, jamás podemos adjudicarnos el crédito de nuestra propia crucifixión. En Cristo, gloriarse está de más: "A fin de que nadie se jacte en su presencia. Mas por él estáis vosotros en Cristo Jesús, el cual nos ha sido hecho por Dios sabiduría, justificación, santificación y redención; para que, como está escrito: *El que se gloría, gloríese en el Señor*" (1 Corintios 1:29–31, énfasis añadido).

Tanto la muerte como la resurrección ocurren solamente por la providencia de Dios. Ahora, permítanos ver si todo cristiano puede oír lo que se desprende de esa verdad: si es el Espíritu Santo el que nos mueve a nuestra propia crucifixión por la gracia del plan de Dios, en el momento y la forma previstos, ¿por qué tenemos que juzgar a cualquier hermano por estar dónde y cómo esté? Somos tentados a enojarnos por la terca lentitud, y aún el retraso de los demás y de nosotros mismos, pero cuando logramos entender la forma en que todos debemos llegar a la crucifixión, exclusivamente en el tiempo divino, las presiones y las demandas se extinguen. Porque vemos que Dios, en su sabiduría, sabe cómo movernos en el tablero de la vida. ¿Podemos culpar a un hermano por ser inmaduro? Si Dios no hubiera persistido, a pesar de toda nuestra tozudez, nosotros también estaríamos así. Tal vez no sea aún el tiempo adecuado para esa persona. Deje que sea sólo Dios el que juzgue si es lento y rebelde o no.

"De cierto, de cierto te digo: Cuando eras más joven, te ceñías, e ibas a donde querías; mas cuando ya seas viejo, extenderás tus manos, y te ceñirá otro, y te llevará a donde no quieras" (Juan 21:18). Cuando Jesús le habló a Pedro, se refirió específicamente al momento en que los hombres lo llevarían para ser crucificado cabeza abajo. Pero fíjese, el contexto es la crucifixión, y el texto puede ser tomado como una parábola para nosotros. Cuando recién acabábamos de nacer de nuevo y fuimos llenos del Espíritu Santo, nos empeñábamos (nos ceñíamos) en nuestras emociones y por medio de nuestra vida personal de oración. Corríamos de aquí para allá, compartiendo esta palabra y la otra, practicando este don y aquel otro, para hacer avanzar nuestro ministerio. "Íbamos a donde queríamos." La madurez en Jesús significa crucifixión, y el hecho es que Él lleva a cabo esa crucifixión a través de los medios por los cuales otros *nos llevan*. Nosotros "extendemos nuestras manos" tanto para ministrar como para ser ministrados. Pero otros nos toman de las manos y nos llevan a donde nosotros no iríamos por nuestros propios medios: a morir al yo.

Debemos alentar a otros a dejar de pelear con las demás personas y con las circunstancias que Dios nos pone en el camino. Pudiera ser que precisamente esos incidentes fueran los que nos lleven a la muerte (que es justamente el motivo por el cual *combatimos* con ellos). Puede ser que no podamos dejar de pelear. Puede ser que no nos agrade demasiado el proceso. Pero al menos lo entendemos. Y alabado sea Dios por ello (aunque tal vez lo digamos apretando los dientes): "He aquí, aunque él me matare, en él esperaré" (Job 13:15). Con frecuencia, afirmamos: "Él es el Señor" ¿Lo decimos en serio? ¿Lo creemos? El incrédulo corazón del creyente ¿espera realmente que su señorío signifique que Él nos *hará* atravesar el proceso? Tal vez no aprendamos nada más valioso en toda nuestra vida que el hecho de que Él realmente es quien es y cumplirá todo lo que se ha propuesto, "a fin de presentársela a sí mismo, una iglesia gloriosa, que no tuviese mancha ni arruga ni cosa semejante, sino que fuese santa y sin mancha" (Efesios 5:27). "Y a aquel que es poderoso para guardaros sin caída, y presentaros sin mancha delante de su gloria con gran alegría" (Judas 24).

AFÉRRESE A SU SANIDAD

No podemos cerrar este capítulo sin enseñar cómo mantener la propia sanidad. Es necesario que estemos firmes en la fe. Una vez que la crucifixión esté en proceso, o sea completada, debemos declarar esa verdad por medio de lo que nos permitimos sentir, pensar, decir o hacer. Debemos continuar reconociendo como muerto aquello por lo que hemos orado. Muchas personas van directamente de la oración de sanidad a la prueba, y al sentir aquella vieja emoción, concluyen: "Oh, no funcionó". Entonces, puede ocurrir que vuelvan a caer en esos viejos sentimientos. Los viejos hábitos seguirán resonando con fuerza, como si fuesen piedritas que repiquetean movidas por el viento. Pero si hemos llevado una cosa a la cruz, son sólo eso, simples sonidos en el viento, sin ninguna fuerza de realidad tras ellos. Están verdaderamente muertos, y fueron hechos nuevos. Pero si creemos que aún siguen con vida y seguimos luchando con ellos, impartimos falsa vida a aquellas viejas estructuras crucificadas, e innecesariamente luchamos con ellas una y otra vez.

Un hábito de celos, de carácter o de ser crítico —cualquiera sea— seguirá ardiendo, aunque se haya orado por ello. Pero si hemos puesto el hacha a la raíz y hemos orado, ese hábito, de hecho, está muerto. Si dejamos que la continua reaparición de ese viejo hábito siga molestándonos, corremos el riesgo de ser incitados por los fantasmas y las antiguas casas vacías y embrujadas de nuestro carácter. Con frecuencia, esto sucede simplemente por nuestra incredulidad, falta de autodisciplina, por las que los creyentes retroceden hasta que "su postrer estado viene a ser peor que el primero" (2 Pedro 2:20).

Si un creyente que está luchando por ser transformado cree que aquella vieja actitud sigue siendo real, le dará energía al forcejear con ella, o ceder y recaer en el viejo hábito. No debe actuar así. Lo único que tiene que hacer es rechazar ese viejo sentimiento, no luchar contra él, y simplemente decir: "No tengo que hacerle más caso a eso. Está muerto". Y luego seguir con la vida que desea, ignorando cualquier sentimiento contrario a partir de ese momento. O si se trata de un pensamiento o una acción, debe rechazar ese viejo pensamiento o esas obras, desde ese momento en adelante, ignorándolo y procurar actuar de manera diferente, nueva, sin preocuparse por ese tema ni discutir consigo mismo ni siquiera darle importancia alguna a aquella vieja cosa. Así, no le dará realidad.

La vieja naturaleza carnal, una vez que ha sido tratada, puede ser comparada al balanceo del péndulo del reloj del abuelo, cuyo resorte principal está roto. Si lo dejamos tranquilo y no golpeamos el péndulo una y otra vez, dejará de balancearse y se quedará quieto. O, como si fuera una pelota que rebota, si dejamos de empujarlo, al fin, dejará de rebotar y se aquietará. Debemos aprender a no prestar atención a los síntomas que ya han muerto. Todos nuestros sentimientos tienen vida propia y se niegan a morir. Nuestros pensamientos también luchan por no perecer. Si regresamos y continuamos peleando con ellos, aquellos pensamientos y sentimientos se darán un banquete haciéndonos caer de problema en problema, sólo para mantenerse con vida y en el centro de la escena.

"Por lo tanto, no *permitan* ustedes que el pecado reine en su cuerpo mortal, ni obedezcan a sus malos deseos. No ofrezcan los miembros de su cuerpo al pecado como instrumentos de injusticia; al contrario, ofrézcanse más bien a Dios como quienes han vuelto de la muerte a la vida, presentando los miembros de su cuerpo como instrumentos de justicia. Así el pecado no tendrá dominio sobre ustedes, porque ya no están bajo la ley sino bajo la gracia."

—ROMANOS 6:12-14, NVI, ÉNFASIS AÑADIDO

Nuestra mente y nuestro corazón no quieren que seamos sanados. Prefieren inventar crisis tras crisis. "Por cuanto los designios de la carne son enemistad contra Dios; porque no se sujetan a la ley de Dios, ni tampoco pueden" (Romanos 8:7). Nosotros arrojamos *diariamente* a la muerte esos hábitos de la mente y del corazón después de orar, viviendo una nueva vida, e ignorando las antiguas señales.

Acudió a nosotros una mujer que no podía entregarse sexualmente a su esposo. Una vez que encontramos las raíces y llevamos todas sus viejas estructuras a la cruz, ella veía que seguía sintiéndose tensa ante el acercamiento de su esposo. Su mente y sus sentimientos se dispersaban como si fuesen niños rebeldes. Ella aprendió a no combatir sus sentimientos ni sus pensamientos y a no enojarse por sus errores. En lugar de ello, dijo en silencio: "Lo rechazo" y volvió su atención a poder recibir el contacto y el espíritu de su esposo. Pronto pudo ser cálida y amorosa, y disfrutar esos momentos, al igual que el esposo.

Una mujer vino oprimida por sentimientos de falta de valor, soledad y autocompasión. Al llegar a las raíces, ella tuvo que aprender a no dejarse tiranizar por la recurrencia de aquellos viejos sentimientos, y se propuso hacer cosas que distrajeran su mente de esos síntomas. En algunas semanas ya no podía si quiera recordar cómo solía sentirse.

Un hombre no podía disfrutar de pasar tiempo junto a sus hijos. Luego de encontrar las raíces, se dio cuenta de que la nueva vida que deseaba no era un don automático. Él tenía que tomar el control y proponerse estar con sus hijos, jugar con ellos, hacer caminatas, ir de pesca, y leerles cuentos, y hacer caso omiso al magnetismo de la televisión y de los antiguos sentimientos o la falta de ellos. Luego de algún tiempo, se estaba divirtiendo tanto con sus hijos que se preguntaba cómo era que no había descubierto antes aquel gozo.

Un punto final. Hemos aprendido que es una ley que las personas que sólo quieren evitar el dolor no mejoran. Esos que sólo quieren seguir disfrutando de su vida egoísta y egocéntrica, nunca llegarán a ser felices ni libres. Sólo desean escapar de sus problemas (exactamente lo que Dios usaría para despertarlos) para poder seguir sirviendo a su propio dios de placer mamón. Pero aquellos para quienes el gozo consiste en poner sus vidas al servicio de otros, pronto se recuperan y logran la felicidad. El secreto de la vida, de hecho, está en perderla (Lucas 17:33).

CAPÍTULO 7

EL ROL DE UN MINISTRO DE ORACIÓN

"Antes que estuviese de parto, dio a luz; antes que le viniesen dolores, dio a luz hijo. ¿Quién oyó cosa semejante? ¿Quién vio tal cosa? ¿Concebirá la tierra en un día? ¿Nacerá una nación de una vez? Pues en cuanto Sion estuvo de parto, dio a luz sus hijos. Yo que hago dar a luz, ¿no haré nacer? dijo Jehová. Yo que hago engendrar, ¿impediré el nacimiento? dice tu Dios. Alegraos con Jerusalén, y gozaos con ella, todos los que la amáis; llenaos con ella de gozo, todos los que os enlutáis por ella; para que maméis y os saciéis de los pechos de sus consolaciones; para que bebáis, y os deleitéis con el resplandor de su gloria. Porque así dice Jehová: He aquí que yo extiendo sobre ella paz como un río, y la gloria de las naciones como torrente que se desborda; y mamaréis, y en los brazos seréis traídos, y sobre las rodillas seréis mimados. Como aquel a quien consuela su madre, así os consolaré yo a vosotros, y en Jerusalén tomaréis consuelo."

—ISAÍAS 66: 7-13

IOS SE PROPONE PRODUCIR cada día nuevos nacimientos y nutrirnos por medio de la Iglesia. La Iglesia está ahora llamada a hacer nacer de nuevo, más y más, a la Iglesia. Creo que ése es hoy el principal llamado del Cuerpo de Cristo.

"No os conforméis a este siglo, sino transformaos por medio de la renovación de vuestro entendimiento, para que comprobéis cuál sea la buena voluntad de Dios, agradable y perfecta" (Romanos 12:2). Preste atención a la pequeña palabra *por*. Nos hemos preguntado por qué en ocasiones simplemente somos sanados por el Señor y por qué otras veces parecería que debemos obtener precisamente el bocado exacto de conocimiento para ser santificados en un área dada. Algunas personas ponen tal énfasis en la cuestión de la comprensión *mental* y la confesión para que la gente llegue a la plenitud de la redención y la madurez ¡que nos parece que hubieran entronizado su mente consciente!

Ser transformado *por* medio de la renovación del entendimiento no significa que todos debamos convertirnos en autoanalistas, excavando cada momento de nuestra historia para traerlo a la luz (o a la confusión) del conocimiento mental. Es mejor que ciertas cosas queden sin ser vistas ni oídas. A veces, el Señor renueva nuestra mente profunda sin que lo entendamos conscientemente. Simplemente, nos encontramos pensando de manera diferente, porque "del corazón salen los malos pensamientos" (Mateo 15:19). Si el Señor cambia el *corazón*, la mente, tanto consciente como subconsciente, es *renovada*. A veces, simplemente crecemos y dejamos de ser inmaduros. Pensábamos y razonábamos como niños, pero cuando nos convertimos en adultos en Cristo, dejamos todo eso atrás (1 Corintios 13:11).

Muchos ministros de oración han errado al llevar a la persona a la que están ministrando a verlo y examinarlo todo, como si fuéramos salvos por pensar correctamente. Eso es gnosticismo. En lugar de ello, somos salvos por la persona de nuestro Señor Jesucristo, y tanto la persona que ministra como la que recibe la ministración deben estar atentas a su Espíritu Santo para ver sólo lo que *Él* sabe que puede ser pertinente para nuestra transformación.

Para la transformación que se realiza sin nuestro conocimiento consciente, el Cuerpo de Cristo es tanto nuestro vientre materno como nuestra partera. Pero para aquellas situaciones en las que el Espíritu Santo requiere que nos entendamos a nosotros mismos, el sacerdocio de todos los creyentes puede no ser suficiente. Quienes son nuestros compatriotas en Cristo deben ser nuestros primeros ministros de oración. En ocasiones, sin embargo, se necesita una persona con un discernimiento especial. "Como aguas profundas es el consejo en el corazón del hombre; mas el hombre entendido lo alcanzará" (Proverbios 20:5).

La base bíblica de cada ministro en Cristo se encuentra en lo que Jesús fue, como se expresa en Isaías 11:1-3:

"Saldrá una vara del tronco de Isaí, y un vástago retoñará de sus raíces. Y reposará sobre él el Espíritu de Jehová; espíritu de sabiduría y de inteligencia, espíritu de consejo y de poder, espíritu de conocimiento y de temor de Jehová. Y le hará entender diligente en el temor de Jehová. No juzgará según la vista de sus ojos, ni argüirá por lo que oigan sus oídos".

Un ministro de oración no debe juzgar por lo que sus ojos ven o sus oídos oyen. Debe ver más allá de los eventos y circunstancias, por el don de discernimiento. Un ministro de oración debe ver, como Dios lo hace, el corazón. "Porque Jehová no mira lo que mira el hombre; pues el hombre mira lo que está delante de sus ojos, pero Jehová mira el corazón" (1 Samuel 16:7). La simple vista nos pone en peligro de mirar juzgando: "No juzguéis, para que no seáis juzgados. Porque con el juicio con que juzgáis, seréis juzgados, y con la medida con que medís, os será medido" (Mateo 7:1–2). Eso no significa que jamás debamos juzgar. No podemos vivir sin hacer valoraciones y actuar en consecuencia. Juzgamos si un puente es seguro para cruzarlo, si determinado artículo vale su precio o si debemos confiar nuestra vida a la habilidad de determinado doctor. Lo que es más pertinente aún, decidimos si debemos arriesgar nuestras confidencias a un hombre, confiar nuestras emociones a su temperamento, nuestras confesiones a su reserva o a sus conceptos de autoridad y perdón.

El estado del corazón es lo que importa. El anterior pasaje de la Escritura se relaciona con la culpa y la condenación. Los ministros cristianos deben mantenerse firmes en el conocimiento de que en Cristo no hay condenación (Romanos 8:1). Nos mantenemos juntos a los pies de la cruz, viendo que todos estamos bajo pecado. Ninguno es mejor que otro, sin importar cuán bien nos hayamos comportado. De lo contrario, al ver las fallas del otro, nos consideraremos superiores a esa persona. El ministro ve y juzga, pero nunca echa la culpa. Intenta ver no la superficie, sino la intención del corazón, y así no juzga el *contexto*, sino el verdadero *contenido* de lo que está sucediendo.

"¡Ay de mí! que soy muerto; porque siendo hombre inmundo de labios, *y habitando en medio de pueblo que tiene labios inmundos...*" (Isaías 6:5, énfasis añadido). Un ministro de oración debe considerar el pecado de su hermano como el suyo propio. Vivir *entre* pecadores no tiene consecuencias a menos que reconozcamos sus pecados como los nuestros. Somos uno, lo queramos o no. El hecho de que el ministro de oración no haya sucumbido a algún pecado en particular no es mérito suyo, sino de la gracia de Dios. Si él no conoce estas cosas, no podrá evitar sentirse superior a la persona a quien esté ministrando.

Más aún, en la medida en que ese ministro de oración piense que la sangre lo ha limpiado y dejado blanco como un lirio, seguirá sin tener conciencia de que su carne todavía corre desenfrenada, por lo que su ministerio menoscabará a las personas en lugar de liberarlas. Despreciará a quienes ministre. Cada ministerio (predicación, enseñanza y evangelismo) corre este riesgo, pero es más probable que suceda en los confines próximos a la oficina del ministerio de oración. Estos ministros se meten en las cloacas de los corazones humanos con más frecuencia que los demás. Si un ministro no sabe que ese es su lugar (en la cloaca) y que no merece nada mejor que cualquiera de las vidas que ve, él no puede ayudar, porque se cree superior como el fariseo, y no sólo él mismo, sino también las personas que reciban ministración regresarán a sus casas sin ser justificados (Lucas 18:9–14). Tal ministro puede tratar de parecer comprensivo, pero se mostrará tan condescendiente, que tarde o temprano la otra persona verá su corazón. Si un ministro no puede verse a sí mismo tan podrido como cualquier otro pecador, y aceptarse como finito y degradado, no podrá llevar a otro a entrar en el reposo, ni dar a Jesús toda la gloria. Él reprenderá y humillará, o tratará de mitigar el pecado encalando las paredes (Ezequiel 13:10–15, LBLA). ¡Reconocerse como pecador es el requisito *sine qua non* de cada ministro de oración en el Señor Jesucristo!

"¿Está alguno enfermo entre vosotros? Llame a los ancianos de la iglesia, y oren por él, ungiéndole con aceite en el nombre del Señor. Y la oración de fe salvará al enfermo, y el Señor lo levantará; y si hubiere cometido pecados, le serán perdonados. Confesaos vuestras ofensas unos a otros, y orad unos por otros, para que seáis sanados. La oración eficaz del justo puede mucho."

—SANTIAGO 5: 14-16

"Hierro con hierro se aguza; Y así el hombre aguza el rostro de su amigo."

—PROVERBIOS 27:17

"Donde no hay dirección sabia, caerá el pueblo; mas en la multitud de consejeros hay seguridad."

—PROVERBIOS 11:14

Al principio, cuando la gente se sentaba frente a mí (John) para ser ministrada en oración, el temor amenazaba con desarmarme. Sentía que debía perfeccionarla de golpe, y, ¿quién era yo para hacer semejante cosa? La sabiduría pronto me reveló que mi tarea no era ésa, sino sólo hacer lo que el Espíritu Santo me guiara a hacer ese día. Pero el temor me asaltó en otra dirección. ¿Cómo podría yo entender qué era lo que la otra persona necesitaba en cada momento? Uno a la larga se sobrepone al temor, pero quedan residuos. Cada vez que encuentre que Dios lo ha puesto en el rol de ministrar a otro creyente, la oración que debe subir de su corazón tendrá que ser: "Señor, hazme la persona apropiada para hacer esto. Ayúdame a entender las claves. Hazme sensible a lo que tú estás haciendo en esa persona. Dame sabiduría para ayudarla y no interferir ni apartarla del camino correcto".

A diferencia de un consejero psicológico, un ministro de oración es muy probable que no use exámenes psicológicos para descubrir qué hay en el otro. Debe confiar en que el Espíritu Santo le revelará lo detalles a ser tratados en un día en particular. Lo que vea no será tomado como un problema a ser atacado y superado sino como el contexto para que el Espíritu Santo "perfeccione, afirme, fortalezca y establezca" (1 Pedro 5:10).

MODELOS PARA EL MINISTERIO

Por consiguiente, el ministro de oración puede ser descrito de acuerdo con varios modelos. Primero, es un padre confesor, como en Santiago 5:16. Oye la confesión del otro, rastrea las causas, amonesta y enseña como un padre y expresa perdón como una parte de su sacerdocio en el sacerdocio de todos los creyentes.

Segundo, es un pastor, quien derrama aceite y provee aguas de reposo. La espesa lana de la oveja evita que las garrapatas ataquen todas las partes de su cuerpo, excepto la cara y las orejas. Un pastor examina cuidadosamente cada noche a cada oveja para ver si encuentra alguna garrapata, y si la halla, le coloca aceite hasta que la garrapata se cae. Una "garrapata de la mente" es un dicho oriental que describe la forma de pensar que absorbe la energía y "consume la sangre de la vida", tal como el odio, la venganza, o el resentimiento. El aceite, por supuesto, es la unción del Espíritu Santo.

Las ovejas no pueden beber en aguas turbulentas. Se hincharían. Deben tomar en aguas tranquilas. Si no pueden encontrar aguas que sean naturalmente calmas, el pastor hace un pequeño pozo al lado del arroyo y construye un pequeño canal. Las aguas turbulentas son los pensamientos acelerados y preocupantes y las emociones del alma. El pastor-ministro se transforma en el arroyo calmo y tranquilo, que oye, acepta y aconseja.

Tercero, el ministro es una partera. La gente a menudo sueña con la lucha por dar a luz, o tiene pesadillas con abortos espontáneos o partos muy difíciles, o tiene algún sueño con bebés o alguna pesadilla. Por medio de esos sueños, nuestro ser interior está trayendo a la superficie de la mente algún trauma interior o algo que está naciendo dentro de su ser: una nueva idea, una realización, un nuevo talento, o, por otro lado, algún mal pensamiento o la resurrección de la carne. Algunos nacimientos como esos deben suceder; otros, deben ser evitados. El ministro a veces es llamado a ser la partera del Señor, asistiendo al otro en el proceso del nacimiento.

Cuarto, es también un verdugo que da muerte a los pequeños monstruos nacidos en el seno pecaminoso de la mente, el corazón y el alma. Él asiste al otro para que pueda llegar a la cruz y lo ayuda a sostenerse allí hasta que toda la labor de parto se termine.

Quinto, es un director espiritual, uno que oye toda la vida y busca el equilibrio o ayuda a establecer dirección y paz. Él podría decir: "Has estado trabajando mucho. Sería una buena idea que llevaras a tu esposa a cenar y a ver algún espectáculo" o "¿Por qué no lees esto (o aquello)" o "¿Haz considerado orar de tal manera?" o "No leas tanto por un tiempo". Sugiere lo que sea necesario para el siguiente paso en la vida de la persona o el ajuste que sea necesario para equilibrar su vida.

Finalmente, puede convertirse en un padre o madre en Cristo.

Un ministro de oración es un amigo que ministra. No es sólo un cristiano más que también aconseja. Todo cristiano aconseja ocasionalmente y debe mejorar sus habilidades. Las personas vienen a nosotros heridas y con una gran confusión porque han sido aconsejadas y ministradas muchas veces y por diferentes personas, sinceras en sus deseos de ayudar pero sin el entrenamiento ni la habilidad necesarios. Muy a menudo, el que ministra, mal o bien, tiende a proyectar sus propias experiencias y problemas en quien está ministrando. El ministro de oración debe hacer morir en la cruz, diariamente, sus propias experiencias y conocimiento para poder ser alguien apropiado para la persona, para presentarse renovado y abierto hacia ella y hacia el Espíritu Santo. Eso requiere aprender disciplina. Nuestro anhelo es poder ser parte de ese entrenamiento de todo el Cuerpo de Cristo para ministrar. Pero algunos en el Cuerpo están especialmente llamados a ser ministros de oración. A menudo, cuando hablamos de ministros de oración o líderes laicos en este libro, nos referimos a aquellos cristianos que tienen un llamado específico, que han recibido dones del Espíritu Santo para ministrar, y que esperamos hayan sido reconocidos, llamados y ungidos por sus pastores e iglesias.

Hay consejeros entrenados psicológicamente que también son cristianos y aconsejan como tales. Aún cuando nuestro material pueda resultar útil para ellos, escribimos en especial para los ministros de oración que trabajan dentro del Cuerpo de Cristo. Queremos dejar tan claro como sea posible, que no rechazamos toda la psicología ni el aconsejamiento psicológico. A pesar de que los fundamentos filosóficos de la psicología tienen fallas muy serias, mucha de la información que se obtiene en ese campo puede resultar muy útil. Atesoramos verdades que otros han descubierto observando la creación de Dios. Pero no aconsejamos como psicólogos. Aconsejamos como cristianos, de acuerdo con la Palabra de Dios. En ese contexto, las percepciones psicológicas sólo son útiles si están basadas en principios bíblicos.

Ocasionalmente, algún no creyente puede venir a ser ministrado. Somos tan directos como nos sea posible, al decirle: "Ministramos como cristianos. Nuestro método y los únicos poderes que tenemos son la cruz y la oración. Si usted puede aceptar eso, estaremos felices de ayudarlo, pero si no, siéntase en libertad de buscar a otra persona". Podríamos continuar diciendo que no obligaremos a esa persona a aceptar a Jesús como su Señor y Salvador, ni le preguntaremos si tiene fe (Lucas 5:20–24), no nos restringiremos en ministrar por fe, y esa persona debe saber esto y aceptarlo. Generalmente, en algún momento del proceso de ministración, esa persona recibe a Jesús como su Señor y Salvador.

No creemos en la oración por la transformación interior de una persona a quien no estamos ministrando o que no está presente en el lugar con nosotros. La intimidad del otro es un terreno santo y privado. No tenemos derecho a entrar allí, excepto que se nos dé una invitación verbal o expresa. Hace algún tiempo, un maestro del Cuerpo de Cristo comenzó a instruir a la gente a que orase por otros mientras dormían, para pedirle a Dios que los transformara. Esto nos parece censurable. Es injusto, es una manipulación del otro que bordea la magia. Aún cuando Dios es todopoderoso, Él jamás cambia a nadie de una manera que viole su libre albedrío.

Hacemos dos excepciones. Los padres están ordenados por Dios para criar a los hijos, por lo que deben formar su carácter. Se puede orar por niños en edad previa a la adolescencia en relación con temas que tengan que ver con su ser interior, mientras los niños duermen. Una pareja vino preocupada por su hijito, quien no podía dejar de orinarse en la cama. Los instruimos para que fueran a la habitación del niño, una vez que éste estuviera dormido y oraran oraciones afirmativas en voz alta, pero muy suave, dando gracias por su hijito y llenándolo de amor. Lo hicieron, y en una semana el niño dejó de orinarse en la cama. No les dijimos que oraran por ese tema ni que lo mencionaran siquiera, sino sólo que hagan oraciones afirmativas de amor hacia el niño.

Mi prima (de John) fue considerada por los psiquiatras como una causa perdida. Querían internarla en un asilo por el resto de su vida. Esa es la segunda excepción. Una persona así no tiene el completo ejercicio de su mente ni de su fuerza de voluntad. De cualquier manera, consideramos su ser interior como terreno santo. Oramos por la sanidad de su ser interior, aunque no en su presencia, sin decirle nada a ella ni a mi tío. En unas semanas, le hicieron un nuevo diagnóstico: estaba totalmente bien y le dieron el alta. Hoy, ella tiene un esposo e hijos y una vida perfectamente normal.

Nunca le dijimos que oramos, y especialmente no le dijimos qué oramos ni cómo. Y tampoco hubiésemos orado de no haber sido porque el Espíritu Santo nos llamó y nos guió. (Podemos imaginar a cristianos que habiendo leído esto, traten de dejar vacíos todos los asilos mentales por medio de la oración. ¡Podrían quedar rendidos inútilmente!)

EL CUERPO MINISTERIAL DE LA IGLESIA LOCAL

Creemos que el ministerio del cuerpo debe funcionar regularmente en cualquier iglesia, especialmente en grupos pequeños. Mientras eso sucede, habrá momentos en que los grupos pequeños tendrán necesidad de ser ministrados por la pericia de alguien especialmente dotado para ministrar a un individuo con una necesidad particular. Tales personas podrían luego ser enviadas dentro del cuerpo a ministros laicos que sean reconocidos por los pastores y ancianos. En la iglesia de Spokane, eso es lo que hacíamos. Los ministros de oración trabajaban con las personas enviadas por los grupos y luego ellas retornaban a sus grupos para recibir apoyo y continuar siendo ministradas. A veces, lo que podía ser informado sin violar la confidencialidad se les enseñaba a los líderes de los grupos para ayudarlos a continuar ministrando.

Los pastores pueden aconsejar, pero nuestra experiencia es que los pastores no pueden llevar una carga completa de consejería y además seguir pastoreando a todo el rebaño. Una de las razones más imperiosas por las que escribimos este libro es para decirle tanto a los pastores como a las iglesias el consejo de Jetro a Moisés:

"No está bien lo que estás haciendo le respondió su suegro, pues te cansas tú y se cansa la gente que te acompaña. La tarea es demasiado pesada para ti; no la puedes desempeñar tú solo. *Oye bien el consejo que voy a darte*, y que Dios te ayude. Tú debes representar al pueblo ante Dios y presentarle los problemas que ellos tienen. *A ellos los debes instruir* en las leyes y en las enseñanzas de Dios, y darles a conocer la conducta que deben

· llevar y las obligaciones que deben cumplir. *Elige tú mismo* entre el pueblo *hombres capaces y temerosos de Dios, que amen la verdad y aborrezcan las ganancias mal habidas*, y desígnalos jefes de mil, de cien, de cincuenta y de diez personas. *Serán ellos los que funjan como jueces de tiempo completo*, atendiendo los *casos sencillos*, y los *casos difíciles* te los traerán a ti. Eso *te aligerará la carga, porque te ayudarán a llevarla.* Si pones esto en práctica y Dios así te lo ordena, *podrás aguantar*; el pueblo, por su parte, *se irá a casa satisfecho".*

—ÉXODO 18: 17-23, NVI, ÉNFASIS AÑADIDO

Es necesario recordar que Moisés fue el líder de una iglesia-estado. No había ninguna separación entre la iglesia y el estado. Moisés en realidad estaba oficiando como magistrado sobre una corte civil, resolviendo conflictos civiles que pertenecían al cuerpo estatal. Todo nuestro sistema de jurisprudencia se ha desarrollado a partir del consejo de Jetro.

No obstante, el mismo consejo se aplica a todos los pastores. Ellos no pueden resolver todos los asuntos del corazón de todos los miembros de sus congregaciones, ni siquiera en iglesias peque-ñas de alrededor de cien miembros. Ningún pastor puede tener semejante cantidad de tiempo ni de energía. Por lo tanto, se deben levantar ancianos que puedan pastorear y cuidar a las ovejas de las congregaciones.

Algunos ministros de oración deben superar enseñanzas no escri-turales, desequilibradas e inmaduras sobre la confesión. Cuando Paula y yo crecíamos, nuestra rama del protestantismo estaba reac-cionando exageradamente a lo que tuviera que ver con lo que fue considerado como abusos del confesionario en la Iglesia Católica Romana. Oímos muchas falsas enseñanzas, tales como: "Uno nunca debe confesar sus pecados a otro ser humano; sólo a Dios", "Confiesa tus pecados en secreto sólo a Dios; Él los oirá en secreto y te recompensará en público". ¡En ningún lugar de la Biblia se nos manda confesar nuestros pecados en secreto! La única referencia a orar en secreto está en Mateo 6:6: "Mas tú, cuando ores, entra en tu aposento, y cerrada la puerta, ora a tu Padre que está en secreto; y tu Padre que ve en lo secreto te recompensará en público". El contexto tiene que ver con la piedad y las ofrendas (v. 4), y no con la confesión de los pecados. Jesús repitió su admonición de orar en secreto en relación con el ayuno (v. 18). Pero ninguno de ellos era un mandato a confesar los pecados en privado. Más bien, el mandamiento es: "Confesaos vuestras ofensas *unos a otros*" (Santiago 5:16, énfasis añadido).

Por lo tanto, muchos ancianos y ministros de oración se han sentido innecesariamente incómodos o fuera de lugar al expresar el perdón de Dios. ¡Alabado sea Dios que nos está redescubriendo hoy que expresar perdón no sólo es algo que debemos hacer, sino que es el *primer* don relacionado con la recepción del Espíritu Santo! "Y habiendo dicho esto, sopló, y les dijo: Recibid el Espíritu Santo. A quienes remitiereis los pecados, les son remitidos; y a quienes se los retuviereis, les son retenidos" (Juan 20:22–23). Al darles autoridad para perdonar los pecados inmediatamente después de haber soplado sobre ellos el Espíritu Santo, ¡Jesús estaba diciendo que la primera consecuencia de tener el Espíritu Santo es tener la autoridad para perdonar los pecados! Uno podría objetar que al perdonar los pecados sustituimos al único verdadero "...mediador entre Dios y los hombres, Jesucristo hombre" (1 Timoteo 2:5). No es así, porque el propio mediador es quien nos ha comisionado. Por su decreto, actuamos como embajadores, y no actuamos en nuestra propia autoridad, sino bajo su auspicio, en su nombre.

Al poner junto todo esto, Jesús estaba diciendo que el poder de perdonar los pecados de los otros en el nombre de Jesús ¡es el derecho de nacimiento y posición de cada hijo de Dios lleno del Espíritu Santo! De ese modo, Él también estaba haciendo una fuerte declaración de importancia, como que el perdón de los pecados es la principal y más necesaria tarea de cada cristiano normal. ¡Fíjese además que la autoridad para perdonar los pecados fue dada antes de cualquier otra manifestación de la presencia del Espíritu Santo! Recién diez días después descendió el poder del Espíritu Santo. Es como si Jesús quisiera que sus discípulos supieran que

EL ROL DE UN MINISTRO DE ORACIÓN

esa capacidad para pronunciar el perdón no depende en absoluto del poder (*dunamis*), sino solamente de la autoridad (*exousia*). ¡Ellos debían perdonar los pecados antes de tener poder alguno en el Espíritu Santo! ¡Tal vez también este don tenía que ser otorgado inmediatamente, antes de Pentecostés, porque en aquellos diez días los ciento veinte necesitarían confesarse sus pecados unos a otros y pronunciar el perdón unos a otros en preparación para la llenura que descendería en Pentecostés!

Así sigue siendo hoy. Es como si la Iglesia hubiera recibido el soplo pero no lo estuviera viviendo en su plenitud. Todavía no hemos llegado a Pentecostés, creyendo que las primeras señales eran la llenura. Pero sólo unos pocos pueden ir a un hombre cojo *de nacimiento* y decirle: "No tengo plata ni oro, pero lo que tengo te doy; en el nombre de Jesucristo de Nazaret, levántate y anda" (Hechos 3:6). Fíjese que Pedro habló en primera persona. *Yo* tengo, *yo* te doy. Los milagros pueden suceder también hoy. Tenemos el primer soplo del Espíritu Santo. ¿Pero quién entre nosotros tiene la audacia de *ordenar, sabiendo* que el milagro *sucederá* tal como lo pronuncian? ¿Qué tengo *yo* que pueda *dar*? Kathryn Kuhlman y otros pueden llamar cuando y donde Dios esté obrando un milagro, pero eso es una descripción, no una orden personal, sabiendo, sin lugar a dudas, que ocurrirá, tal como Pedro lo supo.

Como usted ve, no tenemos la llenura de Pentecostés. Sostenemos que tal vez la principal razón por la cual esa llenura no ha llegado ¡es porque no hemos pasado nuestros diez días confesándonos nuestros pecados unos a otros! Algunos oyen la palabra *permanecer* y oran y ayunan por largo tiempo *individualmente*. Pero como "iglesia" aún no sucede. Todavía no nos manejamos como cuerpo. Se nos ha enseñado muy equivocadamente, con demasiado miedo a la vulnerabilidad, sin deseos de abrirse, ser sincero ni auténtico. Pentecostés sucederá cuando estemos "todos unánimes juntos" (Hechos 2:1). Todavía no estamos todos juntos, ni aún cuando estamos geográficamente en un mismo lugar. La tarea de los ministro de oración es oír la confesión para que el Cuerpo de Cristo esté todo junto, y Pentecostés pueda suceder realmente.

Quien oiga la confesión debe pronunciar el perdón en primera persona: "En el nombre del Señor Jesucristo, de acuerdo con su Palabra, *yo* pronuncio que eres perdonado de tu pecados de ___. Tan lejos como el oriente se encuentra del occidente...". No es igual de eficaz decir meramente: "Tus pecados te son perdonados en el nombre de Jesús" o "La Biblia dice que estás perdonado". Muchos protestantes pueden rechazar de plano este concepto, simplemente porque suena demasiado "católico". Algunos lo objetan sobre la base de 1 Timoteo 2:5: "Porque hay un solo Dios, y un solo mediador entre Dios y los hombres, Jesucristo hombre". Pero lo que esas personas (e incluso algunos católicos) no entienden es que aún la teología católica enseña que el sacerdote que recibe la confesión no debe, de hecho, reemplazar a Cristo como mediador entre Dios y los hombres. De acuerdo con el catecismo, "sólo Dios perdona los pecados". El sacerdote puede perdonar sólo "en su nombre". Cristo es el verdadero mediador, el sacerdote debe obrar bajo el auspicio de Cristo. Al mismo tiempo, él media entre la iglesia y los hombres, pronunciando el perdón en nombre de la iglesia por cualquier modo en que el pecado de uno haya herido a sus hermanos.

No defenderíamos nada que se opusiera al principio que se establece en 1 Timoteo 2:5. Jesús tampoco lo haría. Él mismo nos ha dado el poder de perdonar como embajadores del único y verdadero mediador. Y la idea de que podemos mediar entre los hombres y la iglesia está en total conformidad con las Escrituras. Porque cuando un hombre peca, ese pecado denigra a la humanidad. Cuando Acán pecó, todo Israel perdió poder (Josué 7). Cuando David pecó, su hijo murió (2 Samuel 12:13-14). Si un miembro *peca*, todos sufren. Siempre que oímos una confesión, hemos sido colocados en una posición que representa a la humanidad. El género humano ha sido dañado; la humanidad necesita perdonar. El hecho de que digamos: "*Yo* te perdono", es esencial para cumplir el perdón del hombre. "En el nombre de Jesús", lleva a cabo el perdón de Dios y del cielo. Es necesario que pronunciemos el perdón de varias maneras, repetidamente, hasta que el ser interior esté totalmente consolado y asegurado.

En los primeros días del cristianismo, las confesiones eran oídas por todo el cuerpo de la iglesia. Pero debido a la inmadurez de algunos y la oportunidad siempre presente de que se propaguen chismes, los sacerdotes fueron pronto comisionados para oír las confesiones y pronunciar el perdón en nombre de la iglesia. Como protestantes, Paula y yo creemos que como miembro del sacerdocio de todos los creyentes (1 Pedro 2:5), cualquier creyente maduro y confiable está capacitado para oír las confesiones y pronunciar el perdón. Sin embargo, elegimos mostrar el respeto apropiado hacia nuestros hermanos católicos. De acuerdo con su fe, cualquier cristiano puede oír lo que su iglesia llama una "confesión terapéutica", pero sólo los sacerdotes pueden pronunciar la absolución. Cuando nosotros, protestantes, ministramos a católicos, no se hace daño si se posterga la decisión para que sea su sacerdote el que pronuncie la absolución. Porque sería irrespetuoso y divisivo si usurpáramos el lugar de nuestro hermano.

Hace años, la hermana Linda Koontz me llevó ante el obispo Topal, de la diócesis de Spokane para pedirle permiso para que yo, como pastor protestante, fuera el director espiritual de las monjas de su diócesis. Él me hizo una pregunta: "¿Qué haría usted si una de mis monjas le hiciera una confesión?". Yo, personalmente, creo que puedo pronunciar el perdón en el nombre de Jesús a cualquiera, pero sé que al aplazar su práctica no negaba en forma alguna mi propia postura moral; sólo mostraba respeto por el derecho de optar de mi hermano. La Palabra nos ordena: "Amaos los unos a los otros con amor fraternal; en cuanto a honra, prefiriéndoos los unos a los otros" (Romanos 12:10). Por lo tanto, respondí: "La mandaría a un sacerdote para su absolución". El obispo respondió: "En ese caso, usted puede ser el director espiritual de las monjas de mi diócesis".

Más allá de la creencia que uno tenga sobre quién debe pronunciar el perdón, es vital que unos oigan las confesiones de los otros, ¡porque la piedra fundamental de la transformación cristiana es la cruz de Cristo! Aparte de la cruz, no puede haber sanidad ni transformación alguna. A todo ministro se le debe grabar esto, indeleble e irrevocablemente. Eso significa que nuestro método principal es siempre la oración, y el camino será siempre el arrepentimiento y el perdón. Al haber oído sobre un padre violento, por ejemplo, no podremos transformar si sólo consolamos. Con esa "sanidad", la víctima queda libre para "darse un festín de autocompasión". No se resuelve nada. La persona se siente momentáneamente aliviada porque alguien la ha escuchado, y respaldada en su postura de autoexcusarse. En realidad, el ministro ha derramado agua sobre el fuego que Dios estaba atizando y, por lo tanto, ha pospuesto la confesión del enojo y la amargura. La persona a quien está ministrando puede sentirse equivocadamente justificada, y con seguridad seguirá utilizando sus viejos patrones de represalias, ya sea la agresión o la retirada.

Nada puede contaminarnos desde afuera. Sólo lo que viene del corazón contamina (Marcos 7:15-21). Por consiguiente, siempre tratamos no tanto con lo que se nos hizo, sino con nuestras respuestas pecaminosas. Las reacciones de resentimiento y juicio, aunque estén ocultas y olvidadas en el corazón, deben encontrar el camino a la cruz o la culpa permanecerá con todas sus añadiduras. Los patrones de respuesta habituales deben ser transformados por medio del arrepentimiento, la muerte y el renacimiento. De lo contrario, no podrá resultar ningún cambio permanente, o siquiera valioso, de personalidad o comportamiento.

Cada creyente que desee transformación de los recovecos ocultos de su corazón debe ver y saber que la santificación es la obra del Espíritu Santo, y sólo de Él. Él se mueve sobre nosotros en sus propios y misteriosos caminos, en el tiempo establecido por el Padre. Su plan es el plan de Padre. Sus acciones están en total sintonía con la perfecta voluntad del Padre para nosotros.

El hipnotismo en la consejería implica no sólo un error ocultista, sino que también puede desatar fuerzas demoníacas y carnales para descubrir aquello que el Espíritu Santo aún no ha revelado o tal vez no revele jamás (como ocurre muchas veces con los métodos de consejería, a menos que los sometamos al control del Espíritu Santo; ¡tal es la capacidad del Señor de arriesgar su obra poniéndola en nuestras manos de trabajadores imperfectos!).

Ningún consejero cristiano o ministro laico debe involucrarse con el hipnotismo: "Nadie entre los tuyos deberá sacrificar a su hijo o hija en el fuego; ni practicar adivinación, brujería o hechicería; *ni hacer conjuros*, servir de médium espiritista o consultar a los muertos" (Deuteronomio 18:10-11, NVI, énfasis añadido). Si la persona necesita saber qué es lo que está oculto, haga uso de los dones de sabiduría del Espíritu Santo, pero no utilice recursos prohibidos de la carne.

No importa cuán psicológico sea su entrenamiento, ni cuán informada esté su mente, un consejero cristiano debe mantenerse, como hemos dicho antes, como una partera, asistiendo al Espíritu Santo y a la otra persona en el ruedo del nacimiento. No se debe sacar a relucir por la fuerza o demasiado rápido, ni tampoco se debe errar al captar las ideas que surgen del profundo vientre del pensamiento. El ministro no es el iniciador de lo que sucede, ni su controlador. Él capta la visión de lo que Dios esté haciendo en el otro, lo celebra y lo asiste. No es pasivo. Todas sus energías están concentradas en identificarse tanto con Dios como con la persona, para empatizar tanto con el Espíritu Santo como con la persona ministrada, así como sentir en qué y cómo el Espíritu Santo se está moviendo sobre ella y qué se levanta en la persona. No utiliza modelos psicológicos para tratar de analizarlo. Está reposadamente activo en el don de inteligencia, un entrenador desde las orillas (Isaías 11:2).

Debido a que es el Espíritu Santo quien guía, la persona a la que se está ministrando es quien responde. Algunas escuelas de pensamiento, tales como la de consejería rogeriana, enseñan que el consejero no debe interrumpir ni distraer al aconsejado de todo lo que emerja de lo profundo de su psiquis. Esa postura brinda más lugar a la carne que al Espíritu. La pizca de verdad para el ministro de oración o líder laico es que no debe restar valor a lo que el Espíritu Santo traiga a luz. La tarea del ministro es dirigir al individuo continuamente a la verdad que el Espíritu Santo susurre a su oído. En resumen, el ministro de oración o líder laico ayuda al otro a entender cómo obra el Espíritu Santo en su vida y cómo responder con arrepentimiento, confesión, acción o lo que fuere que el Espíritu Santo señale.

El Espíritu Santo esta obrando, en miles de incontables detalles, en la vida de cada uno, para informar, enseñar, preparar, complacer, entusiasmar, hacer gozar, convencer de pecado y adorar, cualquiera que sea la actitud que mejore la comunión entre Dios y el hombre, lo santifique y lo haga madurar en fe. La tarea del ministro no es orquestar todo ese trabajo, ni usurpar el lugar de Dios, sino estar atento a ese mover del Espíritu Santo del cual Dios en ese momento quiere que el sea consciente. Tal vez el ministro no pueda ayudar, pero ve muchos patrones de engaño o talentos que deben ser alentados. Él no fue llamado para actuar por lo que ve. Él sólo debe abrir la lata de gusanos que el Espíritu Santo lo dirija a abrir o declarar lo que Él le diga.

No es suficiente ver lo que el Espíritu Santo está haciendo o lo que Le revele a la persona que está siendo ministrada; el llamado a la sabiduría consiste en aprender qué rol hará jugar el Espíritu Santo al ministro de oración o al líder laico. ¿Deberá espetar algo que percibe? ¿Hacer alguna pregunta? ¿Plantear alguna parábola o adivinanza? ¿Contar una historia? ¿O tender una trampa, como hizo Natán para llevar a que David juzgara su propio caso (2 Samuel 12:1-14)?

El problema usualmente no radica en la dificultad de ver, ni en hacer que la *mente* del otro comprenda, sino en asistir al proceso de descubrimiento de manera que el Espíritu Santo pueda escribir lo entendido *en el corazón*. Es por esa dificultad que Pablo oró: "... que les sean iluminados *los ojos del corazón*" (Efesios 1:18, NVI, énfasis añadido) y para que el hombre interior sea fortalecido con poder a través de la fe y pueda ser "plenamente capaz de comprender" (Efesios 3:18, parafraseado).

Los ministros de oración deben ser refrenados por el conocimiento de que es el Espíritu Santo quien santifica, guiándonos a salir de los viejos caminos y entrar en *el* Camino. Como decíamos antes, a veces, Él nos lava y nos purifica sin que jamás nos enteremos o necesitemos saber qué era lo que andaba mal. La tentación del ministro es hacer demasiado o apurar el proceso. Es el Señor el que nos impregna con su muerte mientras nuestra muerte nos levanta a la vida de resurrección. Pero dado que el ministro empatiza en el proceso, y ha estado allí muchas veces por sí mismo y por otros, puede suponer con demasiada palabrería que el otro entiende o saltar demasiado rápidamente al desenlace (conclusión exitosa). Si así lo hace, como el capitán de un veloz ferry, puede ser que descubra para su desilusión ¡que la mayor parte de su carga quedó en el muelle! O puede llegar a alentar demasiado a la persona y arrojarlo al común error de la consejería psicológica (pelagianismo): "Usted puede hacerlo", "Puedo salir adelante sin ayuda de nadie" o "Puedo ver y cambiar mi propio carácter". El pelagianismo es la trampa del esfuerzo propio, condenado a fracasar. Sólo Jesús puede hacer nacer y no fracasar al dar a luz (Isaías 66:9-11). Sólo Él puede no fallar, al presentarnos sin mancha y sin arruga ante el Padre (Efesios 5:27). En ese hecho, está nuestro reposo, porque el ministro de oración y la persona que recibe la ministración son iguales. No tenemos que hacer crecer al otro (o a nosotros mismos). Es Dios quien nos santifica totalmente: espíritu, alma y cuerpo (1 Tesalonicenses 5:23).

Esa es la *principal* diferencia entre la consejería psicológica y la ministración cristiana. A menudo, ambas ven lo mismo. El psicólogo secular espera a que ocurra algo en el otro, una vez que lo haya visto y entendido. Su fe está en el poder de la carne del otro para cambiar. El ministro, sea que esté psicológicamente entrenado o sea un laico principiante, permanece allí y observa cómo Cristo libera y transforma por el poder de la cruz.

En innumerables ocasiones, hombres y mujeres han venido a nosotros diciendo: "He ido a psiquiatras durante seis años (o algo así). Conozco todos mis traumas y los motivos por los cuales los tengo. ¡Pero los sigo teniendo!". De nuevo, esto no es para criticar a los psicólogos, ni a los psiquiatras ni a los profesionales consejeros en salud mental; cualquiera de ellos podría ser un ministro de oración. Debemos repetir que para todos los que ministren como cristianos, la base no es la psicología sea para oír o para actuar por la persona. Nuestro poder está en la cruz y en el Espíritu. Tenemos la respuesta que funciona. Usémosla.

Los ministros deberían recordar también que aunque la santificación es obra del Espíritu Santo en nosotros, y necesita solamente la continua respuesta de la buena disposición de la persona, no es así con la transformación. La transformación requiere más que buena disposición. La santificación es en buena parte *hecha para nosotros*. La transformación demanda *nuestra* activa *participación*, mientras Él hace la obra *en nosotros*. La transformación se efectúa por la "renovación de nuestro entendimiento" (Romanos 12:2). Puesto que, como ya hemos dicho, la renovación del entendimiento comprende más que la mentalidad consciente y la mente, superficial y profunda, debemos considerar que tenemos gran parte en esa lucha. "Golpeo mi cuerpo" (1 Corintios 9:27). "Y ciertamente, aun estimo todas las cosas como pérdida..." (Filipenses 3:8). "Los designios de la carne son enemistad contra Dios; porque no se sujetan a la ley de Dios, ni tampoco pueden" (Romanos 8:7). Tal cambio involucra nuestra *voluntad*, momentánea y diariamente. *Nosotros* debemos consignar nuestra carne a la cruz. En Gálatas 2:20 (NVI) la palabra es "He *sido* crucificado con Cristo", algo que se nos hizo a nosotros. Pero en Gálatas 5:24 dice: "Pero los que son de Cristo han crucificado la carne con sus pasiones y deseos", algo que hacemos nosotros mismos. He aquí el equilibrio, porque somos crucificados y debemos crucificarnos nosotros mismos. Lo ayudamos a Él para que nos lo haga. El ministro debe guiar pero nunca hacer demasiado como para que la otra persona luego fracase en ponerse por sí misma en la cruz.

La transformación no estará completa hasta que apreciemos toda nuestra vida y alabemos a Dios desde un corazón totalmente suyo. El resultado final es que estaremos agradecidos por cada cosa de nuestra vida, porque veremos que lo que haya ocurrido fue una bendición disfrazada, enviada o al menos permitida por Dios. El

Padre conocía la degradación en la que escogimos caer, lo que hicimos o cómo respondimos, y, en su voluntad predestinada, planeó en Jesucristo transformar el polvo y las cenizas en amor y gozo, la fealdad en belleza y la debilidad en fortaleza.

"El Espíritu de Jehová el Señor está sobre mí, porque me ungió Jehová; me ha enviado a predicar buenas nuevas a los abatidos, a vendar a los quebrantados de corazón, a publicar libertad a los cautivos, y a los presos apertura de la cárcel; a proclamar el año de la buena voluntad de Jehová, y el día de venganza del Dios nuestro; a consolar a todos los enlutados; a ordenar que a los afligidos de Sion se les dé gloria en lugar de ceniza, óleo de gozo en lugar de luto, manto de alegría en lugar del espíritu angustiado; y serán llamados árboles de justicia, plantío de Jehová, para gloria suya."

—ISAÍAS 61:1-3

CAPÍTULO 8

RAÍZ AMARGA, JUICIOS Y EXPECTATIVAS

"Asegúrense de que nadie deje de alcanzar la gracia de Dios; de que ninguna raíz amarga brote y cause dificultades y corrompa a muchos."

—HEBREOS 12:15, NVI

"No juzguéis, para que no seáis juzgados. Porque con el juicio con que juzgáis, seréis juzgados, y con la medida con que medís, os será medido."

—MATEO 7:1-2

"No os engañéis; Dios no puede ser burlado: pues todo lo que el hombre sembrare, eso también segará."

—GÁLATAS 6:7

BURT Y MARTHA VINIERON A mí (John) para que los ministrara. Burt pensaba que el problema era simple y sencillo: Martha estaba demasiado gorda, ¡y él no podía soportarlo! Martha se sentía mal consigo misma, pero alegaba que no sería tan difícil bajar de peso si Burt dejara de criticarla todo el tiempo. Unos minutos de preguntas revelaron algunas raíces causales. Burt había crecido con una madre que no sólo era obesa sino, además, desaliñada. Ella falló en cuidar su apariencia. La casa estaba mal atendida. Y usaba el baño con la puerta abierta, y los niños entraban y salían corriendo. Burt juzgó a su madre por su apariencia y sus hábitos. Su juicio de raíz amarga y su consecuente expectativa fue que su esposa se volvería obesa y descuidada.

Martha había crecido con un padre al que nunca lograba complacer, por mucho que lo intentara. Él siempre encontraba algo para criticar; al menos, eso era lo que ella percibía. Si su padre fue o no crítico, no era importante para mí como ministro de oración. Lo crucial era que ella había juzgado a su padre. Puesto que no podía honrar a su padre en esta área, a ella no le iría bien en todos los aspectos similares de su vida (Deuteronomio 5:16). Su juicio de raíz amarga y su consecuente expectativa fue que el hombre de su vida siempre sería crítico con ella; que ella nunca sería aceptable para él o que no sería capaz de complacer a su hombre.

Cuando Burt y Martha se conocieron, Martha era una muchacha esbelta y hermosa. Se enamoraron y se casaron. Más tarde, Martha quedó embarazada. A medida que aumentaba su talle, también creció la dificultad de Burt para apreciarla y halagarla. Después del alumbramiento, le llevó un tiempo perder peso. Burt se volvió cada vez más molesto y crítico.

Burt ya estaba seguro de que se había casado con alguien como su madre (aunque no habría admitido conscientemente ese concepto interno). Se encontraba a sí mismo cada vez más y más crítico y rezongón. Pero eso, por supuesto, ¡era lo que Martha ya esperaba que sucediera! Bajo ataque, se volvía más inquieta e insegura, de modo que comía más para sentirse mejor, y engordaba más. Como Burt se tornaba cada vez más enojado y crítico, ella se fastidiaba más, se ponía más nerviosa, tenía más hambre y engordaba más. Todo esto afectaba su capacidad para mantenerse prolija y su casa ordenada. Sus juicios y reacciones rodaban hacia niveles cada vez más dolorosos, ¡hasta que al fin ella vivía con un demonio enojado, y él, con una obcecada!

¿Qué ocasionó esa espiral tan destructiva? No fue una simple expectativa psicológica. Es verdad que él esperaba que ella engordara, y ella, que él fuera crítico. Pero la expectativa psicológica por sí misma carece de poder suficiente para haber vencido sus respectivas decisiones de perder peso y dejar de criticar. Ya habían visto lo que se estaban haciendo el uno al otro antes de venir. Siendo cristianos llenos del Espíritu Santo, habían decidido detenerse. Vinieron porque descubrieron que por sí mismos carecían del poder para parar. Sabían que necesitaban ayuda.

La ley del enjuiciamiento sí tiene esa clase de poder. Cuando Burt juzgó a su madre, comenzó a actuar la ley que declara que con la medida con la cual mide será medido. Cuando su juicio deshonró a su madre, (más allá de que mereciera o no su juicio, aunque éste fuera verdadero), significó que Deuteronomio 5:16 asegurara que en ese aspecto no le iría bien en su vida. Lo más contundente, su juicio fue una semilla sembrada, que por ley, algún día tendría que ser cosechada. Así como una diminuta semilla de mostaza crece y produce un gran árbol, también una semilla de enjuiciamiento sembrada sigue aumentando mientras permanece sin ser reconocida y sin que haya arrepentimiento. De modo que sembramos un pequeño juicio y cosechamos una y otra vez, más y más grande en la vida.

Cada vez que realizamos una acción o mantenemos un juicio en el corazón, eso puede compararse a tirar una pelota contra la pared. Si un físico conoce el peso y la medida de la pelota, la distancia de la pared, y mi potencia de tiro, puede predecir cuándo y con qué velocidad retornará la pelota. Ésa es la ley natural. Comprendemos eso bastante fácilmente. Pero Dios no ha creado una ley para lo natural y otra para lo espiritual. Todas las cosas se rigen por las mismas leyes básicas. La ley expresada es en física: "Para cada acción debe haber una reacción igual y opuesta". En química, se expresa: "Cada ecuación (o fórmula) debe estar balanceada". En la vida moral y espiritual es: "Todo lo que el hombre sembrare, eso también segará" (Gálatas 6:7), y "No juzguéis, para que no seáis juzgados. Porque con el juicio con que juzgáis, seréis juzgados, y con la medida con que medís, os será medido" (Mateo 7:1-2). Todas las cosas llegarán a resolución y equilibrio (justicia). Esta es una ley básica, descrita de manera diferente en cada campo.

La ley de siembra y cosecha, sin embargo, agrega otra dimensión. No sembramos una semilla y recogemos otra. Todas las cosas se incrementan en el reino de Dios. Dios desea el aumento de todas las cosas beneficiosas. El primer mandamiento dado a Adán y Eva fue ser fructíferos y multiplicarse y llenar la tierra (Génesis 1:28). El hombre que enterró su talento fue reprendido por nuestro usualmente amable Señor Jesús por no haber puesto al menos su talento donde pudiera incrementarse: "Por tanto, debías haber dado mi dinero a los banqueros, y al venir yo, hubiera recibido lo que es mío con los intereses" (Mateo 25:27). Cuanto más tiempo dure un juicio sin arrepentimiento y sin confesión, más se incrementa. Sembramos una chispa y segamos un incendio forestal, o sembramos viento y segamos tempestad. Cuando la Palabra dice: "Con la medida con que medís, os será medido", creo que podría significar "en el mismo aspecto o área de nuestra vida", más bien que referirse al mismo monto (de lo contrario, la Palabra se contradiría).

El amoroso cuidado de Dios nuestro Padre es que Él nos hace seguir adelante una y otra vez para inducirnos a hacer algo bueno. Cuando finalmente actuamos, nos permite cosechar ciento por ciento como si todo fuera nuestra propia idea. Envía siervos de la tierra y del cielo para persuadirnos de no hacer lo malo, pero cuando lo hacemos, mueve cielo y tierra para lograr que nos arrepintamos y confesemos para que Él pueda segar todo lo malo de nosotros ¡en su Hijo, Jesús, en la cruz!

La ley de siembra y cosecha estuvo operando eternamente en todo el universo antes de que Adán y Eva fueran creados. Antes de la entrada del pecado, la ley fue diseñada para traer la multiplicación de las bendiciones, y lo sigue haciendo hoy. Pero el advenimiento del pecado significó que, desde entonces, la misma ley rebota para destrucción. Por lo tanto, el Padre, conociendo desde el plan inicial de la Creación lo que el hombre haría, previó enviar a Jesús a cosechar el mal que nosotros mereceríamos. En el siguiente diagrama, podemos ver cómo nuestros juicios recaen sobre nosotros. Proverbios 13:21 dice: "El mal *perseguirá* a los pecadores. Mas los justos serán *premiados* con el bien" (énfasis añadido). La ley de Dios activamente hace que vengan sobre nosotros la recompensa y el castigo, tan cierto como cualquier otra ley natural demanda su cumplimiento.

Diagrama 1

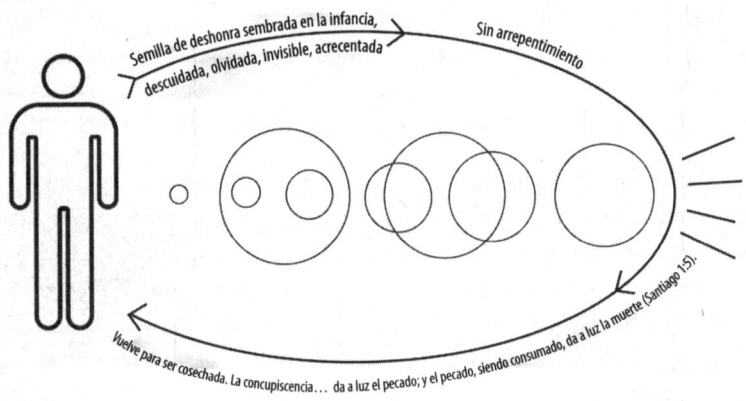

La semilla que sembramos puede haber sido diminuta —un enojo, un resentimiento guardado contra algún miembro de la familia cuando niño— y olvidado. Cuanto más tiempo permanece descuidado o sin ser detectado, más grande se vuelve. Así que podemos sembrar una pelota de ping-pong ¡y cosechar una enorme bola de jugar a los bolos!

La gracia de Cristo en la cruz nos libera, como muestra el diagrama 2 en la página siguiente. Colosenses 2:13-14 dice: "Y a vosotros, estando muertos en pecados y en la incircuncisión de vuestra carne, os dio vida juntamente con él, perdonándoos todos los pecados. Anulando el acta de los decretos que había contra nosotros, que nos era contraria, quitándola de en medio y clavándola en la cruz". No hay gracia barata. Todo pecado demanda resolución.

Diagrama 2

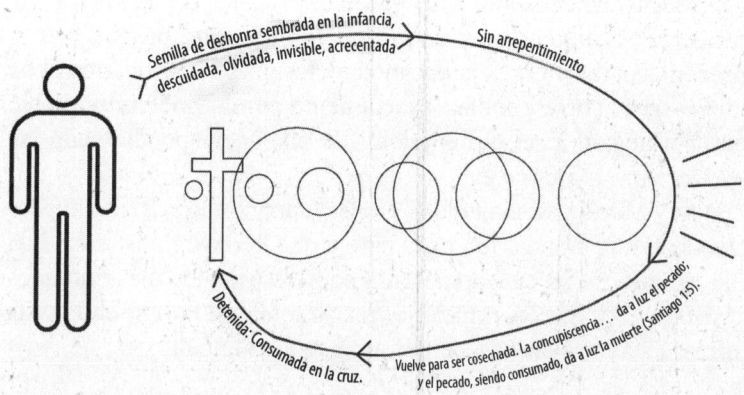

El perdón no significa que Dios miró de otra forma o cambió sus leyes. Jesús dijo: "No penséis que he venido para abrogar la ley o los profetas; no he venido para abrogar sino para cumplir" (Mateo 5:17). La totalidad de la demanda legal de la ley de siembra y cosecha fue satisfecha en el sufrimiento del cuerpo de Jesús ¡con angustia del corazón, el alma y el espíritu de nuestro Señor en la cruz! (Ver diagrama 2).

No obstante, la cruz no es automática. Si no nos arrepentimos y confesamos, cosechamos completamente aunque la plenitud de la misericordia esté disponible a un instante de la declaración.

Como Burt había juzgado a su madre por la obesidad, debía cosechar obesidad. ¿Quién sería la persona más próxima a través de quien segara, sino su esposa? Su juicio afectó su ya latente tendencia a un problema de peso, tentándola a subirlo. Su necesidad de cosechar lo que había sembrado estaba, por lo tanto, volviendo a él como un viento potente. Para Martha, eso era como estar parada contra un huracán de cien millas por hora, tentándola a subir de peso. De esta manera, se cumple a menudo Hebreos 12:15: "...brotando alguna raíz de amargura... y por ella muchos sean contaminados".

Pero Martha tenía su propia serie de juicios, lo cual la condujo primero a casarse con un hombre que era probable que la criticara y después a empujarlo a hacerlo. Su semilla sembrada maduró y fue cosechada por medio de Burt.

Burt y Martha, como muchas parejas, encontraron que fueron diseñados para triturarse cada uno con los problemas del otro. Los juicios de él correspondían exactamente con lo que era probable que ella llegara a ser, y los juicios de ella correspondían con las tendencias carnales de él.

Burt y Martha no son únicos. Hemos encontrado juicios y expectativas de raíz amarga ¡en cada pareja que hemos ministrado! Los juicios enraizados en la amargura son los pecados más comunes y básicos en todas las relaciones matrimoniales, tal vez en la vida entera: Estas tres leyes sencillas afectan toda la vida:

1. La vida nos irá bien en cada área en la que realmente pudimos honrar a nuestros padres, y no nos irá bien en cada área en que no pudimos honrarlos.

2. Recibiremos daño en las mismas áreas de la vida en que hicimos juicios contra otros.

3. Ciertamente, cosecharemos lo que hemos sembrado.

Consideramos estas leyes como las claves más poderosas que Dios ha revelado a su pueblo para la sanidad de las relaciones. Estas tres leyes constituyen la base de casi todo nuestro ministerio de oración.

La mayoría de las parejas entablan relación con poco o ningún conocimiento de lo que traen en el corazón o del poder que tienen esas fuerzas inconscientes para influenciar, conducir y controlar las percepciones, las actitudes y la conducta.

UN MODELO DEL PROBLEMA

Al comienzo de mi matrimonio con John, yo (Paula) tenía cierto conocimiento de que era imperfecta, insatisfecha y necesitaba completarme. Pero como la mayoría de las novias jóvenes, sentía que estaba comenzando mi nueva vida bastante clara, pura y fresca. No tenía idea de lo grande y complejo del paquete que traía esa nueva vida. Como multitudes de cristianos, no comprendía que aunque mis pecados habían sido perdonados, seguía teniendo la forma de la persona forjada por mis experiencias de la vida y mis reacciones a ellas. No sabía que estaría inclinada a "ver" a mi esposo y a relacionarme con él según las actitudes y expectativas de mi carne hasta que, en Cristo, pudiera experimentar un corte interno para ser libre del pasado y crecer en la vida nueva. El pesado contenido de ese paquete, que incluía mi nacionalidad, cultura, raza, credo, religión, entrenamiento paterno, modelo de los padres, rivalidad entre hermanos, dolores, heridas, temores, gozos, juicios, habilidades, éxitos, fracasos, esperanzas, sueños, deberes y obligaciones, me debilitaba para evitar que me abriera sin inhibiciones. También hubo momentos en que apuntaba el gatillo para arrojar municiones en el camino de John.

Otro factor debía ser tratado. Yo tenía una imagen ideal de quién era John y de quién debía ser para complementarse conmigo. Traté esforzadamente de ser la persona que creía que era y me gustaba pensar que, en alguna medida, había tenido éxito. Mi esperanza era que la configuración personal de John encajaría cómodamente con la mía. Donde yo tenía debilidades y áreas no desarrolladas, esperaba ansiosamente que él fuera fuerte y capaz para llenarme y fortalecerme. Donde tenía áreas de destreza y fuerza naturales, esperaba que él tuviera la franqueza de pararse detrás y darme lugar para expresarme. Pensaba que nuestra unión debía ser tan natural e indolora como fuera posible.

No llevábamos mucho tiempo de casados cuando descubrí que no estábamos tan formados para llegar a juntarnos en uno sin resistencias. Era obvio que cuanto más cerca estuviéramos uno al otro, más ajustes íbamos a tener que hacer. Nos llevó un tiempo a ambos darnos cuenta de que los dos éramos un lío, y que reunirnos era parte del plan de Dios, para que nos puliéramos felizmente el uno al otro el carácter, y llegáramos a ser suavizados y perfeccionados.

Dios nos da un querido enemigo para obligarnos a los espiritualmente perezosos a enfrentar lo que todavía no hemos tratado en nuestra carne, de otro modo, siempre andaríamos por la vida felicitándonos a nosotros mismos de estar bien sin Él.

Lamentablemente, lo que sucede en muchas matrimonios es que cuando las parejas comienzan a acercarse el uno al otro lo bastante para que comience el proceso de pulimento, se retraen del dolor, erigen paredes defensivas para esconder su vulnerabilidad, y se encuentran en un matrimonio lleno de síntomas de defensa y fuga. El esposo vive en su lado de la pared, pasando más y más tiempo en la oficina, inmerso en pasatiempos, jugando al golf —cualquier cosa para evitar la exposición prolongada al hogar donde duele— y busca lugares para expresarse donde no haya amenazas para su ego. La esposa se vuelca a sus hijos, pasa su tiempo en artesanías, clubes y la iglesia, y habla con sus amigas sobre las cosas que ya no siente seguro confiarle a su esposo. Estar juntos se vuelve insoportable, ya que sólo parece acentuar la soledad que ambos sienten al estar aislados el uno del otro. Ocasionalmente, se arrojan piedras el uno al otro desde atrás de la pared: "Si solamente cambiaras, ¡yo estaría bien!".

La cultura del mundo los alimenta continuamente con mentiras. "Si se siente bien, está bien." "El amor es cálido y confuso y te hace sentir un cosquilleo por todos lados." "Si en verdad estuvieran enamorados, estarían viviendo más felices que nunca antes." "Si no eres feliz en una relación, sal de ella." Su matrimonio ciertamente no se siente bien, y comienzan a pensar: *Debemos haber cometido un error. Tengo el cónyuge equivocado. Dios nunca planeó que estuviéramos juntos.*

Y entonces el uno o el otro (o ambos) se aleja del matrimonio en busca del "compañero ideal", esa "alma gemela", que debe estar por allí en alguna parte. El cónyuge que deambula puede, en verdad, encontrar a alguien que inicialmente pueda hacerlo "sentirse bien".

Pero como no ha dejado que el Señor trate con las cosas que todavía hay en su corazón, elegirá esa nueva relación con los mismos ojos, la misma sensibilidad y el mismo criterio con el que estaba provisto para elegir la primera vez. Y si se casara una segunda vez, en el momento en que el nuevo compañero comienza a penetrar su corazón, se encontrará repitiendo todo el mismo patrón otra vez. Lo más contundente, la misma necesidad de cosechar las semillas de juicio que todavía no ha frenado en la cruz, muy probablemente lo guíe a un compañero por medio del cual cosechar, por lo general, de manera más perjudicial. De este modo, algunas personas van de matrimonio en matrimonio y derecho hacia la frustración sin salida: "Creo que no estoy hecho para el matrimonio". (De igual modo, la gente va de iglesia en iglesia, y de grupo en grupo, y de amigo en amigo, buscando incesantemente a alguien que lo haga sentir bien sin ningún desafío para crecer y cambiar.)

Hay una sola respuesta para cualquier matrimonio o cualquier relación vital. Ésta es cambiar la pared divisoria de hostilidad por la cruz de Cristo. Es detener todas las demandas de que la otra persona cambie. Es morir diariamente a uno mismo, preguntarle continuamente al Señor: "¿Qué es lo que en mí está contribuyendo al desmoronamiento de este matrimonio?", "Señor, ¿por qué mi cónyuge no mejora simplemente por vivir conmigo?, ¿Qué hay en mí que necesita morir?, Ayúdame a morir". Es confesar: "Señor, no puedo ser cariñosa con John, pero tú sí puedes. Dame el amor que tú tienes para que pueda dárselo a él". "No puedo perdonar, pero tú puedes. Expresa tu perdón a través de mí." Es pedirle al Señor que le permita una identificación compasiva con las heridas y temores de los demás, y sabiduría para ministrar a esos sentimientos. Identifique los asuntos del pasado y trate con ellos en la cruz de Cristo para que ya no tengan más poder para afectar lo que tiene por delante. Acepte cada paso del a veces doloroso plan de Dios para transformar su vida, mientras vive con su cónyuge y solucionan juntos sus problemas.

Si uno de los cónyuges se rehúsa a entrar en el proceso de transformación en el Señor, no todo está perdido. El compañero no creyente es santificado por su cónyuge creyente (1 Corintios 7:14). Lo que sucede en el corazón del uno afecta al otro, aunque no conscientemente, al menos por debajo del nivel de la conciencia. Finalmente, dará fruto. El efecto más inmediato de un cónyuge que encuentra en la cruz un lugar para detenerse es simplemente ése; el ciclo vicioso se detiene. El otro cónyuge puede continuar comportándose según los mismos patrones de los viejos hábitos, pero esas maneras ya no encajan en un cristiano. Ya no pueden seguir enganchándose en puntos que podrían desencadenar un estallido.

Yo (John) crecí con una madre que era hipercrítica. La juzgué por eso. Mi juicio de raíz amarga fue que la mujer de mi vida siempre me criticaba y rara vez me afirmaba. Además, mi madre me hacía trabajar largas horas y luego me daba poco consuelo o aprecio por eso, y así mi juicio enraizado en la amargura era que cualquier mujer cercana a mí esperaría que trabajara muchas horas y luego, de todos modos, estaría descontenta conmigo y sería insensible a mis necesidades.

Yo (Paula) crecí con un padre que viajaba por motivos de negocios, y se ausentaba por dos semanas cada vez. Aunque mi mente decía: "Estoy orgullosa de mi papá; trabaja por nosotras", mi corazón cantaba una triste tonada: "Oh, sí, ¿por qué nunca está aquí cuando lo necesito?". Estaba encubiertamente enojada con los hombres. Mi juicio enraizado en la amargura era que el hombre siempre estaría lejos de mí. ¡Qué mejor lugar para cosechar eso que casarse con un pastor adicto al trabajo!

No hace falta mucha imaginación para entender cómo estábamos diseñados para pulirnos mutuamente. Yo (John) trabajaba muchas horas para la iglesia (cuyo símbolo es la madre o la mujer) y me encontraba constantemente criticado tanto por la iglesia como por Paula. Paula se enojaba cada vez más, mientras más trabajaba yo para agradarle. El poder de la ley es tal que aunque yo no había tenido incorporada una estructura de adicción al trabajo, la semilla sembrada de Paula me había tentado a convertirme en eso, para estar de una u otra manera lejos de ella. Su enojo hacía que yo me preguntara: "De todos modos, ¿quién quiere venir a una casa donde lo van a serruchar?". Mi necesidad de cosechar el juicio amargo garantizaba que Paula estuviera tentada a criticarme, si es que ya no era propensa a hacerlo.

John no sólo era adicto al trabajo, sino que además siempre llegaba tarde. En los primeros años de nuestro matrimonio, llegaba habitualmente tarde a cenar después de visitar a los feligreses. Lo regañaba, y él prometía mirar la hora y procurar llegar a casa puntualmente. Pero ni mis rezongos ni su determinación servían. Parecía tener una clase de bloqueo con la hora. La hora era algo que no se debía observar. Arrepentidos, nos reíamos de la "hora de la India", mientras que me dolía más y crecía mi enojo.

Entonces aprendimos acerca de los patrones de juicios y expectativas enraizados en la amargura. Me arrepentí (solamente por fe) de los enojos que nunca había (ni he) sentido contra mi padre, pero que suponía que debían estar allí, y le pedía al Señor que llevara hasta la cruz la raíz de amargura de mi expectativa de que mi hombre siempre llegaría tarde. Después pude comenzar a recordar a una niñita pelirroja sentada desconsolada, esperando que su papá regresara a casa el fin de semana, sintiéndose más y más decepcionada mientras pasaban las al parecer interminables horas. Esto era más difícil de entender porque mi padre, en realidad, era muy puntual. Pero la percepción del tiempo de una niñita no se atiene a los hechos. Me arrepentí y pedí un nuevo corazón. John pronto encontró que le resultaba fácil llegar a casa a tiempo: sin esfuerzo, sin resistencia.

Mi (de John) expectativa de la raíz de amargura por el juicio hacia mi madre era que yo siempre resultaba criticado aunque diera lo mejor. Y ya que nadie puede desempeñarse bien bajo una mirada crítica, cuando niño solía cometer errores distraída y tontamente, y había sido duramente criticado por eso. De modo que tanto por la necesidad de cosechar juicio como por expectativa psicológica, busqué que la mujer de mi vida me criticara y, por eso, continuamente esperaba meter la pata. Esa característica encajaba precisamente con el hecho de que Paula creció con tres hermanos menores. Los dos primeros especialmente eran muchachos normales, bravucones que siempre estaban en algo que avergonzaba a su recta hermana mayor. Les encantaba fastidiarla sin piedad ¡como entrar corriendo para arrojar lombrices en su bañera! Siendo audaces, se metían en una plétora de líos "tontos". ¿Y quién era el que hacía las tonterías que ocasionaban que el maestro dejara a toda la clase después de hora en la escuela? Los muchachos, por supuesto. ¿Quién metía sus largas trenzas pelirrojas en el tintero? ¿Quién arrojaba pedazos de papel y salpicaba la tinta? ¡Los chicos! El juicio de la raíz de amargura de Paula era que los muchachos (los hombres) siempre hacían tonterías y metían a todos en problemas. ¿Qué mejor manera de cosechar que por medio de un inmaduro predicador con la cabeza en las nubes, místico, soñador y distraído?

Durante el primer año de nuestro matrimonio, yo padecí de fiebre aftosa. Siempre estaba diciendo alguna tontería. Predicaba el domingo por la mañana. ¡Paula predicaba todos los domingos por la tarde! "¿Sabes lo que les dijiste a esas personas?" Era tan malo que cada domingo por la mañana Paula decía: "No vas a decir nada que llame la atención, ¿no?", y, por supuesto, después tenía que hacerlo, sólo para declarar la independencia. Hasta me encontraba a mí mismo invirtiendo las palabras, para mi consternación y vergüenza, por ejemplo en vez de decir: "Veamos 1 Pedro 3", me salía: "Veamos 1 Tredro Pes".

Después me llamaron para enseñar fuera de la ciudad, lejos de Paula. Para mi gran sorpresa, la sabiduría fluía ininterrumpida sin tonterías. Pensé *¡Aleluya! Estoy sano. ¡Espera a que regrese a casa!* Sólo para volver a caer en las transposiciones y toda clase de errores garrafales. Finalmente, el Señor reveló que la raíz de amargura de Paula me estaba dañando, "y por ella muchos sean contaminados" (Hebreos 12:15). Ella se arrepintió de los juicios sobre sus hermanos y otros hombres y muchachos, y pidió al Señor que le diera un nuevo corazón, crucificando la expectativa de que los hombres harían tonterías. Desde entonces, nunca he sufrido más que las pifias que cualquiera comete, y son mías propias, no la cosecha de ella.

Mi (de Paula) juicio y expectativa de la raíz de amargura de que el hombre me dejaría, encajaba de otra manera con la naturaleza adicta al trabajo de John. Él siempre encontraba alguien a quien ayudar, sacrificando demasiado tiempo de la familia por los demás. Aunque eso estaba, en realidad, fuera de orden (Dios lo estaba llamando a la prioridad más importante, su esposa e hijos), John lo tenía hábilmente enmascarado bajo el noble servicio a Dios. Dios no lo estaba llamando lejos de casa. Cuando era niño, él había tenido que estar lejos cuidando vacas lecheras, alimentando pollos y haciendo tareas mientras el resto de la familia jugaba y salía de visita, y se había formado una amarga expectativa de que la vida seguiría siempre así. Eso casaba perfectamente con mi juicio sobre los hombres. Estaba tan mal que incluso en vacaciones, cinco minutos después de haber establecido nuestro campamento, John salía a caminar por el lugar de campamento para buscar a alguien a quien ayudar ¡y yo me enfurecía!

COSECHAS LO QUE SIEMBRAS

La ley tiene tanto poder que, a menos que intervenga la cruz, el requisito de segar lo que se sembró puede reducir nuestras capacidades naturales más fuertes. Mi madre (la de John) era en parte india Osage y en parte inglesa. Ambas culturas han producido personas muy reservadas, y no le era fácil expresar emociones o afecto. Yo juzgaba a mi madre por no dar suficiente afecto. De modo que la expectativa era que sería un sufrido siervo mártir que trabajaría muchas horas sólo para ser criticado y no recibir suficientes expresiones de cariño. Pero me casé con una gordita cariñosa! En el seminario, había decidido ser un solitario estudioso, pero Paula venía y se sentaba sobre mis libros en mis rodillas y me expresaba afecto. ¡Yo protestaba mientras lo aceptaba con entusiasmo! En cinco años, eso no ocurrió más. Paula ya no fue tan cariñosa. ¿Por qué? Mi juicio enraizado en la amargura tenía que ser cosechado. La ley le hizo extremadamente difícil mantener sus buenas intenciones. Mi necesidad de cosechar (más la expectativa psicológica) la tentaron penosamente para que dejara de dar afecto. Mi padre (de Paula) rara vez estaba en casa para protegerme. Esos tres hermanos bravucones me hicieron pasar un tiempo difícil (no más duro que lo normal —realmente un fastidio bastante saludable, como hacen los hermanos). Pero mi corazón estaba amargado. No había allí ningún hombre que me defendiera. Tenía que hacerlo todo yo misma. John creció con una severa instrucción inglesa para dar su vida por proteger a una mujer. Él había visto a su padre hacer eso de muchas maneras por su madre emocionalmente. Y no existe un rasgo más fuerte o violento en la naturaleza india que ¡que un valiente defienda a su esposa! Tanto por herencia como por instrucción, una de sus características más fuertes era defender a una mujer, especialmente a su esposa, de cualquier ataque. Se encontró totalmente desconcertado ante algo que casi siempre lo bloqueaba, de modo que rara vez era capaz de defenderme. Yo había sembrado semillas, y la cosecha era tan poderosa que vencía las más fuertes de sus buenas intenciones.

Las mujeres que han crecido con padres alcohólicos y los juzgan por eso, a menudo se casan con un hombre que ya es alcohólico (están acostumbradas a eso, y confirman su juicio) o su hombre tarde o temprano se convierte en uno. Y así continúa: padre débil, esposo débil; padre que provee poco, esposo que provee poco; padre distante y frío, así también el cónyuge, y así sucesivamente. Si el esposo no encaja con el modelo, o bien la niña no juzgaba y no está obligada a cosechar, o habiendo juzgado, ha sido liberada de la cosecha por la gracia de Dios.

Los hombres cuyas madres eran dominantes atraen la misma clase de mujer, a menos que la gracia de Dios intervenga. Los hombres cuyas madres solían dejarlos con niñeras, o solos, debido a enfermedades, separación matrimonial, o por la muerte, encuentran esposas que les hacen lo mismo. Y así continúa: madre fría, insensible; esposa fría, insensible. Si la condición no es exactamente la misma, el paralelismo es inconfundible. Nuevamente, lo importante no es la historia real, sino el hecho de que el hijo haya juzgado a sus padres. La cosecha es entonces inevitable. O se le permite a Jesús pagar completamente la demanda legal y liberarnos o cosechamos, generalmente, por medio del cónyuge.

Cuando uno recibe a Jesús como Señor y Salvador, se le asesta un golpe mortal a todo ese sistema enraizado en la amargura. Pero observe que Pablo está escribiendo a *cristianos* cuando *ordena*: "*Mirad bien*, que... brotando alguna raíz de amargura" (Hebreos 12:15, énfasis añadido). Observe la palabra "brotando", como una planta que de pronto aparece de una raíz escondida. Él no dice: "Corten las ramas visibles" o "Traten con lo obvio", sino que más bien veamos que ninguna raíz (escondida, bajo la superficie, problemática) se torne manifiesta y cause problemas.

A veces, el arrepentimiento previo a aceptar a Jesús como Señor y Salvador ha alcanzado una raíz de amargura, de modo que el momento de la conversión es también el momento de la liberación. Sin embargo, muy a menudo, vastas raíces principales subterráneas y brotes tributarios escondidos se esparcen y permanecen sin tocar hasta que obedecemos el mandato de Pablo de llegar a ellas.

Desearíamos poder capacitar a cada ministro o líder laico, en principio, para buscar raíces de amargura en cada persona en cada sesión de ministración. Los médicos son entrenados para examinar meticulosamente, en forma rutinaria, para buscar ciertas posibles condiciones, especialmente en las primeras visitas. También lo hacen los odontólogos, quiroprácticos, y otros profesionales. Paula y yo habitualmente hacemos preguntas con respecto a la niñez temprana, verificando a ver si yacen raíces de amargura detrás de esas circunstancias.

"¿Dice que su esposo nunca la escucha? Hábleme de su padre. ¿Cómo era él?" Después de unas preguntas generales básicas como: "¿Le brindaba afecto?, ¿Estaba 'en casa' cuando estaba en su hogar? ¿Permaneció con su madre? ¿Cómo se llevaban el uno con el otro?" Luego preguntamos: "¿Usted podía hablar con su padre? ¿Él podía oírla y comprenderla?".

Casi en cada caso de un esposo que no escucha, encontramos lo mismo comenzó con el padre. "Oh, él siempre estaba demasiado ocupado. Nunca me escuchaba." "¿Su esposa siempre está más enferma de lo que realmente está, y eso lo irrita, pero usted no logra ayudarlo como debería? ¿Cómo era su madre? ¿Cómo era la salud de su madre?" Es sorprendente cuán a menudo la respuesta es: "Oh, ella siempre se quejaba de ésta o aquella dolencia y se iba a la cama", a veces acompañado de: "Hacía que papá le hiciera de sirviente" o "Yo detestaba eso".

Su afirmación puede ser: "Mi esposa no puede mantener la casa ordenada" o "La ropa nunca está limpia" o "Chismorrea demasiado. Siempre está hablando".

Entonces nuestras preguntas serán: "¿Cómo cuidaba la casa su madre?", "¿Su madre tenía su ropa limpia y lista cuando usted era niño?", entre otras. Por lo general, primero hacemos varias preguntas generales y luego nos deslizamos a las más relevantes para camuflar nuestro propósito, de modo que nos aseguremos que la persona nos está dando respuestas sinceras.

La mujer puede dar estas respuestas: "Él nunca me lleva a ningún lado; se sienta en su bendito sillón y se queda dormido" o "Nunca se fija si luzco hermosa" o "Él nunca disciplina a los niños; sólo abdica y deja que todo dependa de mí".

Luego le preguntamos: "¿Su padre hacía cosas con la familia?, ¿Picnics o viajes de pesca..., cosas como ésas?", "¿A su padre le gustaba hacer cosas de la casa, o se perdía mirando la TV o durmiendo mucho?", "¿Quién llevaba los pantalones en su casa?", "¿Su padre o su madre aplicaban disciplina?".

A veces, no fue el padre que le falló a una hija y fue juzgado, sino la madre, pero la esposa adulta está cosechando por medio de su esposo. O, en ocasiones, segamos por medio de los hijos, u otra persona que vive en el hogar o cerca, o un jefe, pastor, o un colega del trabajo. A veces, de la misma manera, un hijo puede haber juzgado a su padre, pero cosecha por medio de su esposa.

A veces, los patrones de juzgar y cosechar no son tan obvios, tan nítidos o claros. Por ejemplo, una niñita puede haberse sentido grandemente rechazada por su padre. Las preguntas revelan, sin embargo, que su padre rara vez se fue de la casa, no tenía grandes vicios obvios (tales como alcohol, violencia o una lengua crítica), asistía regularmente a la iglesia, era un hombre con una buena moral, y demás. Pero quizás no era atento, o era alguien que se refugiaba en los libros, o hablaba poco. Una niña puede tomar fácilmente esos simples defectos como rechazo, pero encuentra dificultad para culpar a su padre, ya que el "amor" y la "lealtad" cubren los sentimientos de dolor. Todo lo que ella puede recordar es color de rosa. Ella puede casarse con un hombre que insiste en mantener una mentalidad de pandilla adolescente, dejándola con frecuencia para poder salir con los amigos. O puede ser alcohólico o adicto al trabajo. Cualquiera sea la manifestación superficial, la raíz es la misma: de una u otra manera él no la tiene en cuenta, y ella se siente rechazada.

Tanto como deseamos poder entrenar a cada ministro de oración para buscar las raíces de amargura, esperamos inducir a cada uno a buscar patrones entrecruzados. Casi podríamos formular una regla difícil y rápida: siempre que un cónyuge tiene una raíz de amargura, ¡el otro tendrá algo que encaje exactamente con ella! Un ministro de oración o un líder laico deben sospechar esa posibilidad simplemente por la ley de atracción y repulsión. Logramos atraer a nosotros, y nosotros mismos somos atraídos, hacia aquellos cuyas características encajan estrechamente con las nuestras o se oponen a ellas. Después de haber observado este fenómeno durante cuarenta años de ministrar a cientos de personas cada año, Paula y yo todavía nos asombramos ante la regularidad de la ley y la naturaleza humana.

A veces, no es por medio de otros que cosechamos sino por medio de la Madre Naturaleza, las circunstancias, o nosotros mismos. Por ejemplo, yo (John) he visto casos en que varias generaciones sufrían fracasos financieros, a veces por ineptitud, pero a menudo por accidentes, crisis económicas, el clima u otros factores. El pecado generacional (Deuteronomio 5:9) no puede explicar completamente la fuerza de un patrón así, en tanto que los juicios con raíces de amargura de los hijos sobre los padres pueden llegar a ser la principal forma en que continúa descendiendo un patrón generacional específico.

Juicio de raíz amarga

En los casos en que la persona está cosechando sobre sí misma, por lo general, es fundamental otra ley: que nos volvemos como aquel a quien juzgamos. Romanos 2:1 afirma: "Por lo cual eres inexcusable, oh hombre, quienquiera que seas tú que juzgas; pues en lo que juzgas a otro, te condenas a ti mismo; porque tú que juzgas haces lo mismo". En nuestro corazón, todos hacemos los mismos pecados. Aunque no todos hemos cometido adulterio, ¿qué persona nunca ha codiciado en su corazón? Jesús igualó esto al adulterio (Mateo 5:28). Aunque no hemos cometido asesinato, ¿qué persona nunca ha detestado a alguien? Juan equiparó esto al asesinato (1 Juan 3:15). Por lo tanto, no debemos juzgar a otros. El juzgar se relaciona con la falta de perdón, y Jesús dijo que si no perdonamos, no seremos perdonados (Mateo 6:15). Por tanto, siempre que juzgamos a otro por un pecado en particular, el mismo pecado permanece en nuestro corazón, sin perdonar. La ley del incremento hará que crezca: "Porque sembraron vientos, segarán tempestades" (Oseas 8:7, RV95). Así, cuando juzgamos a otro, nos sentenciamos a nosotros mismos cada vez más a cometer el mismo pecado que aquel a quien juzgamos (o algo tan similar que la raíz no puede ser confundida). Por ejemplo, una esposa que exclama: "Mi madre siempre nos estaba gritando a nosotros los niños. Juré que yo nunca actuaría así. Y ahora estoy haciendo como ella, ¡sólo que peor!".

La comprensión de esto ha llegado a ser una de las claves más comunes y útiles que usamos cuando ministramos al corazón de las personas. Así que frecuentemente nos transformamos en lo que juzgamos, o hacemos aquello que nos hirió en la conducta de otros, que para nosotros se ha vuelto un "ley" basada en la ley de Dios de

Romanos 2:1 y otras escrituras que ya citamos. Tan rutinariamente como un médico verifica la presión sanguínea, chequeamos para ver qué raíces que nos hacen semejantes pueden yacer detrás de frutos no deseados.

Sue descubrió horrorizada que aunque juró por lo más sagrado que ella nunca sermonearía a su esposo como vio a su madre hacerlo a su padre, ahora no podía detener su lengua, y su normalmente cortés esposo "estaba harto". Se había retirado a su pasatiempo de carpintería, manifestando Proverbios 21:9: "Mejor es vivir en un rincón del terrado que con mujer rencillosa en casa espaciosa". Temerosa de perderlo totalmente, vino en busca de respuestas. Cuando perdonó a su madre y recibió el perdón por juzgarla, pudimos orar juntos para arrojar sobre la cruz, para que muera, su hábito de hablar críticamente. Se volvió afirmativa, y su compañía, agradable; y su esposo vino para estar con ella que es, por otra parte, lo que él siempre había deseado.

Rob deseaba ser esa clase de jefe con quien los empleados pudieran bromear y salir juntos. Pero sus trabajadores nunca parecían estar con él más de lo que tenían que hacerlo. Había estado tratando de controlar lo que decía: "Pero ningún hombre puede domar la lengua, que es un mal que no puede ser refrenado, llena de veneno mortal" (Santiago 3:8). Los cursos de administración le habían ofrecido numerosas modificaciones de conducta, y él había intentado llevarlas a cabo, pero nada funcionaba. Frustrado y solitario, vino a nosotros. Llevó sólo unos minutos de preguntas ver que él había detestado la manera en que su padre "nunca" podía animarlo y "siempre" tenía alguna "sugerencia útil", que resultaron ser críticas e hirientes. Hemos aprendido a vigilar esas palabras: *nunca* y *siempre*. Suelen ser pistas seguras de un corazón que no ve los dos lados de la realidad, un corazón que está atado por los juicios. Rob se había transformado en lo que había sido su padre. Su mente estaba decidida a alentar a sus empleados, pero es de dentro del corazón que nacen los problemas, de modo que las costumbres de su corazón sumergían continuamente sus buenas intenciones. La respuesta era sencilla. Cuando perdonó a su padre y fue perdonado por juzgarlo, pudimos traer a la cruz sus hábitos de crítica, e impartirle amor y maneras positivas de relacionarse. No es necesario decir que se transformó en un amigo en el trabajo, y a la gente le encantaba estar con él.

No es meramente que nos convertimos en lo que juzgamos. Las raíces de amargura, por la ley de siembra y cosecha, actúan como bumeranes para traer sobre nosotros exactamente lo que juzgamos de los demás, o algo tan similar que no podemos evitar verlo cuando un ministro de oración lo descubre por nosotros. Nuestro hijo Mark había estado ejerciendo su propio ministerio de oración en Florida. Ahora sabía que era tiempo de regresar a casa y ser parte de Elija House. Él y Maureen habían estado arreglándoselas económicamente, y su viejo cacharro apenas podría llevarlo hasta Idaho, si es que podía llegar tan lejos. Así que le dije que lo vendiera. Busqué por allí hasta que encontré una "joyita": un auto viejo en perfectas condiciones. Lo compré para él y lo presenté como un regalo, tan orgullosa y contenta conmigo misma. Pero era invierno, y Mark se había acostumbrado a manejar en Florida. ¡Ese hermoso auto duró cuatro días! Mark patinó en el hielo contra un auto que venía en dirección contraria y destrozó totalmente la joyita. Gracias a Dios, ninguno de ellos resultó herido. Pero yo estaba verdaderamente disgustada. Sabía que era mejor que no juzgara a Mark, y traté de no hacerlo, pero no pude evitarlo. Una semana más tarde, yo deslicé nuestro nuevo Honda Accord en el hielo contra el parachoques trasero de un Jeep y ocasioné a mi auto un daño de $3,700, sin hablar del Jeep. Nadie tenía que decirme cómo sumar dos más dos y tener cuatro. Mi juicio fue una siembra, y la cosecha fue casi inmediata.

Ministré a un joven cuyo padre había sido alcohólico e infiel a su madre. El joven había detestado esas cosas de su padre y juró que él sería diferente. Amaba mucho a su esposa. Se convirtió en un cristiano lleno del Espíritu Santo, asistía regularmente a la iglesia, leía la Biblia, y amaba a Jesús. Sin embargo, de modo al parecer inexplicable, se encontró saliendo a beber compulsivamente, y ya había cometido adulterio. Culpable, preocupado y confuso vino a nosotros. Unos pocos minutos de preguntas revelaron el patrón de juicio con raíz de amargura. Aunque cristiano, nunca se había arrepentido claramente de los juicios contra su padre. Eso lo sentenció por el poder de la ley a hacer exactamente lo mismo que su padre había hecho. Jesús, por supuesto, anhelaba protegerlo de sí mismo, y después que cayó, Jesús anhelaba liberarlo. Pero su libre albedrío estorbó a nuestro misericordioso Señor hasta que el joven pudo ver sus raíces y arrepentirse específicamente. Bajo nuestro consejo y ministerio, él se arrepintió y quedó libre.

De todas las claves que el Señor nos ha dado para comprender la conducta humana, este requerimiento legal de cosechar lo que juzgamos en otros es quizás la más común e incisiva. En realidad, decimos: "Si usted desea saber qué está preocupando a un predicador, ¡escuche lo que predica!". No queremos decirlo como crítica, y el "predicador" puede no ser un pastor, sino una madre que sermonea a sus hijos o un padre que estalla y no puede ser con sus hijos tan paciente como siempre ha deseado serlo. O un amigo que no puede ser amigo, cuya boca anula continuamente sus intenciones cariñosas. O el "predicador" puede ser un maestro cuyas clases se han vuelto llenas de rencor, que no agrada a nadie, y que se convertirá en el recuerdo burlón de las reuniones de exalumnos en los años venideros. *Lo que la gente detesta en la conducta de otros suele ser la clave más clara hacia sus propios juicios y resistencias.* Mire siempre a la niñez. ¿A qué persona juzgaba para que su conducta manifieste lo mismo hoy?

RAÍCES AMARGAS DESDE EL VIENTRE

Algunas raíces amargas yacen escondidas muy por debajo de los niveles de lo que comúnmente hemos considerado como incidentes "recordables". Se nos acercó una dama cuya conducta la desconcertaba totalmente. Ella amaba al Señor y a su esposo. Creía la Palabra, pertenecía a una sólida iglesia evangélica y era llena del Espíritu. Pero ahora se encontraba dejando compulsivamente a su esposo para salir a beber. Se había involucrado en una aventura enteramente adúltera con un hombre alcohólico casado ¡que a ella ni siquiera le gustaba ni quería tener cerca! Su esposo era un hombre discreto, cariñoso, nacido de nuevo y lleno del Espíritu. "¿Qué es lo que estoy haciendo", clamaba ella, "¿Y por qué?". De modo que pregunté primero por los padres con quienes había crecido (sin saber que había sido adoptada). Sus padres adoptivos fueron padres maravillosos. Le habían brindado afecto y una buena disciplina y no tenían vicios dañinos. Yo no podía hallar la pista, desde su conducta presente, hasta ninguna raíz discernible lo suficientemente grave como para causar una conducta tan inexplicable. No tenía sentido, así que le hice más preguntas. Finalmente, resultó que ella había sido adoptada. Había pensado que ya que no tenía recuerdos conscientes de sus padres biológicos, era irrelevante que hubiera sido adoptada y ni siquiera lo había mencionado.

Su madre biológica nunca se había casado, y a los cuarenta años ¡salía con un hombre alcohólico casado! Él no le había dicho que era casado. Cuando ella quedó embarazada y se lo informó, desapareció de su vida, volvió con su esposa y se negó a reconocer cualquier conexión con ella. Su madre la había cargado durante nueve meses, con un amargo enojo contra el padre, y en días en que la condenación de los embarazos fuera del matrimonio acarreaba mayor vergüenza. Antes de dar a luz, su madre biológica decidió darla en adopción. La niña nunca había conocido a sus padres biológicos. Más tarde, sus padres adoptivos le informaron de su adopción, sin querer que sufriera el impacto de descubrirlo por sí misma y resultara herida.

Eso era lo que hacía tan confusa para ella su conducta presente. Pensaba, como la mayoría de nosotros, que lo que los niños experimentan en el vientre de su madre es desconocido para ellos y les afecta muy poco. Nada podría estar más lejos de la verdad.

En nuestro espíritu, sabemos y reaccionamos a lo que está ocurriendo a nuestro alrededor mientras estamos en el vientre, así como Juan el Bautista, teniendo seis meses en el vientre de Elizabeth, supo que María había entrado en casa de Elizabeth y que estaba embarazada de nuestro Señor. Juan saltó de alegría en el vientre de su madre. De modo que este incidente de Lucas 1:41-44 deja en claro que, como bebés en el vientre materno, sí sabemos cosas y reaccionamos.

En su espíritu, en el vientre, esta dama había reaccionado ante la fornicación de su madre, el alcoholismo y el adulterio de su padre, y el rechazo de éste hacia ella y su madre.

Antes de continuar, quizás debamos abordar algunas de las preguntas comunes que se nos dirigen sobre asuntos prenatales. (Puede encontrarse una presentación más completa en nuestro libro *God's Power to Change* [El poder de Dios para cambiar]). Muchas iglesias creen en la "edad de la responsabilidad", lo cual generalmente se entiende que es alrededor de los trece años, cuando los niños judíos llegan a la adultez en su "bar o bat mitzvah". Consecuentemente, están quienes creen que un niño antes de esa edad no es capaz de pecar. Pero eso no es lo que se quiere decir con la "edad de responsabilidad". Simplemente significa que un niño todavía no es considerado responsable. Si él peca antes de esa edad, Dios tratará con sus padres. Después de esa edad, Dios tratará directamente con él.

La Escritura es clara en cuanto a que los niños sí pecan, Proverbios 20:11 (NVI) dice: "Por sus hechos el niño deja entrever si su conducta será pura y recta" (se infiere que lo opuesto también puede ser real; que sus pecados muestran que no es puro y recto). Proverbios 22:15 dice: "La necedad es parte del corazón juvenil, pero la vara de la disciplina la corrige" (NVI).

Pero, ¿cuán precozmente puede un niño pecar? Algunos dirían: No mucho, basados en el falso concepto de que todo pecado es consciente e intencional. Pero la Iglesia ha reconocido siempre que existen pecados que no son ni conscientes ni intencionales. Cuando hablamos de "pecado" prenatal, no estamos diciendo que un niño en gestación ha pecado consciente e intencionalmente al juzgar a otro. Más bien, cuando los niños reaccionan y juzgan en el vientre materno, es pecado, pero no para ser culpado como si fuera conscientemente intencional. "También, si una persona peca inadvertidamente..." (Números 15:27, LBLA), dice y continúa diciendo que tal pecado no será juzgado como lo haríamos con los pecados intencionales.

¿Pero puede un niño en gestación pecar involuntariamente? La Escritura dice: "Yo sé que soy malo de nacimiento; pecador me concibió mi madre" (Salmos 51:5, NVI). Salmos 58:3 dice: "Se apartaron los impíos desde la matriz; se descarriaron hablando mentira desde que nacieron". Como Juan el Bautista, sabemos mucho de lo que ocurrió alrededor de nosotros mientras estábamos en el vientre, y como él, podemos reaccionar. Juan el Bautista reaccionó con gozo, pero podemos reaccionar de muchas maneras pecaminosas, tales como con resentimiento y juicio.

En la situación de esta dama, sus juicios (cuando fuere que hubieran sido realizados) la condujeron a reacciones pecaminosas, que la sentenciaron a:

- ‮‬ Rechazar a alguien (su esposo) así como ella fue rechazada
- ‮‬ Beber
- ‮‬ Cometer adulterio

¿Por qué fue "sentenciada"? Porque las leyes de Dios son irrevocables e imparables en poder. En más de cuarenta años de ejercer el ministerio de oración, hemos hallado que una de las inmutables leyes de Dios es que, cuando una persona juzga a otra, ese juicio la sentencia a hacer exactamente lo mismo o un pecado similar de la misma raíz. Por esa razón esta mujer, a quien ni siquiera le gustaba el sabor del alcohol o el hombre con quien salía, hacía eso compulsivamente.

Otra mujer, cuya historia prenatal era casi idéntica, también vino por una ministración de oración. Su madre también había cometido adulterio y cargado con la culpa en una sociedad religiosamente condenatoria y estricta. Su padre también las había rechazado a ella y a su madre. Ahora, aunque ella se había casado con el hombre a quien amaba y había concebido en amor santo y gozosa expectativa, se encontraba azorada y consternada, ya que en vez de amar y dar la bienvenida al niño de su vientre, detestaba a su bebé que todavía no había nacido. No podía entender por qué. Había esperado disfrutar el estar embarazada y poder amar fervientemente al bebé ¡y aquí estaba desdeñándolo¡ ¿Por qué? Las preguntas pronto revelaron su historia prenatal. Ella había sentido la vergüenza y el rechazo de su madre y se había odiado a sí misma en su vientre. Inexplicablemente, la mayoría de los niños, de cualquier edad, se culpan a sí mismos cuando sus padres riñen y se rechazan el uno al otro: "Oh, si no hubiera sido por mi causa, ellos no pelearían". Piensan en su corazón (debajo del nivel del pensamiento consciente): *Es por mi culpa que ellos se están peleando.* Así que esta mujer se odiaba a sí misma en el vientre de su madre. Felizmente, casi siempre, cuando la mujer embarazada ha sido capaz de comprender esto y ha perdonado a sus padres y a sí misma, el verdadero amor divino por el bebé que está en su vientre vuelve con plena fuerza, y la mujer se siente mejor por la experiencia y la libertad de corazón que ha recibido.

AYUDAR A QUIENES A NO PUEDEN VER

Lo más patético que Paula y yo vemos diariamente en el ministerio de oración es que, día tras día, año tras año, buenas personas cristianas son manejadas por fuerzas ¡de las cuales no tienen conciencia! No hablamos meramente de fuerzas psicológicas libidinosas. Ésas son tan malas que cualquier psiquiatra o psicólogo podría estar de acuerdo con esa afirmación. Toda clase de consejeros han descubierto la verdad de Eclesiastés 1:18: "Porque en la mucha sabiduría hay mucha molestia; y quien añade ciencia, añade dolor". Más allá de ese dolor, hay algo profundamente patético para los ministros, porque vemos no sólo psicológicamente, sino también la invencible operación de las inevitables leyes del juicio, especialmente de la siembra y la cosecha, que actúan en la vida humana (salvo por la cruz de Cristo) con fuerza impersonal e implacable. El patetismo es porque los cristianos deben creer, deberían saber, ver y dejar que Jesucristo haga lo que vino a hacer: liberarlos. Pero los cristianos han fracasado en verlo. Si este libro no tiene mayor propósito que este capítulo, es suficiente que los cristianos lleguen a comprender cómo la ley de la siembra y la cosecha los afecta drásticamente, todos los días, en innumerables detalles de la vida diaria común. Es absolutamente necesario que todo creyente aprenda a pensar en términos de cómo opera la ley de Dios en su vida cotidiana. Usted debe ver y comprender cómo lo que hizo cuando era niño (o está haciendo como adulto) puede ser como un bumerán, agitándose en el aire para regresar con velocidad aún mayor en el presente o en el futuro. A menos que sea capaz de comprender que toda acción de la vida debe cosechar un resultado, usted se encontrará siendo continuamente golpeado en el lado ciego y destrozado por los acontecimientos, preguntándose por qué. La vida le parecerá injusta. Esto es para ayudarle a usted, y a todo el Cuerpo de Cristo, a fin de que vean para arrepentirse y detener la cosecha de destrucción acerca de la cual escribimos en este capítulo. ¡Oh, que los hombres oigan!

Ninguna ley de Dios es una cosa inerte, muerta. Las leyes de Dios operarán, sea que las conozcamos o las ignoremos, las aprobemos o las desaprobemos, las amemos o las odiemos, creamos o no. Las leyes imparciales de Dios nos afectarán sea que las activemos involuntariamente al juzgar como niños, o al pecar intencionalmente como personas maduras. No hay diferencia. La ley es la ley. Si no creemos, lo que pensemos o sintamos sobre la realidad y efectividad de las leyes de Dios ¡tendrá tanto efecto como un mosquito tratando de derribar el edificio del Empire State! Las leyes de Dios operan con precisión, controlando el universo sin importar lo que nuestras insignificantes mentes opinen o no opinen.

La ley de siembra y cosecha es tan simple que resulta engañosa. Sencillamente no pensamos que algo tan simple pueda ser tan real, tan omnipresente, poderoso y efectivo. Tal vez por esa razón Pablo advierte: *"No os engañéis*; Dios no puede ser burlado: pues todo lo que el hombre sembrare, *eso también segará"* (Gálatas 6:7, énfasis añadido). Resulta imposible formular un juicio o realizar una acción sin poner en movimiento fuerzas que indefectiblemente deben regresar a nosotros. Si un hombre fuera lo suficientemente tonto para creer con absoluta certeza que puede volar, ¡la ley de la gravedad no sería afectada ni un ápice! Él caería en picada tan ciertamente como la insensatez de su técnica lo permita. Solamente la operación de dispositivos sujetos a otras leyes posibilita que el hombre vuele. Así, un ladrón a la larga cosechará. No importa cuán brillantemente escape de la detección humana. Un adulterio secreto resultará en la destrucción del alma y en otras cosechas más tarde, sin importar lo que digan las modernas *"sensisofías"*[a]. La ley de la siembra y la cosecha garantiza incondicionalmente ¡que nadie escapará nunca con nada en ningún momento ni en ningún lugar!

Si usted llega a ver que la ley de siembra y cosecha es tan efectiva, estará preparado para usarla como una clave para comprender la vida y los dilemas humanos, en su propia vida y en la vida de los demás. Pero recuerde incluir la dimensión del tiempo en su cálculo, pues la cosecha no es inmediata. Como un granjero debe esperar primero a que la semilla muera y nazca, luego crezca, luego florezca, luego se forme el fruto, y recién al fin madure, del mismo modo todo debe esperar en la cosecha de la vida.

Existe una diferencia crucial entre el granjero y el ministro. Un granjero no sólo ve crecer sus plantas, sino que se puede requerir que les dé algún cuidado; pero para el ministro, en el caso de los juicios con raíz de amargura sembrados en la niñez, por lo general, las semillas que se sembraron fueron olvidadas. Rara vez puede verse en la primera infancia el desarrollo de los juicios con raíz de amargura. Así, si nuestra siembra pecaminosa nunca fue admitida conscientemente, cuando la cosecha llega como una tempestad nos resulta inexplicable, ya que la siembra de viento ocurrió hace tanto tiempo, y fue tan pequeña, escondida y olvidada. Las personas se condenan una a otra y a sí mismas por los fracasos. Para las personas esforzadas y sufrientes, parece injusto que pecados de juicios sembrados en la infancia puedan destruir relaciones adultas.

Pero es así porque agregamos culpa a un proceso en el cual no hay ninguna, solamente una ley imparcial.

Cuando el hombre fue creado y colocado en el huerto para que lo cuidara, la ley ya venía regulando el crecimiento desde hacía largo tiempo. En ese orden inocente, todas las cosas realmente cooperaban para bien (Romanos 8:28, LBLA; ahora sólo por la cruz, entonces sin necesidad de ella). Las buenas obras de Adán y Eva rebotaban incrementando la bendición del Edén, y no había semillas pecaminosas poniendo en movimiento terribles cosechas posteriores. El universo entero fue diseñado "para edificarse en amor" como lo hace su Iglesia (Efesios 4:16).

Pero como la ley es impersonal, cuando Adán y Eva abrieron la puerta al pecado, ¡cada generación subsiguiente ha cosechado el mismo resultado! Eso significa que los bebés entran en un mundo fracturado y pecaminoso con el corazón ya corrompido por el pecado adánico, y así hacen juicios y tiene reacciones de odio que más tarde deben cosechar enormemente incrementados ¡por la misma ley que hubiera traído una bendición siempre creciente, si Adán y Eva nunca hubieran pecado! Dios no culpa. Él sabía antes de que todo fuera creado que los hombres caerían y que las mismas leyes que Él había establecido para gobernar todas las cosas benditamente se volvería para acarrear destrucción. Entonces, desde el plan preliminar de la Creación, Él predestinó a Jesús para que cosechara todo el daño, para que pagara en la cruz todo el precio demandado por su propia ley imparcial.

¿Es justa la vida?

Debemos comprender, especialmente como ministros de oración y líderes laicos, un hecho vitalmente importante: el libre albedrío humano es tan precioso para nuestro Señor que Él no permitirá que la eficacia de la cruz se nos aplique sin nuestro consentimiento. Es como si en el Viernes Santo Él nos hubiera traído un regalo, pero está envuelto hasta que, en la mañana de nuestra propia Pascua, nuestra invitación permite abrirlo para que se nos aplique personalmente. En cada detalle de nuestra vida, pasa lo mismo. Nuestro amado Señor siempre está parado fuera de una nueva puerta interna consecutiva, llamando suavemente, pero el único pestillo está de nuestro lado. Normalmente, las raíces de amargura no son tenidas en cuenta hasta que invitamos a Jesús a cumplir su tarea específica. Nuestro compasivo Señor se duele más, no menos, mientras espera hasta que lo hacemos. Él paga el precio incluso por nuestra tardanza en confesar.

¿Es justo que una bebita deba vivir con un padre iracundo y violento, y cosechar por lo tanto una vida con jefes similares o con un esposo que actúa de la misma manera, sino peor? Por supuesto que no. ¿Quién pudo decir, desde la Caída, que la vida era justa? Por otro lado, ¿deben cosechar los bebés todo lo inmerecido, todos los beneficios de los padres de sus padres: casa y salud, tecnología y medicina, electrodomésticos, ropa, alimentos nutritivos, conocimiento y bendiciones espirituales, pero estar exentos de cosechar las cosas dañinas que vienen en el mismo paquete? Dios es recto y justo. La vida en la Tierra, desde la caída de Adán y Eva, no lo es.

Es así que los más diminutos bebés, que difícilmente puedan ser culpados por hacer juicios enojados y amargos contra sus padres, quienes pueden merecer ampliamente tales evaluaciones, sin embargo ponen en movimiento fuerzas que deben desarrollarse hacia una resolución. No es que Dios sea egoísta y se las agarre con los niños. Es lo opuesto, que Dios en su bondad y compasión ve las tormentas que se avecinan por toda nuestra siembra (aunque nosotros quizás no veamos ni las siembras ni la inminente cosecha), y se mueve, invisible para nosotros, para interceder a nuestro favor. Cuando las oraciones de otros en la Tierra y la intercesión en el cielo no logran tener acceso a nuestra obstinada carne, entonces a pesar de la perfecta voluntad de Dios, cosechamos lo que hemos sembrado.

Jesús vive siempre para interceder a nuestro favor (Hebreos 7:25). "Porque yo Jehová no cambio; por esto, hijos de Jacob, no habéis sido consumidos" (Malaquías 3:6). Que toda la Cristiandad pueda comprender que si el Señor cambiara —es decir, si dejara de interceder por un breve instante— el peso de nuestra siembra de pecado sería tan grande que "¡esta cinta [la Tierra] se autodestruiría en cinco segundos!".

La destrucción no se cosecha solamente en nuestro matrimonio y en nuestra familia, sino en todos los aspectos de la vida. Cuando era niño, un amigo mío tenía un padre que continuamente perdía en el juego el dinero de la familia. Cuando, alrededor de los once años, nuestro amigo fue a trabajar para la familia, si su padre podía encontrar el dinero que había ganado, se lo robaba y lo jugaba. Él juzgó a su padre por eso. Su juicio de raíz amarga era que su padre (por lo tanto, posteriormente, todos los hombres de negocios) hacía trampas, mentía, y robaba. Al necesitar socios para sus proyectos de bienes raíces, continuamente se dirigía a hombres que le fallaban de una u otra manera, ya fuera mintiendo, haciendo trampas, siendo perezosos y dejando que mi amigo "cargara con el muerto" sin ayuda. En la oficina de negocios que administraba, encontraba compañeros que invariablemente le fallaban. Uno dividió en dos su familia. Siendo decidido, buscó y encontró un hombre de fe, un hombre sumamente recomendado, nacido de nuevo, que asistía a una iglesia, un diácono responsable. Este hombre fracasó tanto en su responsabilidad en los negocios que nuestro amigo casi llegó a la bancarrota. Mientras mi amigo estaba en el hospital por un problema de espalda, este compañero fue a su doctor, a su abogado y a su ministro de oración (yo) ¡para tratar de declararlo incompetente y así poder robarle el negocio!

Posteriormente, hablamos de sus juicios contra su padre y cómo su raíz amarga estaba siendo cosechada a través de estos hombres. Él se arrepintió y fue perdonado. En oración, llevamos esa raíz amarga a la cruz y oramos por un nuevo corazón, y una nueva expectativa por la cual dirigir hacia él a hombres confiables y honestos. Una por una, el Señor ha quitado las sanguijuelas de su compañía y traído a hombres de honor y confianza. Recientemente, su banquero, extendiendo un préstamo importante que salvó su negocio, le dijo: "Ahora que te has desecho de esos hombres y vuelves a hacerte cargo de tu compañía [quería decir, que salió del hospital y estaba de regreso en su trabajo], y ahora que estás rodeado de estos hombres en quienes podemos confiar, te volvemos a avalar". La raíz de amargura de nuestro amigo casi destruye su negocio, pero la cruz de Cristo lo salvó.

Observe las palabras: "y corrompa a muchos" (Hebreos 12:15). Nuestra raíz amarga, por la fuerza de la cosecha, realmente corrompe a otros. Los corrompemos para que actúen a nuestro alrededor de modos que podrían resistir exitosamente apartados de nosotros. Toda persona casada o en otra clase de compañerismo debería preguntarse: "¿Pero cómo el otro no se vuelve una persona mejor y más fuerte al asociarse conmigo?", y "¿Puede ser que mi raíz de amargura lo esté corrompiendo?", "¿Estoy cosechando por medio de esta persona?".

Es necesario que entendamos que la culpa siempre se halla en ambas partes. Nuestra raíz amarga no podría vencer el libre albedrío del otro a menos que algo en él siga siendo carnal (no importa cuán bueno y fuerte sea), débil o pecaminoso. Aunque yo soy 100 por ciento responsable por tentar a alguien para que reaccione, la otra persona es 100 por ciento responsable por su reacción.

TRATAR LAS RAÍCES DE AMARGURA

Cuando usted sea consciente de una raíz de amargura en su propia vida o en la vida de alguien a quien está ministrando, existen varios factores a los que debe prestar atención.

Primero, está el suceso original. La persona adulta a quien usted ministra quizás no tenga conciencia, así como Paula nunca había podido sentir ninguna clase de resentimiento contra su padre. Pero, ante todo, no estamos tratando con sentimientos de la carne o el espíritu. Tratamos con hechos y con la ley, por fe. El perdón por el pecado de juzgar debe ser pronunciado si las circunstancias presentes indican cosecha. Donde hay cosecha, los juicios y acciones pecaminosas fueron la siembra, sin importar lo que puedan protestar los razonamientos y sentimientos de otros. Mientras usted ora con la persona, no es necesario que ésta sienta algo durante la ministración u oración. Usted está actuando como confesor, ofreciendo seguridad del perdón y ministrando más allá del adulto a la persona interior herida. Es necesario que el perdón sea dicho de varias maneras para que el hombre interior pueda tomarlo y recibirlo. Pida al individuo que perdone y que también reciba el perdón, puramente por fe si es necesario. El perdón es esencial. Sin él, no puede ocurrir ninguna sanidad posterior (Mateo 5:23-24; 6:15; Marcos 11:26).

Las reacciones al acontecimiento (o acontecimientos) original (u originales) crearon estructuras en el carácter. Éstas son la costumbre de enjuiciar y expectativas psicológicas de raíz amarga que sólo la cruz puede transformar. Ore en voz alta con la persona a quien está ministrando, pidiendo que la obra de Jesús en la cruz se aplique a esas prácticas de la carne. Ayudará, y puede ser necesario para el individuo, que diga en oración: "Detesto eso. Lo rechazo. No lo quiero".

Hace años, una película de ciencia ficción relataba la historia de una nave espacial perdida en un planeta que carecía de sus primeros habitantes. Una segunda nave espacial, enviada para encontrar la primera, solamente encontró a un profesor (el científico de a bordo de la nave) y su hija todavía vivos. Pronto los miembros de la segunda nave comenzaron a ser destrozados, uno por uno, por un monstruo sólo parcialmente visible. El capitán descubrió una máquina inventada por los primeros habitantes. Colocándose un casco en la cabeza y encendiendo la máquina, se desataban grandes poderes mentales. Lamentablemente, así eran todos los poderes internos. Los impulsos demoníacos ocultos de los primeros pobladores se habían así materializado, ¡haciendo que todos ellos se destruyeran los unos a los otros mediante sus odios encubiertos!

Mientras tanto, todos los miembros de la tripulación de la nueva nave estaban siendo destruidos hasta que solamente quedaron unos pocos, encerrados detrás de una puerta supuestamente impenetrable con el científico y su hija. ¡Ahora el ente demoníaco estaba destrozando también esa! A último momento, el capitán, percatándose de la verdad, pidió a gritos al científico, de quien descubrió que había usado la máquina, que reconociera que esa entidad despótica era suya, sobreprotegiendo celosamente a su hija. Al final, el científico se puso de pie frente a la puerta y gritó: "Te odio. Te rechazo. No te quiero". Dramáticamente, los sonidos de rasgar y romper bajaron hasta silenciarse.

No conozco una manera mejor de describir el poder de tales prácticas subconscientes de la carne, o cómo solamente se las puede destruir llevándolas a la cruz detestándolas. "Aborreced lo malo, seguid lo bueno" (Romanos 12:9). A veces, hemos orado con otros acerca de esas prácticas, con plena fe, sólo para ver que continuaban, aparentemente sin disminuir. El factor faltante que impedía el triunfo era el odio al pecado.

Anteriormente, hablamos de los sistemas de recompensas. Todos los sistemas de raíz amarga contienen recompensas. Yo (Paula) crecí decidida a servir bien sin importar si mi familia me apreciaba o me criticaba. Realmente, eso construyó una noble mártir a quien le encantaba esa postura. Eso alimentaba mi ego. Sin importar cuánto protestara que me disgustaba ser criticada y que estaba cansada de servir por una pequeña recompensa, la verdad más recóndita era que, en realidad, yo lo prefería así. Eso me probaba a mí que era la magnánima y sufrida sierva cristiana, y todos los otros eran menos que yo, hasta hipócritas. Mientras disfrutara de esa recompensa no iba a abandonar ni enfrentar como pecado mi corrupción de otros al tentarlos a actuar de una manera no cristiana hacia mí.

Mientras John siguiera trabajando hasta demasiado tarde, pasando demasiado tiempo lejos de mí y los niños, mi noble mártir podría "llevar la cruz", sola y no apreciada, mientras seguía sirviendo a pesar de todo. Eso alimentaba mi ego. Mientras disfrutara probando que el hombre estaba equivocado, mientras disfrutara estar "por encima" (de mis hermanos en mi rivalidad familiar proyectada en John), mientras me fuera precioso que mi perspectiva de la vida, enraizada en la amargura, fuera confirmada una y otra vez, no tendría una verdadera intención de soltar esa raíz amarga. Las recompensas eran demasiado dulces.

Quizás ahora estemos preparados para comprender la necesidad del mandato: "Mirad bien... que ninguna raíz amarga...". A veces anular una raíz amarga requiere alterar toda la postura de vida por la cual uno ha definido su vida y hallado (carnalmente) su valor. Puede significar llegar a odiar esa rectitud carnal de la que nos hemos congratulado, ya que somos la gente buena que se identifica con Jesús y somos perseguidos por todos esos tipos malos.

Además, el verdadero arrepentimiento puede requerir que nos arrepintamos de empujar precisamente a esas personas a quienes hemos estado culpando por herirnos, a hacerlo, por su proximidad a nosotros. Por extraño que parezca, ¡quizás tengamos que arrepentirnos de herirlos al haberlos tentado para que nos hieran! ¡Quizás no estaremos sanos hasta que los bendigamos por ser aquellos por medio de quienes pudimos cosechar! Verdaderamente, el perdón no está plenamente completado hasta que bendecimos a quienes nos usaron maliciosamente (Mateo 5:12-13; Romanos 12:14; 1 Pedro 3:8-9).

CUIDADO CON LA "RESISTENCIA GUERRILLERA"

Una vez que ha experimentado el perdón y la libertad de las raíces amargas del pasado, o ha orado con otra persona, y ha sido testigo de la transformación de la vida de esa persona, esté en guardia contra los tironcitos hacia atrás que pueden seguir ocurriendo. La gran batalla puede estar ganada, pero puede haber cientos de bolsones de "resistencia guerrillera" aquí y allá en su carne. Las estructuras de los hábitos son como las campanillas, hierbas que continúan enviando brotes de un largo y persistente sistema de raíces hasta que cada parte de la vieja raíz es desarraigada o al fin queda demasiado débil para enviar otro brote.

El bendecido final de la transformación de las raíces amargas es ante todo que nos encontramos continuamente asombrados.

Sencillamente, las cosas no suceden como solían. Ocurren cosas nuevas. Las personas felicitan a quien no lo hacían, o dan afecto, o cualquier cosa que sea lo opuesto de lo que solía suceder. Ocurren buenos "accidentes" en vez de malos. Las cosas comienzan a cooperar para bien, visiblemente. Uno no puede evitar verlo.

Tal vez el impacto más bendecido es que a menudo las mismas personas a quienes habíamos detestando se transforman en personas que amamos o apreciamos más. Hasta estamos agradecidos por sus antiguas maneras persecutorias (o lo que fuera que hicieran) porque debido a eso vimos y fuimos liberados. La vida presenta nuevas esperanzas. Es como si nuevas perspectivas se abrieran delante de nosotros y logramos (lentamente, tal vez) darnos cuenta de que siempre estuvieron allí; sólo que no podíamos verlas. Lo que solía molestarnos ahora nos cae como quien oye llover. Reímos tontamente, en vez de ponernos tensos. Nos reímos con quienes nos poníamos furioso por reírse de nosotros. Y vemos a los demás y a nosotros mismos con auténtica compasión.

Verdaderamente, en esa área, nuestro corazón han llegado a experimentar lo que es ser nacido de nuevo.

Nota a la traducción:

a. En el texto inglés, "feelosophies", juego de palabras entre "philosophies", filosofías, y "feel, feeling", sentir, sensaciones, sentimientos, sensibilidad.

CAPÍTULO 9

EL PECADO GENERACIONAL

> "No los adorarás ni los servirás; porque yo, el
> SEÑOR tu Dios, soy Dios celoso, que castigo la ini-
> quidad de los padres sobre los hijos, y sobre la
> tercera y la cuarta *generación* de los que me abo-
> rrecen, pero que muestro misericordia a millares, a
> los que me aman y guardan mis mandamientos."
> —DEUTERONOMIO 5:9-10, LBLA

A VECES, AUNQUE UN CREYENTE ha agotado cada pista del pecado personal, tal vez hasta acudiendo a un ministerio por algún tiempo, parece que grandes problemas siguen acosando la vida y la familia de esa persona. No parece posible que las tragedias que continúan puedan haber tenido su origen en el pecado personal todavía no descubierto. La respuesta es ésta: a veces los problemas se originan en causas ajenas a la culpa o la carne de la persona. El pecado y sus efectos pueden descender a través de las líneas familiares. A eso, le llamamos pecado generacional.

El pecado generacional y sus efectos nos llegan de tres maneras. Daremos una mirada a cada una de ellas en este capítulo.

Cosecha generacional a través de los genes

Heredamos tanto nuestros genes buenos como los malos. Por nuestra herencia física, desciende mucho más que lo que podemos sospechar. Una mujer italiana me informó que su doctor le aconsejó que nunca permitiera que su hija saliera con otro italiano, porque a través de su línea sanguínea había una tendencia a una variedad de depresión particularmente tenaz. Los afroamericanos han sufrido por largo tiempo de anemia drepanocítica. Los médicos preguntan rutinariamente a los pacientes diabéticos sobre antecedentes de diabetes o desórdenes sanguíneos en sus familias. Los infartos, problemas de espalda, tendencias a enfermedades del pulmón y alergias, entre otras condiciones, se sabe que descienden como tendencias o debilidades físicas.

Job 17:5 dice: "¡Desfallecerán los ojos de los hijos del que por recompensa denuncia a sus amigos!" (RV95). ¡Debemos tener cuidado de no suponer que *cada* persona que usa anteojos tenía un ascendiente que decía mentiras contra sus amigos por ganancias fraudulentas! Pero esta escritura nos da un claro ejemplo del descenso de una enfermedad física específica como resultado directo del pecado de un ascendiente; ergo, *algunas* personas que tienen problemas de la vista *pueden* haber tenido ascendientes que fueran deshonestos. Estas cosas son claves para los ministros de oración y los líderes laicos que buscan poner el hacha a la raíz.

No sólo descienden enfermedades físicas, sino también tendencias de la personalidad y del comportamiento. En mi niñez, yo (John) era un soñador tan distraído que cuando mi gente me enviaba escaleras arriba a buscar algo, no sólo olvidaba lo que tenía que buscar ¡sino que además olvidaba que me habían enviado a buscarlo! Muy pronto tenían que enviar a otro a buscarlo y a buscarme a mí. Por la época de mis dieciocho años, había superado eso en gran parte. Pero mi hijo Mark siguió exactamente mi patrón. Caía en un ensueño camino a la escuela, pateando bolitas y hojas a lo largo del sendero. Al mediodía, nos llamaban de la oficina de la escuela: "¿Dónde está Mark hoy? ¿Está enfermo?". Paula lo encontraba en algún lugar camino a la escuela, totalmente ajeno a la realidad. De mañana, uno de nosotros podía ir hasta la puerta de Mark y observarlo poniéndose una media. Media hora después, allí estaba él —exactamente en la misma pose— catatónico, ¡perdido en un mundo de sueño! Él nunca había visto mi ejemplo. No se lo habíamos contado. ¿De dónde le venía eso? De los genes, por supuesto.

Alrededor de los doce años, yo tenía inclinación a cepillarme los dientes. Después de cada comida, o cualquier tentempié entre comidas, corría al baño a cepillarme los dientes. La familia entera estaba sentada en el auto, el motor en marcha y alguien preguntaba: "¿Dónde está Jackie, [mi apodo]?". Y la respuesta exasperada era, invariablemente: "¡En el baño, cepillándose los dientes!". Mucho tiempo antes de mi matrimonio, a los veintiuno, ese hábito fue olvidado totalmente y nunca se mencionó. Precisamente a la edad de doce años, Mark no sólo adquirió exactamente el mismo hábito, ¡sino que llevaba pasta dental y cepillo en su bolsillo para el caso de que comiera algo en algún lugar!

Johnny sacó la tenacidad de Paula; Ami, mi naturaleza mística. ¿Qué familia no se ha maravillado de la manera en que las características peculiares han viajado aparentemente por ninguna otra ruta posible sino por los genes?

Hermanos y hermanas separados al nacer y criados en diferentes familias en culturas totalmente diferentes, al reunirse han descubierto similares gustos, aversiones, talentos, debilidades, gestos y hábitos, los cuales no podrían haber venido de otra fuente que la herencia física.

Existe un misterio relacionado con los lomos que sobrepasa nuestro entendimiento: "Y por decirlo así, en Abraham pagó el diezmo también Leví, que recibe los diezmos; porque *aún estaba en los lomos de su padre* cuando Melquisedec le salió al encuentro" (Hebreos 7:9-10, énfasis añadido). El misterio se resuelve sólo parcialmente cuando llegamos a entender que la visión judía del mundo es bastante diferente de la nuestra. Tienen un sentido corporativo de la comunidad y la familia. En su cultura, estaba entendido que lo que una persona hace afecta a todos, incluyendo sus descendientes, para bien o para mal. Así, todos los descendientes de Adán fueron afectados negativamente por su pecado. Nuestros pecados afectan a las futuras generaciones (vea Deuteronomio 5:9). Por otro lado, las bendiciones también se transfieren. Jacob bendijo a sus doce hijos (Génesis 49), y siglos más tarde, las doce tribus que descendieron de ellos todavía vivían de muchas de esas bendiciones. Pero la afirmación de Pablo acerca de Leví parece extender este principio mucho más lejos de lo que nuestras mentes occidentales pueden alcanzar. De alguna manera inexplicable, Leví bendijo a otros por medio de su antecesor, aunque él no estaba presente en ese tiempo.

Permítame compartir mi historia familiar. Yo (John) crecí en Missouri y Kansas, donde había mucho prejuicio racial. Los chistes étnicos eran la orden del día en muchas reuniones. No vi muchos afroamericanos servir en ninguna parte ¡más que como criadas y porteros! Siendo un niño normal, quería ser como todos los demás, y siendo tan pecador como cualquier otro, trataba de sostener los mismos prejuicios. Pero no pude. Por alguna razón desconocida, encontré que amaba a las personas afroamericanas. Para mí, eran inexplicablemente hermosas, y me gustaba estar con ellas. Me sigue gustando. No podía entender la razón por la que me dolía tan profundamente cuando la gente les hacía chistes étnicos.

Cuando Paula y yo estábamos cursando el seminario en Chicago, yo conducía un taxi de noche e iba a la escuela durante el día. Justo antes de comenzar mi trabajo, algunos taxistas blancos habían sido asaltados en vecindarios negros, y uno de ellos había perdido la vida. El aire estaba lleno de miedo. Cuando a un taxista se le pedía que llevara un pasajero a una de las áreas negras de la ciudad, trababa las puertas, subía las ventanillas, y salía haciéndose el tonto (es decir, sin pasajero), a veces ni siquiera se detenía en las señales de tránsito. Eso quería decir que por la ley de la oferta y la demanda había mucho trabajo disponible en esos vecindarios. Consecuentemente, yo viajaba allí la mayor parte del tiempo. Los taxistas que me rodeaban me contaban historias de haber sido hostigados por los clientes afroamericanos. ¡Yo nunca lo experimenté! Nosotros los visitábamos y charlábamos alegremente. Otros taxis contaban que constantemente se les iban sin pagar (significa que no les daban una propina, y los taxis dependen de la propina para su subsistencia). ¡Las personas de esos barrios me daban propinas más generosas que en ningún otro!

Los compañeros taxistas de mi garaje fueron asaltados. Un conductor en particular fue llevado a un área remota (en las afueras de los suburbios, lejos de las paradas de taxis), en donde le pusieron un arma en la nuca, seguido de un áspero: "¡Dame la guita! Linda camisa, amigo. Entrégamela. Lindos pantalones...". Mi amigo acabó parado, descalzo, en calzoncillos con una temperatura bajo cero a las 2:00 de la mañana, ¡mirando al ladrón irse con su taxi!

En esos días, yo era un chiflado imprudente y aventurero ¡que quería que me asaltaran una vez, sólo para experimentarlo! ¡Nunca lo pude conseguir! ¡Dios me protegía! Los pasajeros afroamericanos a quienes conducía eran considerados, corteses y me protegían. En una ocasión, llevé a un afroamericano que tenía un agujero de bala reciente en su hombro cerca de la clavícula; sus cómplices podrían haber robado mi taxi y quizás herirme, pero todo lo que querían era un doctor, ¡rápido! Otra noche, la policía me paró y sacaron a empujones a mi corpulento pasajero contra el taxi y lo registraron, ¡y encontraron una pistola! Pero resultó ser un vigilador nocturno camino a su trabajo.

Yo parecía llevar una vida encantadora. Nunca fui fastidiado por nadie. No sabía casi nada de la fe en esos días, pero sí lo suficiente para saber que Dios estaba usando a estos pasajeros afroamericanos para protegerme. Lo pasábamos muy bien juntos. No podía entender qué era lo que me hacía tan diferente de todos mis amigos del garaje.

Después de haber nacido de nuevo y ser lleno del Espíritu Santo, fui movido a ministrar particularmente a los afroamericanos. Una, la Rev. Ev Carter-Spencer, se convirtió en una hija espiritual para Paula y para mí.

Después, mi padre vino a vivir con nosotros. Había detestado tanto su puesto como marino en la Primera Guerra Mundial que nunca hablaba de sus experiencias de la guerra. Pero una noche se abrió y comenzó a compartir. Siendo un inmaduro muchacho de dieciocho años de las calles de Joplin, había sido asignado como guardia de curtidos criminales camino al frente para darles la última oportunidad de servir honorablemente. Al llegar a Francia, su capitán ordenó a toda la compañía dar un paso al frente mientras los llamaba por nombre. El nombre de mi papá fue el único que no se mencionó. Aparentemente, su tarea de guardia lo había apartado y hecho que los oficiales de reclutamiento se olvidaran de él. Preguntó al capitán, quien le respondió: "No tengo órdenes para ti, hijo. Sólo espera aquí hasta que te lleguen órdenes". Con lo cual el capitán se marchó con la compañía y dejó a papá solo, ¡de pie en los puertos de un país extranjero en guerra!

Papá buscó alrededor y encontró dos compañías que daban servicio de estibadores. Una era una compañía de blancos formada por blancos que en su mayoría eran de las calles de Nueva York. Muchos habían sido matones de pandillas y todavía tenían tendencia a involucrarse en peleas con cuchillos ante la menor provocación. La otra era una compañía de afroamericanos, que cantaban mientras trabajaban. Los hombres de toda esta compañía toda de negros tomaron a mi papá, lo alimentaron, le dieron un lugar para dormir, y lo protegieron hasta que el oficial de reclutamiento lo recordó y lo envió al frente.

¡Mientras mi padre relataba esa historia ¡mi espíritu saltaba de alegría! ¡Ahora sabía por qué siempre había sentido gratitud en mi corazón hacia los afroamericanos y la razón por la cual me encantaba escuchar sus canciones! De algún modo, como Leví, fui bendecido por el trato que tuvieron mis generaciones antepasadas con los demás. Esperaba sentirme seguro entre los afroamericanos durante una época de disturbios raciales, aunque cuando protegieron a mi padre no estaba allí. ¿Cómo podía ser esto? Tales misterios pertenecen a Dios. Pero, gracias a Dios, las bendiciones generacionales nos pertenecen. Seguramente, descienden más bendiciones de las que advertimos conscientemente.

Además, crecí en una región marcadamente protestante, en la cual prevalecían muchos sentimientos anticatólico-romanos. ¡Los católicos iban a controlar el mundo! ¡Las iglesias católicas tenían armas en los sótanos y el Papa perseguía a los protestantes dondequiera que conseguía poder! No importaba que históricamente mi denominación (Congregacional) no hubiera permitido a ningún miembro de la Iglesia Congregacional votar en Massachussets hasta después de 1834, mientras que Maryland, un estado católico romano, dio libertad de culto y el poder de votar ¡a todos! El prejuicio dice: "Mi opinión está formada; no me confundo con los hechos". Soy tan pecador como cualquiera y deseaba compartir los relatos anticatólico-romanos. Pero, nuevamente, no podía. Detestaba oír historias de odio y prejuicio. Encontré que sentía brotar en mí gran respeto por la Iglesia Católica Romana, y me preguntaba *¿por qué?*

Después de mi bautismo en el Espíritu Santo, me encontré ministrando a menudo entre católicos romanos y me encantaba. En mi juventud, yo había asistido solamente a una misa, una Nochebuena. El santuario estaba tan repleto que me tuve que sentar en el pórtico, atisbando en una larga nave a un hombre que murmuraba algo ininteligible en latín. Detrás de mí, un hombre estaba tan borracho ¡que yo estaba echando chispas! Para mi asombro, siempre que posteriormente asistí a una misa católica, mi espíritu se elevaba en adoración y cantaba dentro de mí: "Estoy en casa. Estoy en casa. Me encanta". Eso me sacaba totalmente de quicio. No podía entender por qué tenía tanta sensación de pertenencia. Me sigue gustando una misa católica carismática por sobre todas las otras formas de adoración. ¿Por qué? ¡Este protestante nunca esperó algo así!

Después, los ancianos de la iglesia en la cual servía me dijeron: "John, te estás cansando demasiado. No salgas más en misiones para enseñar sanidad, a menos que tengas contigo un equipo que te proteja y te apoye". Tenía que ir a Tiffin, Ohio, a un campamento cristiano, pero no pude encontrar a nadie que estuviera libre y pudiera ir. Al fin, sólo pudieron ir mi hija Ami y una mujer laica católica. Esta era para esta dama la primera ocasión de desempeñar un rol ministerial en una reunión protestante, ya que me ayudaría en el ministerio de oración. No era otra que Barbara Shlemon, que llegó a ser una de las líderes del movimiento católico carismático, y autora del libro *Healing Prayer* (Oración de sanidad).[1]

Llegamos a Tiffin a mediodía antes de que el campamento comenzara, y, habiendo visto una iglesia interesante mientras conducíamos decidimos caminar a través de la ciudad para encontrarla. Ami y Hal Spencer Jr., hijo del presidente del campamento, vinieron con nosotros. Cuando entré al santuario de la iglesia católica Santa María ¡cayó sobre mí una unción que yo jamás, había experimentado! Fue tan plena y poderosa que pensé que podía ser trasladado ¡y me preguntaba si dolería golpear el techo en el camino!

Ami me miró y dijo: "Papá, ¿qué te pasa?".

Dije: "No sé".

Nos sentamos a orar. El Señor después reveló que Él nos había reunido a Barbara y a mí, junto con Ami y Hal como apoyo, para que nosotros como una laica católica y un ministro protestante pudiéramos orar por la sanidad de los efectos negativos en la historia y la reconciliación de las iglesias Católica Romana y Protestante. Íbamos a orar por toda la historia, desde 1515 al presente, en mutuo arrepentimiento, pidiendo perdón y orando por la sanidad a causa del odio, las guerras, los prejuicios, las confusiones, las familias desintegradas y divididas, las sospechas, la falta de respeto y más. Durante toda la semana, pasamos juntos horas en oración, prosiguiendo a través de toda la historia que podíamos recordar, aplicando la sangre y la cruz de Cristo.

El 23 de julio oramos por la sanidad de cada ocasión en que católicos y protestantes se habían casado, sólo para ser expulsados de una o ambas iglesias. Oramos que las familias fueran sanadas, las divisiones superadas, y se restaurara la unidad. Por ser ése el día

de mi cumpleaños, mi madre me llamó para saludarme, y le dije:
"Mamá, estoy haciendo parte de lo que Dios me ordenó hacer", y
le conté lo que Barbara, Ami, Hal y yo estábamos haciendo y cómo
habíamos orado ese día para que los matrimonios mixtos fueran
sanados.

Ella dijo: "¡Oh, Jack, nunca supiste! Nunca te lo dije. Todos los
Osages de tu línea familiar eran devotos católico-romanos. Asistían
a misa todas las mañanas. Tu abuela, mi madre, fue una ferviente
católica durante su juventud. Cuando ella se casó con Frank Potter,
tu abuelo, ella fue *churched* [una expresión coloquial que significa
que fue excolmulgada o expulsada de la iglesia]. Por esa razón,
siempre la has conocido como metodista. Se convirtió en metodista
poco tiempo después de casarse". Por una de las coincidencias de
Dios, yo había orado por la sanidad de mi propia amada abuela en
ese cumpleaños ¡y el mismo día descubrí mi propia insospechada
herencia de la Iglesia Católica!

Al fin, comprendí por qué amaba a los afroamericanos y a la
Iglesia Católica Romana. Comparto estos relatos con la esperanza
de que muchos puedan encontrar revelación, o al menos misterios
para considerar, al pensar en sus propias herencias. Seguramente,
deberíamos dar gracias y gloria por todas las bendiciones que nos
han llegado a través de las herencias de nuestras familias.

Lamentablemente, no es solamente bendición lo que nos ha llegado de nuestros antepasados. Como veremos, tenemos que traer
todo nuestro pasado a la cruz, incluso las bendiciones, para que lo
bueno sea filtrado y lo perjudicial sea detenido juntamente.

El pecado generacional por medio del ejemplo

La segunda manera por la que desciende el pecado es por el ejemplo. Hemos enseñado esto en cada libro y cinta que hemos producido, que los hijos aprenden a convertirse en *lo que los padres son*
en vez de *lo que ellos enseñan*. No es necesario que volvamos a

explayarnos en eso aquí, pero es un principio de gran importancia. Sin embargo, no dejemos que el lector piense que la brevedad significa menor importancia. ¿Cómo sería posible que alguien no viera que nuestra formación con nuestros padres perpetúa el pecado en nuestra vida y en la vida de nuestros hijos y nietos? El ejemplo escribe aquello en lo que nos convertiremos, a menos que la gracia intervenga, todo el camino de regreso al Edén y hacia delante hasta que nuestro Señor vuelva. Ésta es la principal razón por la cual el corazón de los padres debe volverse hacia los hijos, y el de los hijos hacia los padres, no sea que la tierra sea golpeada con maldición.

El pecado generacional por medio de la siembra y la cosecha

La tercera manera en que el pecado y sus efectos descienden es tal vez la más contundente, si no a la larga la más influyente: la ley de la siembra y la cosecha. La cosecha del pecado rara vez es inmediata. Además, nunca ocurre sin incremento: "Porque siembran viento, y recogerán tempestades" (Oseas 8:7, LBLA). El tiempo, aunque no es el único factor, sigue siendo la mayor causa por la que los hijos cosechan lo que han sembrado los padres, abuelos y bisabuelos.

Cuando David pecó su hijo murió (2 Samuel 12:1-24). Cuando Josías se humilló delante del Señor, la profetisa Hulda le dijo: "Por tanto, he aquí yo te recogeré con tus padres, y serás llevado a tu sepulcro en paz, y no verán tus ojos todo el mal que traigo sobre este lugar" (2 Reyes 22:20), lo cual quería decir, por supuesto, que él no cosecharía, ¡pero sus hijos sí! ¡Una bendición bastante dudosa!

Puede parecer injusto que a un niño no nacido todavía, años más tarde, se le exija que sufra los efectos de la ley por pecados cometidos por los antecesores que hasta pueden ser desconocidos para él. Por supuesto que no es justo. Dios es justo, pero desde que el pecado entró en el mundo de Dios, la vida no es justa. Dios ha obrado desde el principio para restablecer su justicia por medio de la cruz de Cristo. Él sufre por nuestras injusticias más que nosotros que gritamos el antiquísimo lamento: "¡Esto no es justo!". Dios estableció la ley de la siembra y la cosecha antes de que el pecado entrara en el mundo. La ley fue diseñada para aumentar la bendición. Mientras los hombres trabajaran y sembraran para el Espíritu (Gálatas 6:8), segarían bendición. Entonces el universo, como la Iglesia, sería edificado en amor (Efesios 4:16). Pero cuando entró el pecado, esas mismas leyes imparciales de siembra y cosecha y de incremento obraron sin apasionamiento e inexorablemente para traer destrucción. Ahora, cuando los hombres siembran para la carne, cosechan corrupción (Gálatas 6:8) ¡por las mismas leyes que fueron diseñadas para traerles bendición!

Tan así es esto que, a despecho de que la primera voluntad de Dios, que siempre es amor y bendición, la buena voluntad de Dios, que es ley imparcial, también ata a Dios a sujetarse a su acción (ya que Él obedece sus propias leyes). Donde sea que los hombres permitan que Jesucristo coseche los efectos funestos de la ley por medio del perdón y la expiación en la cruz, Dios puede evitar la tragedia. Pero, como dije, Él se ha sujetado a sí mismo a obedecer sus propias leyes. Así que toda vez que los hombres no se arrepientan, y por ese motivo no le den acceso, los hombres deben cosechar de generación en generación, lo que se ha sembrado, sin importar cuán injusto pueda ser eso para los no nacidos, y sin importar cuánto desee nuestro amado Dios que eso no ocurra.

Además, toda bendición material que disfrutamos nos ha venido por los esfuerzos de nuestros ascendientes. Cosechamos cada bendición completamente inmerecida. ¿Alguno de nosotros inventó la limpiadora de algodón o los telares que han tejido nuestra cómoda ropa? ¿Produjimos nosotros la calefacción central o el aire acondicionado? ¿Descubrimos nosotros los avances médicos que han salvado nuestra vida y erradicado muchas enfermedades de la faz de la tierra? ¿Quién entre nosotros inventó su propio motor de combustión o puso de moda su propio automóvil? ¿Y los lavavajillas, lavarropas y secadoras, tostadoras y hornos a microondas, sin hablar de los alcances del gas y la electricidad? Aparte de las cosas materiales, ¿cuánto hemos cosechado sin esfuerzo en la educación, el esplendor de la música, la belleza del arte, y la diversión de las sanas comedias, novelas, y del teatro en general? Toda cosa buena que disfrutamos nos ha venido como un incremento inmerecido, hasta la imprenta, el papel, las sillas poltronas, la luz y la capacidad para leer, ¡que nos permite a todos adquirir cualquier conocimiento que este libro ofrece en este momento!

¿Diremos entonces, que es justo de parte de Dios que podamos cosechar toda bendición que tenemos en la vida de los esfuerzos de nuestros antepasados, pero injusto que también cosechemos de sus pecados? ¿Es de alguna manera culpa de Dios, o de la vida, cuando el pecado humano abroga la voluntad de Dios y las generaciones por venir sufren sus tristes efectos? El pecado tiene la culpa. Y el pecado antes de eso. Y antes de eso. Todo el trayecto de regreso hacia el pobre Adán, ¡y, por último, hasta Satanás! En esto, vemos la contienda de los siglos, en la que Dios hacía correcciones ¡por el pecado de una de sus criaturas! Él mismo sufre nuestra muerte por nuestro pecado y malogra la obra de Satanás al traerla a la cruz. En Jesús, el Hombre de Nazaret, el Dios de la vida restaura bendición donde el pecado ha cosechado muerte.

Dios es más que justo; es amor insondable y sanidad para un mundo que no merecía sino destrucción y muerte. Los hijos inmaduros gritan que la vida debe ser hecha justa. Los que son sabios alaban a Dios con un corazón dispuesto y lleno de acción de gracias, en medio de un mundo injusto y torcido.

Cuando descubrimos que la destrucción suele llover sobre la gente aunque ya no haya dentro de ella nada que la atraiga, reconocemos que la causa puede ser el pecado generacional.

Los efectos del pecado generacional

Descubrimos por primera vez el pecado generacional cuando una dama nos vino a ver con depresión y miedo. Ella era una de trece hermanos: nueve niños, cuatro niñas. Al no encontrar en su propia vida ninguna explicación de la fuente de sus problemas, me sentí guiado por el Espíritu Santo a preguntarle acerca de toda su familia. Cada uno de sus hermanos se había vuelto alcohólico, y algunos habían muerto tempranamente en circunstancias trágicas. El último hermano era satanista. Cada una de las mujeres estaba mentalmente enferma, excepto la mujer a quien estaba ministrando, y ella misma se hallaba peligrosamente próxima a estarlo.

Vimos patrones de rechazo y divorcio en toda la familia. Todos los hombres de la familia estaban siendo destruidos o ya habían muerto. Siempre que surge tal patrón, indicando destrucción sobre los varones de la familia, lo llamamos *asuerístico*. En la historia de Tobías, en los textos apócrifos, cualquier hombre que se casara con Sara, hija de Ragüel, esposa del rey Asuero, sería muerto esa noche por el demonio Asmodeo (Tobías 3:7). (Nota: Dado que usamos esto como un ejemplo, no como la base escritural de la enseñanza, nos sentimos libres para referirnos a los apócrifos, que son considerados por eruditos protestantes como inspirados, pero no iguales a la Escritura canónica.)

Oré con la dama por su familia. Alrededor de dos años más tarde, un obispo de una iglesia Episcopal nos pidió que habláramos en una reunión carismática en su diócesis. Enseñamos acerca del pecado generacional, testificando en forma encubierta de la familia de esa dama y cómo habíamos orado por ella. Después de la conferencia, se aproximó una mujer y nos dijo: "Ustedes no me reconocen, ¿verdad?".

Dije: "No".

Ella dijo: "¡Soy la mujer cuya historia acaba de relatar!". No podía creerlo. Esa mujer había sido flacucha y demacrada, de rostro ceniciento, con cabello greñudo. Aquí estaba una mujer hermosa, de tez rubicunda, fornida, saludable ¡y vital! Continuó informándonos que después de nuestra oración, había pasado por un tiempo de prueba en el que tuvo que caminar en disciplina, declarando la presencia y el poder de Dios en su vida. Desde entonces, había visto a sus hermanos y hermanas dejar el alcohol y venir al Señor uno por uno. Exclamó: "¡Ha sido como ver cocinarse las palomitas de maíz!".

Desde que eso nos hizo abrir los ojos, Paula y yo hemos verificado regularmente el trasfondo de la familia de las personas a quienes ministramos. Podemos decir: "¿Su padre tenía hermanos y hermanas? ¿Cuántos? Comience con el mayor y cuénteme los hechos más sobresalientes: salud, matrimonio, hijos, longevidad, tragedias, divorcios y demás. Ahora, el siguiente tío o tía, y el siguiente". Finalmente: "¿Y sus abuelos?". Hecho eso y debidamente anotado, hacemos las mismas preguntas con respecto al lado materno. Y, luego, con respecto a sus propios hermanos y hermanas. Buscamos patrones recurrentes, tanto de bendición como de daño.

A veces, prolifera el divorcio. Vino un hombre que era el resultado del tercero de los cinco matrimonios de su madre. Su madre era una de doce hijos. Su padre era uno de doce. De entre todos esos parientes, ni uno se había casado sólo una vez. ¡La mayoría de ellos se había casado varias veces! Él mismo estaba fracasando en su tercer matrimonio. A veces, hay patrones de enfermedades, abortos o muertes prematuras. En ocasiones, hay esterilidad o sólo varones o sólo mujeres nacidos en una familia. Abraham abrió la matriz del pueblo de Abimelec, pues el pecado de Abimelec había cerrado toda matriz (Génesis 20:18). A veces, la droga o el alcohol asedian generación tras generación. Vino un hombre cuyo bisabuelo había muerto trágicamente a la edad de treinta y nueve años, cuyo abuelo había muerto trágicamente a la misma edad, cuyo padre había muerto de la misma manera a la misma edad. Él tenía treinta y ocho, y comenzaba la cuenta regresiva.

En mi familia (la de John), del lado de mi padre, mi abuelo había sido un acaudalado maderero y presidente de banco. Durante la Gran Depresión, trató de cargar con sus amigos y perdió todo.

Mi padre fue acusado de un crimen que un hombre empleado suyo había cometido, y aunque fue absuelto, los pagos de la corte y los honorarios le costaron todo lo que tenía y llevaron su negocio a la bancarrota. Mi hermano Hal entró a un negocio que lo hizo quebrar y lo sumió en deudas. ¿Coincidencia? Probablemente no. Oramos para que ese patrón terminara en la cruz, y las empresas posteriores tuvieron éxito.

Por parte de mi madre, la tribu india Osage se mudó en 1869 y 1870 desde Kansas en el este hasta Oklahoma en el norte. Los soldados blancos que los conducían, sabiendo cuán ferozmente defendían los valientes osages a sus esposas e hijas, golpearon a algunas de las mujeres, buscando provocar a los hombres a la lucha como un pretexto para destruir la tribu. Los osages no pudieron hacer nada, sino indignarse con amargura. Así se arraigó el juicio amargo de que los despreciables hombres blancos se aprovecharían de las mujeres osages.

La tribu era gobernada en ese tiempo por un consejo de sabios y hombres de oración. Se establecieron en el condado de Osage e hicieron ley que cualquier adjudicatario osage podía vender sus 770 acres, pero que todo lo que existía en el aire y debajo del suelo pertenecería a toda la tribu, sin importar quien poseyera privadamente la tierra. Cuando se descubrió petróleo en el condado de Osage, ¡la tribu entera se volvió rica al mismo tiempo! Entonces, los despreciables hombres blancos cortejaron a las jóvenes osage y se casaron para vivir en el lujo de sus réditos del petróleo. Muchos eran alcohólicos, golpeaban a sus esposas, y eran egoístas y perezosos. Se sospecha que algunos mataron a sus esposas para heredar su adjudicación. Así, se arraigaron el juicio y la expectativa amargos de que los hombres que se casaran en una familia osage serían alcohólicos, perezosos, incapaces o no dispuestos a mantener a sus esposas, violentos, y, generalmente, hombres despreciables.

No sé si otras familias fueron afectadas entre los osage, o hasta qué punto, pero, en nuestra familia, ese patrón fue una absoluta maldición. Mi padre era un buen hombre, pero sucumbió a ese patrón. Cuando yo tenía diez años, se había convertido en alcohólico, y era incapaz de mantener a la familia. Mi tía se casó con un hombre que llegó a ser médico especialista. Su ingreso anual de $30,000 habría sido el equivalente de más de $100,000 ó $150,000 hoy en día. Pero él rehusaba mantener a su familia y fue alcohólico y violento. Mi tía, finalmente, se divorció de él. Su hija se casó con la misma clase de hombre que era su padre, y se divorció. Mis padres tenían una hija. Ella se casó con un hombre que era amable, pero alcohólico irrecuperable. Fracasó en mantenerla. Ella se fue a trabajar y proveyó para su familia. Él se sentó en su casa y se emborrachó hasta que murió. Tenían tres hijas. Cada una de mis sobrinas se casó con la misma clase de hombres y se divorciaron. Mi hermano, Frank, tuvo tres hijas, dos de las cuales siguieron el mismo patrón. La única que no lo hizo era adoptada de otra línea sanguínea. El primer matrimonio de nuestra hija Ami terminó en divorcio. Ninguna mujer de nuestra línea sanguínea escapó a ese patrón.

Ahora, estos efectos del pecado generacional han sido deshechos en la cruz, y las generaciones siguientes son libres. La hija de mi tía se casó bien. Mi hermana no volvió a casarse, pero sus hijas se han vuelto a casar bien, y también las dos hijas de mi hermano, Frank. Nuestra hija Ami se volvió a casar con un maravilloso hombre cristiano. Nuestra hija menor Andrea, que no se había casado antes de que oráramos, se acaba de casar con un cristiano maravilloso.

PECADOS GENERACIONALES DE OCULTISMO

Los pecados de ocultismo originan los patrones más destructivos que hemos visto. Al verificar las historias familiares a fin de detener el pecado generacional, Paula y yo generalmente preguntamos si alguien de la familia ha estado involucrado en el ocultismo. Por pecados de ocultismo, la ley establece: "Yo pondré mi rostro contra la tal persona, y la cortaré de entre su pueblo" (Levítico 20:6). Inmediatamente, la ley comienza a operar, de modo que la bendición de Dios se retira, y las generaciones siguientes cosechan innumerables maneras de ser cortados. En algunos, en la línea masculina que, por supuesto, porta el nombre, hay enfermedades, no nacen niños varones o trágicas muertes o divorcios impiden la sucesión. En algunos, la tragedia financiera ocurre de generación en generación. La marca reveladora del descenso del mal por un pecado de ocultismo es que hay una maldición sobre la familia. No importa la forma que tome, sea muertes, divorcios, finanzas, enfermedades, accidentes u otras tragedias, no es difícil ver este patrón: un diseño detrás de estos acontecimientos. Las casualidades nos asedian ocasionalmente a todos, pero en estas familias ocurre tanto de manera tan interrelacionada que hasta los observadores imparciales se ven obligados a admitir: "Esto es demasiado. ¡Todo eso no puede ser casualidad!". Verdaderamente, existe una maldición prescrita irrevocablemente por una ley: "Lo cortaré".

El descenso de esa clase de mal por el pecado no es afectado en absoluto por el hecho de que creamos o no en Dios y en sus leyes. Las leyes del universo operan sepamos de ellas o no, las creamos o no, las deseemos o las rechacemos. Nosotros no afectaremos la ley; ¡ella nos afectará a nosotros! Abimelec no era hebreo ni creía en el Dios de Abraham, pero tuvo suficiente sentido común para darse cuenta de que hay leyes que nos afectan, y clamó cuando Isaac le dijo que Rebeca era su hermana: "¿Por qué nos has hecho esto? Por poco hubiera dormido alguno del pueblo con tu mujer, *y hubieras traído sobre nosotros el pecado*" (Génesis 26:10, énfasis añadido).

Abimelec sabía de primera mano qué estragos vienen cuando la ley es transgredida, pues el padre de Isaac, Abraham, le había hecho lo mismo, y Abimelec había llevado a Sara a su familia, con el propósito de tener relaciones sexuales con ella, sin saber que era la esposa de Abraham. Dios vino a él por la noche y le dijo: "He aquí, *muerto eres, a causa de la mujer que has tomado*, la cual es casada con marido" (Génesis 20:3, énfasis añadido). Abimelec protestó que él no sabía. Pero entonces señala cuán bien sabía este rey pagano cómo el pecado afecta todo lo que está a cargo del hombre. Exclamó: "Señor, ¿*destruirás a una nación* aunque *sea inocente*?" (v.4, LBLA, énfasis añadido).

Dios le respondió que Él sabía que Abimelec era inocente, y, por lo tanto, había impedido que tocara a Sara, y que Abraham tendría que orar por él, y viviría y no moriría (vs. 6-7). Abimelec lo hizo así: "Entonces Abraham oró a Dios; y Dios sanó a Abimelec y a su mujer, y a sus siervas, y tuvieron hijos. *Porque Jehová había cerrado completamente toda matriz de la casa de Abimelec, a causa de Sara* mujer de Abraham" (vs.17-18, énfasis añadido). ¡El juicio había descendido inmediatamente! La ley es absoluta, para judíos y no judíos, creyentes o no creyentes.

¿QUÉ QUIERE DECIR PECADO GENERACIONAL?

Usted puede preguntarse: "¿Por qué todo el mal no se detuvo cuando morí y nací de nuevo en Cristo? ¿Por qué nuestra conversión no le pone fin?" ¿La cruz no canceló nuestros pecados? ¡Por cierto que sí! Pero el pecado personal no es la razón más importante por la que sufrimos los efectos del pecado generacional. Moisés dijo: "No se dará muerte a los padres por la culpa de sus hijos, ni se dará muerte a los hijos por la culpa de sus padres. Cada uno morirá por su *propio* pecado" (Deuteronomio 24:16, NVI, énfasis añadido). Claramente, Moisés creía que nadie es personalmente culpable por los pecados de los ascendientes. Pero Moisés es también el que introduce el concepto mismo de pecado generacional y sus consecuencias. ¿Se contradecía? ¡De ningún modo! Pues el concepto nunca significó que somos personalmente culpables por los pecados de nuestros antecesores. Más bien, significa que somos colectivamente culpables. En la conversión, la cruz cancela nuestros pecados personales, ¡pero no cancela la corporalidad!

Si la cruz no cancela la corporalidad, ¿cómo debemos tratar con el pecado generacional? No por la conversión, sino por medio de la oración de arrepentimiento a favor de nuestras líneas familiares. Tal vez, por la gracia de Dios, muchos pecados generacionales son milagrosamente cancelados sin oración específica, pues la cosecha que sufrimos parece ser mucho menor que la que merecemos.

No obstante, hemos ministrado a cientos y cientos de cristianos que han estado por años en el Señor y quienes todavía sufrían gran daño por patrones de pecado generacional. Estos patrones fueron detenidos y revertidos en bendiciones cuando discernimos el origen en sus antecesores, y acabamos con ellos por medio de la aplicación específica de la sangre y la cruz de Cristo. Nos apropiamos de ese sacrificio de una vez y para siempre en el momento de la conversión. Pero continuamos ocupándonos en nuestra salvación (Filipenses 2:12). La santificación es tanto completa como progresiva. "Porque con un solo sacrificio ha hecho perfectos para siempre a los que está santificando" (Hebreos 10:14, NVI). Como el trato con el pecado personal es progresivo, y los pecados personales causan las maldiciones generacionales, es lógico que tales maldiciones también se traten de una manera progresiva, un arrepentimiento a la vez.

Aunque posicionalmente estamos totalmente muertos en Cristo cuando lo recibimos inicialmente, Él ha dejado que, paso a paso, debamos reconocer como muerta nuestra carne en su cruz (Romanos 6:4). De igual modo, al parecer debemos ver y detener los patrones de pecado generacional por acción directa en oración. Personalmente, no puedo entender esto, a menos que Dios sepa que solamente seremos fortalecidos para permanecer de pie como guerreros en Él si tenemos que ejercitar disciplina para afirmar nuestra libertad. Tal vez habría demasiado problema con una gracia barata, o un cambio demasiado rápido, si todo fuera hecho de una vez. Nos basta con decir que la evidencia para nosotros es innegable; hemos visto incontables cristianos de mucho tiempo sufrir los patrones del pecado generacional hasta que alguien por la gracia de Dios oró eficazmente para detener la destrucción.

ORACIÓN PARA LIBERACIÓN DEL PECADO GENERACIONAL

Al compartir nuestra manera de orar por el pecado generacional, no queremos ofrecer un ritual mágico o un conjuro. Le animamos a usar nuestros conceptos y nuestras modalidades como un trampolín para encontrar su propia y efectiva manera de orar. Estos son los pasos que seguimos.

Primero, pasamos un tiempo considerable pidiendo a las personas que relaten tanto como puedan recordar de su historia familiar. Cuando nuestras preguntas dan lugar a sus respuestas, suelen abrir grandes los ojos y exclamar: "Nunca vi eso. Nunca até cabos hasta ahora. Mire eso. Cada uno de mis tíos sufrió tragedias, y también mis hermanos. ¿Cómo llama a eso?".

"Un demonio asuerístico, cuando todos o la mayoría de los hombres adolecen de algo en una u otra manera."

"Bueno, oremos, ¡antes de que me atrape a mí también!"

En oración, colocamos la cruz entre la persona y su madre y padre, sus madres y padres, y los padres de ellos. Lo hacemos simplemente declarándolo por la autoridad de Jesús.

Usualmente, comenzamos la oración dando gracias y alabando a Dios por todo lo que nos ha llegado a través de nuestros antepasados. Damos gracias a Dios por todo lo bueno que heredamos diariamente. Pero luego oramos que incluso lo bueno sea filtrado a través de la cruz.

Pedimos que la sangre de Jesús fluya por las líneas familiares a través de su historia, que el perdón limpie y quite el terreno de ataque de Satanás. Pedimos perdón con arrepentimiento por todos los pecados, siempre que sea posible (algunas cosas deben esperar para un arrepentimiento y confesión conscientes).

Cualquier patrón que hayamos visto y considerado, le pedimos a Jesús que lo destruya y lo transforme en su cruz. "Para esto apareció el Hijo de Dios, para deshacer las obras del diablo" (1 Juan 3:8). *Creemos que ésta es la parte más importante de la oración. Es a través del pecado no perdonado y los consecuentes patrones que*

descienden, que Satanás perpetúa su destrucción en las familias.
Donde sea que el pecado le ha permitido el acceso, Satanás entra para aprovecharse con enfermedades físicas, explotar tendencias pecaminosas, hacer que las propensiones se transformen en adicciones, las tendencias a accidentes se vuelvan tragedias, los malos ejemplos se vuelvan trampas, las necesidades de cosechar se intensifiquen en torbellinos de destrucción. "El ladrón no viene sino para hurtar y matar y destruir" (Juan 10:10). Los patrones familiares son las oportunidades a través de las cuales Satanás bombea los fuelles del fuego del infierno en cualquier familia. La mayor necesidad al orar por el cese de la ruina de las familias es detener los patrones generacionales en la cruz, demandando su muerte y transformación en bendición.

Nombramos cada patrón, describiéndolo, y clamando específicamente que el Señor lo destruya. En esta oración, no estamos orando simplemente por la persona, sino por ella en representación de toda su familia. La persona es la cabeza de playa del ataque del cielo sobre los poderes de las tinieblas, y la tierra a ocupar es toda la familia de la persona. Oramos que todo patrón que describimos sea destruido de la vida de cada hermano y hermana, tío y tía y primos, abuelos y bisabuelos, y cada persona adoptada o parientes políticos conectados con la familia.

Muchas personas tienen poco o ningún conocimiento de su historia familiar. Las personas adoptadas especialmente pueden no saberla. En tales casos, generalmente oramos, y si el Espíritu Santo da una palabra de ciencia, oramos al respecto. Una palabra de advertencia: algunos oran arrogantemente acerca de lo que creen que ven, olvidando lo que dijo Pablo: "En parte conocemos, y en parte profetizamos" (1Corintios 13:9). La NVI dice: "Porque conocemos y profetizamos de manera imperfecta". No siempre oímos con certeza. No daña decir: "Señor, creo que oigo que dices esto, y por lo tanto oro que ese patrón se detenga. Si no oigo bien, Señor, confío en que tú aplicas la oración a lo que es necesario tratar, o que revelarás después con más certeza de modo que podamos orar otra vez y así tener la completa victoria que tú preparaste". La humildad no es falta de poder, sino beneficio.

Al haber orado para que sean destruidos los patrones destructivos, a veces, somos guiados a reprender a los poderes de las tinieblas y ordenarles que se vayan. Frecuentemente, el Espíritu Santo me mueve a llevar a cabo esta orden en voz alta. A veces, por razones que sólo Él mismo conoce, el Espíritu Santo, que es el general de campo, sabe que lo que se requiere es autoridad *fuerte*: "... En los días de su vida mortal, Jesús ofreció oraciones y súplicas con fuerte clamor y lágrimas al que podía salvarlo de la muerte" (Hebreos 5:7, NVI). En muchas ocasiones, habiendo orado así por grupos grandes, hemos recibido testimonios de que ante esa palabra de autoridad en alta voz los que oían han sentido a los poderes de las tinieblas salir de ellos de un salto. Las personas han testificado entonces que sintieron "avivamiento", luminosidad y gozo, libertad y certeza.

Pedimos al Padre Dios que envíe sus ángeles que acampen alrededor de cada miembro de la familia (Salmos 34:7), para proteger a cada uno (Salmos 91:11-12), y traer a cada uno de las tinieblas a su luz (1 Pedro 2:9). Clamamos al Señor para que envíe sus ángeles guerreros a presentar batalla por la familia.

Tiempo atrás, se enseñaba la herejía de que los hombres deberían ordenar a los ángeles específicamente, diciéndoles qué hacer. Sólo Dios ordena a sus ángeles. Pero podemos orar al Señor, pidiéndole que envíe a sus ángeles a ministrar a nuestras familias, para salvarlas del mal, y darles mensajes de salvación. Y podemos creer que con o sin la ayuda de sus ángeles, si tenemos fe, Dios nos salvará a nosotros y a toda nuestra familia. (Hechos 16:31).

Creemos que esta clave de vencer al pecado generacional es una de las más importantes que el Señor nos ha revelado a nosotros y a otros siervos como nosotros. Las familias que se consumen en el temor y el mal deberían caminar libres y en calma en el reino de Dios. Podemos hacer libres a las familias. Paula y yo hemos recibido incontable testimonios de personas que han visto a todos los miembros de sus familias liberados y libres uno por uno después de tales oraciones.

Las oraciones por el cese del pecado generacional, como las oraciones por conversión, normalmente son oraciones que se hacen una vez. Sin embargo, cuando partes y trozos de historia son revelados recientemente, las oraciones específicas acerca de esas revelaciones no son redundantes. Hay una continua solución y desarrollo después de la primera oración general. Quien expresa esta oración debe conocer su autoridad en Cristo como hijo del Rey. Los poderes de las tinieblas no ceden el territorio ante murmuradores desganados.

Dios desea que avancemos, ocupemos y mantengamos el territorio para Él. Esta oración para detener el pecado generacional no es meramente por sanidad. Ni tampoco es solamente defensiva, como si detener la invasión de las tinieblas fuera suficiente. Es una guerra espiritual agresiva en la marcha por recuperar las almas perdidas de las garras de la oscuridad. Es un placer para todos los que se alistan y desafían a los campeones de las tinieblas.

"Regocíjense los santos por su gloria,
Y canten aun sobre sus camas.
Exalten a Dios con sus gargantas,
Y espadas de dos filos en sus manos,
Para ejecutar venganza entre las naciones,
Y castigo entre los pueblos;
Para aprisionar a sus reyes con grillos,
Y a sus nobles con cadenas de hierro;
Para ejercer en ellos el juicio decretado;
Gloria será esto para todos sus santos.
¡Aleluya."

—Salmos 149:5-9

CAPÍTULO 10

SANAR LOS EFECTOS DE LA ACTIVIDAD SECTARIA

"Entonces dije: ¡Ay de mí! Que soy hombre muerto; porque siendo hombre inmundo de labios, *y habitando en medio de pueblo que tiene labios inmundos*, han vistos mis ojos al Rey, Jehová de los ejércitos."

—ISAÍAS 6:5, ÉNFASIS AÑADIDO

"Porque este justo, que moraba entre ellos, afligía cada día su alma justa, viendo y oyendo los hechos inicuos de ellos."

—2 PEDRO 2:8

"Mirad que nadie os engañe por medio de filoso-fías y huecas sutilezas, según las tradiciones de los hombres, conforme a los rudimentos del mundo, y no según Cristo."

—COLOSENSES 2:8

V ARIOS AÑOS ATRÁS, Paula y yo fuimos invitados a enseñar
en San Francisco. La otra pareja que compartía el estrado
era desprogramadora de víctimas de sectas, y habían dedicado su vida a la tarea de liberar a hombres y mujeres, especialmente gente joven, de garras de las sectas. ¡Nos informaron que
en ese momento eran capaces de identificar más de cien sectas que
operaban sólo en el Área de la Bahía! ¿Qué había suscitado un
crecimiento tan drástico de la actividad sectaria? ¿O sólo hemos
llegado a tomar conciencia de lo que estuvo pasando desde hace
tiempo?

Es el hambre de autoridad, según estos desprogramadores, lo que
sirve como anzuelo para los jóvenes. En resumen, es la ausencia
de los padres. Multitudes de jóvenes tienen espíritus dormidos, lo
que significa que sus espíritus no pueden discernir lo verdadero de
lo falso. Al mismo tiempo, muchos también tienen heridas abier-
tas que claman por amor, fortaleza y la seguridad de una figura
paterna. Los desprogramadores nos informaron que es el hambre
de una figura paterna que les diga qué hacer lo que atrapa a los
jóvenes para ser controlados por líderes de sectas autoritarios. Los
jóvenes, a pesar de sus protestas de independencia, buscan la seguridad de que les digan qué hacer.

El miedo es el que gobierna y el miedo es el que encadena.
Miedo al rechazo. Miedo a no pertenecer. Miedo al castigo. Miedo
a "perder al Señor". Miedo a "perder el reino". Miedo a no cumplir con las demandas del Señor (de hecho, el deformado régimen
del líder de la secta). Miedo a represalias si es atrapado. Miedo
a volver a estar atrapado en la prisión del mundo de los padres y
la sociedad. (Los líderes de las sectas los presentan a todos ellos
como la prisión y a su camino como la única libertad.) Miedo al
infierno, imaginado como esperando apenas se sale del círculo del
grupo. Los líderes de las sectas enseñan una expectativa de persecución y dicen que las protestas de los padres, pastores, y amigos
no son otra cosa que persecución, confirmando la "justa" postura
de los líderes. Hay un miedo a no estar "en", no sufrir las ofensas que confirman a todos los demás del grupo como verdaderos

servidores sufridos que se enfrentan a esta generación malvada y perversa.

Quebrar fortalezas mentales

Todos los grupos de este tipo participan de y fomentan una idea mesiánica paranoica que los identifica como los chicos buenos, los elegidos, la elite remanente, la única que tiene la verdad y que debe sufrir por ello.

Sin embargo, no son meras fuerzas psicológicas las que cautivan a los miembros de las sectas. Es el poder de fortalezas mentales colectivas. Es el control del pensamiento por poderosos mecanismos de nuestra carne. Las fortalezas mentales son maneras habituales de pensar que compartimos todos. No están inertes, como libros sobre un estante, inútiles hasta que se abren y se leen, sino que son activos armatostes de energía que pueden ponerle cepo a la mente de una persona hasta que ya no puede pensar ninguna idea que se aparte del parámetro de la fortaleza. Las fortalezas sirven como vaqueros, para arrear cualquier pensamiento descarriado y volverlo al rebaño. Su propósito específico es impedir el pensamiento libre, hacer "cautivos por medio de *su* filosofía y vanas sutilezas" (LBLA). Es el control de las fortalezas, ayudado en su abyecta tarea por los miedos antes mencionados, lo que debe ser quebrado por los desprogramadores.

Nuestro propósito aquí, sin embargo, no es escribir un manual para desprogramadores. Ése es un campo completamente aparte, en el cual Paula y yo confesamos tener poca destreza. Es más bien enseñar la forma de sanar que debe seguir después del trabajo de los desprogramadores, para que el ex miembro de la secta no siga siendo vulnerable a la trampa y se vuelva a equivocar.

Quienes han sido liberados de sectas temen con toda razón ser captados nuevamente. Pero ese temor puede convertirse en *hipercautela*, lo que a su vez puede impedir cualquier asociación saludable que pudiera servir para proveerle el necesario crecimiento.

En los primeros días de Elijah House (La Casa de Elías), uno de nuestros miembros había sido miembro de una secta. Su miedo a la dominación y el control monopolizaba tanto sus pensamientos, que continuamente causaba problemas en el grupo por imputarnos falsamente a mí y a otros líderes con autoridad motivos y acciones para controlar y encarcelar.

Nosotros fracasamos en aprender suficientemente rápido las lecciones que ahora compartimos. Este hombre, que seguía hambriento de la verdadera autoridad que temía, terminó por dejarnos y volvió a ser captado por una secta rígida y autoritaria.

Una pareja salió de una secta que insistía en pastorear y disciplinar muy seriamente. Los líderes de esta secta llegaron demasiado lejos en su insistencia en elegir quienes serían sus amigos y quienes no. Esta pareja entró en Cornerstone Christian Fellowship, donde nuestro hijo Loren era el pastor. Muchos grupos pequeños eran la verdadera corriente de vida de Cornerstone. Esta pareja necesitaba desesperadamente compañerismo y apoyo pero temía entrar en cualquier grupo pequeño, incapacitada por el anestesiante poder de su memoria enfermiza para discernir que los grupos pequeños de Cornerstone no tenían ninguna semejanza con el grupo de la secta que antiguamente los controlaba.

Se requirió una paciente enseñanza de Loren, compañerismo amoroso, y empaparlos de oración sanadora para superar los sedimentos de la pertenencia a la secta. Los ex miembros de sectas nos hacen recordar a la langosta, que retrocede con ojos asustados y huye con las garras extendidas para defenderse. Exige muchas experiencias de amor y aceptación, a pesar de las tendencias de los miembros de sectas de atacar y huir alternadamente, para restablecer el tipo de confianza que es la base de toda amistad y compañerismo libre. La llave para la cura de los ex participantes de sectas es un amor paciente. Los ex miembros de sectas son agudamente sensibles a cualquier cosa que remotamente parezca manipularlos y controlarlos, mientras que inconscientemente, por su expectativa y juicios de raíz amarga, inducen a amigos y conocidos a hacer precisamente eso.

Cuando el amor sufrido y paciente ha puesto la base para recibir ministración, pueden hacerse muchos simples actos curativos. Primero, el juicio con raíz amarga y la expectación de ser dominado y controlado tendrían que ser traídos a la cruz, no sólo desde la experiencia reciente en la secta sino también desde las fricciones paternales de la niñez temprana. Lo más importante: muchas de esas personas necesitan padres y madres en Cristo. Fue una verdadera hambre por tales relaciones la que los sometió bajo un tirano. Pero ahora ellos temen, y huyen de lo que más necesitan, de manera que los ministerios de oración pueden sencillamente llenar la función sin ponerle nombre. Contener de corazón, amar incondicionalmente, estar disponibles, interceder continuamente, dar consejo sin vulnerar la libre voluntad, proporcionar tanto afecto como el otro quiera recibir; y todo esto y más puede hacerse, sin necesidad de rotularlo como tareas de padres y madres.

En lo profundo, la confianza básica debe ser restaurada. Esta gente tiene necesidad de darse cuenta que es otra vez salva para abrirse y prosperar y que nadie la reprimirá, destruirá, o arrancará sus delicados pétalos. Deben aprender que está BIEN volver a ser vulnerable, pero no seguro. Nunca estamos seguros. La vida siempre contiene riesgos. Deben recuperar la suficiente confianza y libertad en Dios para arriesgarse, para saber que Él nos restaurará si le fallamos y que si lo hacemos, de hecho, nos volvemos a lastimar.

Los ex miembros de sectas están nerviosos. Deberían lograr una sanidad que penetrara suficientemente en sus espíritus para poder relajarse desde lo profundo de su ser y volver a abrirlo a los vientos y contracorrientes de la vida. Eso es quizás la más básica y necesaria de las curas, el restaurar la capacidad del espíritu personal para abrirse, expandirse, conocer a otros, e interrelacionarse sin temer en exceso ni rodearse de muros. Esto se logra orando en voz alta con la persona al Señor para que la consuele, sane y le restaure la confianza como un regalo soberano, un acto de su gracia, un milagro de resurrección en el corazón.

Su cura requerirá un milagro de resurrección. Como el hombre cojo de nacimiento cuyos músculos se habían debilitado y atrofiado tanto que debieron ser recreados y regenerados para que pudiera correr y saltar (Hechos 3:1-10), así las capacidades del espíritu han sido tan pisoteadas y empalidecidas que se debe pedir un milagro de recreación y rejuvenecimiento. Como el hombre de la mano seca (Lucas 6:6-11), los ex miembros de sectas tienen facultades que ya no pueden operar. Su ser interior ya no puede estirarse y asirse, a menos que el poder de la orden del Señor le permita al espíritu volver a estirarse y atreverse. A semejanza del hombre paralítico que hicieron bajar frente a Jesús (Marcos 2:1-12), ellos tenían muchos talentos del espíritu paralizados por el miedo. "Al ver Jesús *la fe de ellos*, dijo al paralítico: Hijo, tus pecados te son perdonados" (v. 5). Quienes oran deben tener fe *por* esta gente. Su capacidad para confiar ha sido paralizada. Dios responderá a la fe de los que oran, y sólo en segundo lugar a la débil fe del receptor.

AYUDARLES A DESCUBRIR EL GOZO DE VIVIR

Existe un pecado particular que es necesario que sea reconocido y perdonado. Es el pecado de enterrar los talentos propios. El miembro de una secta es realmente un fugitivo de la vida. El prosélito que entra a una secta piensa que está avanzando valientemente para comprometerse por completo con la causa del Señor. La verdad es que ha elegido inconscientemente un camino para evitar tener que tomar decisiones, tener que atenerse a las consecuencias de la libre elección. En efecto, él le ha dicho a Moisés: "Vuélveme a la esclavitud. No puedo estar libre aquí en los desiertos de la vida. Allí al menos sabía como comportarme, porque todos nos decían qué hacer. No tenía que pensar. Sólo tenía que portarme bien.

Lo que le pasó a él es el resultado legal de huir y enterrar: hasta lo que piensa que tiene, le ha sido quitado (Lucas 19:11-26). Ha perdido su derecho a la libertad. La mayoría de las sectas aíslan a sus miembros de los padres, parientes y amigos. La propia confianza en Cristo de los miembros de la secta es destruida. Su capacidad para ser independiente ha sido quitada de él, aunque él la entregó. Su libertad del miedo se ha desvanecido. Su libertad para ir y venir como quiera, para encontrarse con amigos, para asistir a fiestas y para disfrutar la vida, también es radicalmente reprimida o ha desaparecido por completo. En resumen, todos los regalos de Jesús que significan vida en abundancia le han sido robados.

¿Que tenían aquellos a quienes les fue dado más, y de qué carecía el prosélito de la secta al que le fue quitado? ¡Confianza! Los que confiaron arriesgaron libremente sus talentos y duplicaron su valor (vs. 16, 18). El que carecía de confianza la enterró por miedo de perderla y para devolverla sin cambio y, consecuentemente, sin desarrollar y sin aprovechar. Ese pecado requiere ser perdonado. Los ministros de oración deben hacer que la persona tenga conocimiento de los pecados que hay detrás de sus elecciones, especialmente la de enterrar sus talentos, y deben declararlos perdonados.

Quienes son liberados de las sectas también necesitan ser sanados de la vergüenza. Hemos hablado con muchos de ellos que se sienten devastados por la vergüenza. Les parece que lo han echado todo a perder y que nunca volverán a ser usados o que Dios no podría o no debería confiar en ellos para alguna tarea. Son propensos a ver la totalidad de su experiencia en la secta como carente de valor, el viaje de un pródigo que se gastó todo el sustento de su Padre. Ellos deberían ser ayudados a volver a ver que todas las cosas cooperan para bien, que no todo está perdido, que han aprendido valiosas lecciones que pueden ser ministradas como bendición a otros.

Detrás de todas las otras heridas, está la destrucción de la confianza. Gloria a Dios que toda su confianza en los hombres, y en ellos mismos, en la carne ha sido arruinada. ¡Esa sola lección justifica todo el viaje! Saber que nunca más pondremos nuestra confianza en príncipes es un valor que todo el resto de la Iglesia, que idolatra a pastores, líderes e ídolos de la televisión, bien puede aprender de la gente que se ha librado a sí misma de las sectas. Pero en ellos mismos, la seguridad en el Señor, como confianza, debe ser restaurada como un milagroso don del Señor por medio de la oración.

Alabemos a Dios con ellos por las valiosas lecciones aprendidas, y después ayudémosles a aprender a apreciar esa saludable falta de respeto a su propia percepción carnal que ellos han ganado de la manera difícil. Cuán valioso es haber aprendido tan inconfundiblemente eso de que "Hay caminos que al hombre le parecen rectos, pero que acaban por ser caminos de muerte" (Proverbios 14:12, NVI). Haber visto que uno puede estar completamente convencido de la rectitud de las propias ideas y ser engañado por completo, es una preciosa protección para cualquier cristiano. Si los ex miembros de la secta pueden ser ayudados a ver y tener no sólo un saludable escepticismo sino también a valorar todas las otras cosas que han aprendido en el desierto, ellas por sí mismas llegarán a ser parte de la restauración de su confianza. "He *ganado* algo. *Soy* más maduro y consciente por causa de lo que he atravesado. No todo fue pérdida." Pero debido a que el otro lado de semejante aprendizaje de desierto es el temor y la reticencia, es necesaria la curación del espíritu para ser libre.

Parte de lo que encerró a la gente en la secta, fue el miedo a fracasar. Al estar orientados al rendimiento, no eran libres para cometer errores. La esencia de la libertad cristiana es la libertad para errar. No para usar esa libertad como un pretexto para insensateces o pecados intencionales, sino libertad para tratar de hacer cosas y fracasar. Debemos tener confianza en que nuestro amoroso y compasivo Señor ha hecho una vida divertida, un lugar en donde podemos tratar de hacerlo por Él. Si fallamos, Él lo volverá en gloria. Ese aspecto de seguridad y confianza debe ser recuperado. En primer lugar, es muy probable que los ex miembros de la secta nunca las hayan tenido. Deben ser revividas desde su pérdida a temprana edad. La sanidad tiene que ser bidimensional, en el presente de recientes devastaciones, y en la sanidad del hombre interior para reconstruir la confianza y la libertad que los padres, tratándolos con mucha dureza, destruyeron involuntariamente.

Los ex miembros de sectas han aprendido a no confiar en el corazón de otro. Han aprendido que su jefe, aunque hubiera tenido buenas intenciones, los engañaba y controlaba. Si era malvado, había aprendido cómo aprovecharse del ingenuo, de las buenas intenciones de otros. En cierto modo, eso también es una lección valiosa.

"Son muchos los que proclaman su lealtad, ¿pero quién puede hallar a alguien digno de confianza?"

—PROVERBIOS 20:6. NVI

"No pongan su confianza en gente poderosa, en simples mortales, que no pueden salvar."

—SALMOS 146:3, NVI

"Es mejor confiar en el Señor que confiar en grandes hombres."

—SALMOS 118:9, DHH

Quienes fueron liberados de sectas, han aprendido prudencia por el camino más difícil. "El prudente ve el peligro y lo evita; el inexperto sigue adelante y sufre las consecuencias" (Proverbios 27:12, NVI). Pero la desgracia permanente en este caso es la incapacidad para tolerar la amistad. Ellos temen el riesgo de volver a relacionarse. Necesitan que se les enseñe que sus experiencias los han condicionado, por eso ahora que sanaron de su amargura, les servirán para estar mejor prepararos para entablar una amistad verdadera, guardándolos de volver a idolatrar a otro y por consiguiente de renunciar a la responsabilidad por sus propias vidas. Deben aprender que, como ningún cristiano debe confiar ingenuamente en otro, solamente es seguro confiar en un hermano confiando en Jesús en él. Su experiencia los ha preparado para que aprendan la verdadera confianza y amistad, confiar en nuestro Señor en otro mientras lo protege de pecar contra nosotros, siendo consciente y preparado para manejar su propensión a pecar. Nuestra ingenuidad invita a lo peor de cualquier hermano, hasta que la madurez lo protege no dando ninguna oportunidad al pecado en él. Es bueno sospechar lo peor y sacar a relucir lo mejor por Cristo Jesús. Los que escaparon de sectas normalmente han perdido el don del gozo. La vida se ha vuelto mortalmente seria para ellos. El niño que debe vivir en todos nosotros no sólo ha sido liquidado, sino que también está asustado, porque ahora es identificado y confundido con la no deseada ingenuidad.

Pero los niños no son ingenuos. Ser como niño es el don de ser un hijo de Dios. Yo ya no tengo que solucionar los problemas que sólo Él puede manejar. Ya no tengo que tratar de ser Dios solucionando dilemas que sólo Él puede solucionar. Puedo jugar, disfrutar de la vida, reírme de la vida y de mí mismo, y saber que mi Señor es tan Señor de la vida que se ríe de los problemas y de la gente que lo persigue: "Se levantarán los reyes de la tierra, y príncipes consultarán unidos contra Jehová y contra su ungido... el que mora en los cielos se reirá, el Señor se burlará de ellos" (Salmos 2:2,4). Él me advertirá del peligro, y Él me aconsejará e investirá de poder mis elecciones. Él es mi defensa. Él es responsable de mí. El gozo de los cristianos es predicado por el hecho incontrovertible de que *el Señor ya ha ganado la batalla.* ¿Qué importa cualquier percance temporario? Él lo convertirá en gloria.

Sin embargo, otra vez, no se trata simplemente de que esta gente haya perdido su gozo. Lo más probable es que ellos nunca lo hayan tenido. El gozo de un niño es libre para florecer sólo si los padres le proveen seguridad. Padre y madre proveen amor, seguridad, confort y protección, lo que a su vez otorga libertad para retozar y jugar. Cuando los padres no le pueden proveer ese ambiente, el gozo es frustrado; la vida se vuelve demasiado seria, demasiado pronto.

El gozo es innato en el corazón. Dios lo ha creado como el suelo natural de toda la creación. ¡La descendencia de todas las especies de la naturaleza instintivamente juguetea con gozo! Uno no tiene que inspirarlo o hacerlo acontecer. Sólo debe evitar frustrarlo e impedirlo. Por lo tanto, los ministros de oración deberían apuntar a sanar hasta que ese manantial vuelva a fluir sin estorbos.

La clave es la restauración de la confianza. Cuando la confianza en el señorío de Dios se instale, la seguridad, el confort y el gozo fluirán naturalmente. Solamente debemos ocuparnos de tratar con las reacciones del corazón a los recuerdos más tempranos y a los últimos, y dejar al gozo libre para que fluya.

PRIMERO LO NATURAL, LUEGO LO SOBRENATURAL.

Mucha gente que ha salido de lo oculto teme a cualquier cosa sobrenatural. Quieren sumergirse en la buena tierra y olvidar y desechar todos esos trastos espirituales. ¿Quien los puede culpar? Gloria a Dios que ellos han aprendido que los tontos se precipitan donde los ángeles temen pisar. Aún las santas visitaciones de la presencia del Señor en servicios de adoración y encuentros de oración pueden asustarlos. Los hemos visto aterrorizados y listos para huir cuando todos los demás estaban recibiendo quietamente la unción y bendición del Señor. Ellos ya no podían confiar en su discernimiento, por lo tanto cualquier visitación de Dios los asustaba. Cualquier cosa más allá de los cinco sentidos que podían manejar era demasiado para ellos. Ya tuvieron carne de gallina en abundancia ¡y, con ella, decepción! Así que temen hasta la presencia divina, habiendo perdido la confianza requerida para descansar.

"Que padres de vosotros, si su hijo le pide pan, le dará una piedra? ¿O si pescado, en lugar de pescado, le dará una serpiente? ¿O si le pide un huevo, le dará un escorpión? Pues si vosotros, siendo malos, sabéis dar buenas dadivas a vuestros hijos, ¿Cuánto más vuestro Padre celestial dará el Espíritu Santo a los que se lo pidan?"

—LUCAS 11:11-13

Estas escrituras echan afuera el miedo para el cristiano promedio, pero no para los ex miembros de sectas, hasta que la sanidad avance aprisa. Por lo tanto, puede no ser sabio someter a quienes fueron recientemente liberados de las sectas a servicios de alto poder o a reuniones de oración. Mucho buen compañerismo humano, risas y gozo, tareas livianas y descanso deberían serles prescriptos al principio. Si estas personas insisten en sentarse siempre cerca de una salida, déjelos. Si resisten el tacto, déjelos solos. Si no quieren compartir verbalmente en una reunión de oración, no insista en que lo hagan. El cuerpo debería ofrecerles continuamente una cálida invitación, sin presionarlos para que acepten.

Mucha intercesión con importante carga de oraciones sanadoras, *aparte de la persona*, es correcta. Hacer caminatas en la naturaleza; trabajar bien la tierra, sudando; ejercicio atlético; comidas buenas y balanceadas; abstinencia de dulces; y buen sueño, son todos saludables antídotos para las tensiones en las que han vivido. Esta gente no perderá espiritualidad por estar inmersa en la buena tierra. La ganará.

En la trilogía de J.R.R. Tolkien, *El señor de los anillos*, es el hobbit, un diminuto ser, fuerte, no místico, prosaico, quien resiste las artimañas de Sauron (el malo de esa serie) y mantiene la resistencia para seguir adelante cuando otros se caerían. Tolkien deja en claro que ellos obtienen su fortaleza simplemente de su sencillez, disfrutando buena comida y diversión y reuniéndose con tanta frecuencia como pueden. Habiendo sido yo mismo un superespía, puedo testificar que la comprensión que Tolkien tiene de la realidad es exacta. Es el terrenal el que puede ser seguramente espiritual. Hay tiempo suficiente, después del descanso y la llaneza, para que el recientemente liberado vuelva a las altas labores espirituales. Primero lo natural, y luego lo espiritual se aplica aquí.

Algunos fugitivos temen a los demonios en todas partes. A algunos les enseñaron a buscarlos donde sea, y, por supuesto, ellos vieron lo que estaban buscando, estuviese o no. El Dr. Bill Johnson, un creyente lleno del Espíritu que era director de psicología en la Universidad de Whitworth, una vez dijo que aunque la psicología no puede brindar una completa sanidad, puede registrar los engaños de la carne. Cuando el líder de un movimiento sectario tomó el poder de la dirección de su iglesia, se le dijo a la congregación desde el púlpito ¡que cualquiera que tuviera algo que ver con la psicología estaba lleno de demonios! Aquellos falsos maestros vieron demonios en todo y en todos. Por supuesto, ellos eran los únicos que no estaban poseídos, y por lo tanto la proximidad a ellos se convertía en el único lugar seguro para morar. El temor a los demonios de esta manera cierra de golpe las puertas de la prisión para todo aquel que crea las falsas percepciones de los líderes sectarios.

Muchos cristianos, carentes de la sabiduría de los desprogramadores de los cuales hemos hablado, han enseñado a echar a gritos los demonios de la gente de las sectas, tratando de liberarlos. Ese recuerdo también debe ser parte de lo que los hace seguir siendo asustadizos y temerosos. Esa gente necesita tiempo y llaneza para volver a apreciar que "esto es simplemente esto" y "que eso es simplemente eso" y que no todo está lleno de demonios.

Nosotros exhortamos a los ministros de oración a que sean cautos en hacer exorcismos a o en la presencia de ex miembros de sectas. Si los demonios verdaderamente los molestan, los atamos silenciosamente y esperamos un rato. No hay apuro. El tiempo está de nuestro lado. La persona se esta moviendo en más y más luz; se está fortaleciendo día a día. Si un ministro de oración nos guía a sanar heridas internas y así hace libre a la persona, los demonios pierden poder para volver a atrapar a esas victimas. La posible presencia de un demonio no exige que se lo eche fuera de inmediato. Nuestro Señor lo hacía, a su tiempo y en su sabiduría.

Transformar relaciones

La reconciliación con la familia y amigos a su tiempo es lo indicado. A veces, debe ser pospuesta, cuando uno ve que la naturaleza dominante o el enojo o la crítica de los miembros de la familia lastiman más que ayudar. Sin embargo, normalmente, cuanto antes, mejor. La familia y los amigos pueden ser preparados para una reunión siendo aconsejados para que no se quejen o para que no hagan demasiadas preguntas demasiado pronto. Los miembros de la familia deben ser instruidos para expresar afecto y gratitud por tener otra vez en casa al miembro de la secta, y ser tan naturales y abiertos como las fuertes emociones del momento se lo permitan. La familia no debería exagerar y hacer que el ex miembro de la secta se sienta como un invitado mimado. Eso dice: "Todavía no estás en casa, y lo sabemos". Las viejas rutinas y quehaceres tienen un efecto tónico cuando salimos de lo extraño para entrar otra vez a casa.

Los cuchicheos por detrás muy probablemente serán notados. Es esperable la incomodidad. Sería lo mismo si él estuviera viniendo a casa de la guerra o de una larga estadía en la universidad. Limítese a atravesarla. El quiere ser tratado como cualquier otro, no como especial o diferente.

Los ex miembros de sectas pueden querer hablar. Los miembros de la familia deberán permitírselo, pero estarán instruidos para ver la mayor parte de esto como catártico, una mera necesidad de sacar cosas del cofre. Al ex miembro de una secta su familia no debe enseñarle, regañarlo, aconsejarlo o hacer cualquier otra cosa que no sea meramente escucharlo y entenderlo. La mayoría de las personas que regresan se quedan en silencio más bien que hablar demasiado. Ayuda admitir algunas separaciones, pero prevenga el exceso acercándose a la persona en eventos familiares, como picnics, juegos de pelota, juegos de mesa, etcétera.

Sobre todo, la familia no debería estar aislada. El contacto continuo, y el asesoramiento de consejeros, ministros de oración o desprogramadores es casi un deber. Surgirán situaciones en las cuales los padres y parientes no tendrán idea de cuál sea la manera apropiada de actuar, o cómo algo podría afectar al hijo o hija liberado de la secta. Es por eso que somos una iglesia en vez de ser peregrinos solitarios. Los padres y amigos sabios servirán también como consejeros.

Las charlas de corazón a corazón con el padre y la madre son extremadamente deseables. La mayoría de los padres serían beneficiados experimentando ellos mismos algún ministerio de oración antes de que se les presente esa oportunidad. Aunque un padre piense que no tiene problemas y no necesita ministración para sí mismo, recibirla le proveerá un conocimiento que lo situará en una buena posición cuando su hijo o hija venga a hablarle.

El autoconocimiento normalmente crece por saltos y brincos durante la ministración, mientras que la mayoría de los padres, si no pasan por el ministerio, suelen arruinar la relación con sus hijos por ignorar cómo afecta al joven lo que dicen o hacen. Un padre o una madre necesitan especialmente ser ayudados para poder ver cómo los estilos de vida de los miembros de la familia afectan o afligen al hijo o hija, y causan o ayudan a crear las debilidades por las cuales los hijos se ven enredados en la secta. El ministerio de oración también ayudará a los padres a confesar sus propias faltas a los hijos y a pedirles perdón en vez de culpar, con tono de superioridad moral, a su hijo o hija por caer.

Por último, los ex miembros sectas necesitan algún lugar donde poner el hombro, algún lugar donde contribuir de un modo que valga la pena a encontrar sanidad. Quizás después de un tiempo de descanso puede encontrar un buen trabajo, o alguna forma de ministerio. Científicos nazis que estuvieron bajo el hechizo del nazismo, que usaron brutalmente el trabajo de esclavos y causaron muertes horribles a miles, fueron tan impactados y abrumados por la culpa cuando la malvada nube se elevó, que muchos de ellos se volcaron incansablemente en esfuerzos para contribuir con su conocimiento a buenas causas. Todas las personas redimidas quieren servir en algún lugar para hacer reparación. Eso es especialmente tonificante para los fugitivos de sectas, porque el volver a ser parte del quehacer de la sociedad los ayuda a restaurar la confianza en sí mismos. Las sectas se toman de la inmadurez en el punto de la rebelión. Toda la sociedad es para ellos el "sistema establecido" y lo malo, y piensan que deben llegar a los extremos opuestos para oponérsele. Las sectas parecen ofrecer un correctivo "santo", como los únicos diez justos que hubieran podido salvar la ciudad de Sodoma. Una vez liberados, los ex miembros de la secta dicen: "Ahora quiero contribuir con la sociedad que una vez desprecié. Déjenme trabajar. De esta manera, entro a la corriente de la vida y con ello por fin aprendo a aceptar lo impracticable y lo imperfecto".

El resultado final de la liberación de las sectas debería ser la madurez. Si la persona sigue siendo ingenua y asustada, algo no ha sucedido. Necesita más ministerio de oración. Las personas libres de una experiencia sectaria deberían recibir, cuando estén listas, la túnica de la resolución, el anillo de la autoridad, y el ternero cebado de la celebración. ¿Quién conoce las dificultades de la fe mejor que estos pródigos que han vuelto? ¿Quién ha aprendido más profundamente que ellos a permanecer en Jesús y a no poner la confianza en los hombres? Como los hombres continúan vagando en el humanismo, como los hogares continúan fracturándose más y mas, las sectas religiosas y la demagogia política crecerán. Necesitaremos la experiencia y consiguiente sabiduría de quienes han estado allí y regresaron. Mientras tanto, no los tratemos como cristianos de segunda clase. Cuando el ministerio de oración haya aventado el trigo, guardado el grano y descartado la paja, ellos se habrán vuelto sabios y prudentes.

CONCLUSIÓN

EFECTOS DE NUESTRA CULTURA PECAMINOSA Y ENFERMA

E S INNEGABLE EL HECHO de que hoy vivimos en una cultura pecaminosa y enferma. La degradación viene a nuestra mente, y, luego, a nuestro espíritu, a través de varios medios de difusión: la educación, las noticias, la televisión, las películas, las novelas, los videojuegos, la influencias de la Internet, y demás.

Se necesita poco para documentar el miasma de falsos ejemplos y enseñanzas que fluyen a través de cualquier forma de los medios de difusión. "Y la serpiente *arrojó de su boca*, tras la mujer, agua como un río, para que fuese arrastrada por el río" (Apocalipsis 12:15, énfasis añadido). Sea lo que fuere lo que quiera significar eso, es desde luego una vívida descripción de las películas, la música, las estrellas de Hollywood, las drogas, las falsas enseñanzas de los medios de difusión, y todo lo demás, que ha desbordado hasta el hartazgo sobre nuestras mentes como un incesante Niágara. Seguramente, su finalidad es llevarse a la mujer ¡y a nosotros! Lamentablemente, hemos oído acerca de cientos de casos de cristianos que están viviendo juntos en pecado, fuera de la santidad del matrimonio, quienes han comprado la mentira de que el amor hace que todo valga, "y, de todos modos, todo el mundo lo hace en estos tiempos". ¡Los grupos de solteros cristianos están, con frecuencia, demasiado llenos de quienes alaban a Dios los domingos y fornican toda la semana! Lo que debería haberse clasificado "X" una generación atrás es ahora maquinalmente aceptado como "PG" (acompañado por los padres). Casi todas las figuras de héroes de películas, televisión y novelas son representados como no pensando más que en ir a la cama con cualquiera, en cualquier momento. Ya era bastante malo cuando 007 tenía relaciones con toda heroína o villana, ¡pero ahora los jefes de cirujanos de un hospital, los comisarios policiales y cualquier otro tipo de héroe son explícitamente representados teniendo el mismo tipo de romances ilícitos! Las películas hacen campeonatos de ladrones e inducen a vastas audiencias a esperar que escapen impunemente. Y no hay final a la vista.

Está en marcha la batalla por el control de las mentes de los hombres. En esta guerra, los creyentes deben orar que sus espíritus sean limpiados y despertados. Los creyentes deben interceder por otros. Al final, sin embargo, cada hombre tendrá que pelear su propia batalla de la mente. El antídoto es simple. ¡No existe otra solución, o ninguna mejor, que establecer de una vez por todas en la mente, en la voluntad y en el corazón que las leyes de Dios expresadas en su Palabra son absolutas!

Hoy existe poco o incorrecto temor de Dios. "El temor de Jehová es el principio de la sabiduría, y el conocimiento del Santísimo es la inteligencia" (Proverbios 9:10). Pero, ¿cómo recuperaremos el verdadero temor a Dios para nosotros mismos y para nuestra gente? El punto crucial de esta conclusión depende de que usted, el lector, comprenda qué es lo que hace la diferencia entre quienes se determinan a creer en las leyes de Dios, pero, cuando aparecen las presiones, no pueden recordar o persistir, y los que toman la misma determinación y verdaderamente pueden vivir según ella. El factor revelador es una sola cosa. Algunos tienen raíces y otros no: "Los de sobre la piedra son aquellos que habiendo oído, reciben la palabra con gozo, *pero éstos no tienen raíces*, crecen por algún tiempo, y en el tiempo de la prueba se apartan" (Lucas 8:13, énfasis añadido).

¿Qué es tener una raíz? ¿Cómo logramos una? Las raíces llegan hasta adentro de la tierra y toman alimento. Las raíces deben tener buena tierra o sus plantas mueren de hambre. Las raíces deben alcanzar el agua, o sus plantas se marchitan. El afecto de los padres, el amor, la aceptación, la seguridad y la disciplina son el suelo del cual las raíces de los hijos toman su alimento. Sus raíces son su familia y herencia, pero es su espíritu lo que llega más allá de su cuerpo en el fértil suelo del afecto y la aceptación, para tomar fuerza en el espíritu, primero de sus padres y, luego, así habilitados, de Dios.

Como hijos, toman alimento a través de sus raíces para sus espíritus, aprendiendo respeto, admiración, y confianza. Cuando el conocimiento de Dios viene, aquellas cualidades se convierten en respeto y reverencia, las cuales llegan a ser el verdadero temor de Dios. El verdadero temor de Dios es originado y hospedado en la vida de nuestro espíritu personal, en ningún otro sitio. Los hijos que no reciben suficiente nutrición tienen el espíritu dormido. Su corazón es suelo rocoso y no tienen el espíritu despierto para empujar a través de sus peñascos y fracturas para encontrar fundamento y nutrición de amor y afecto en Dios o en la humanidad. Así que no tienen raíces. La decisión mental y la fuerza de voluntad no son suficientes. La conciencia no opera en hijos sin raíz, porque su espíritu no funciona. Por lo tanto, ellos fracasan en épocas de tentación.

Los predicadores pueden seguir disparando a la creciente inundación de nuestra cultura, exhortando valientemente —y frustrándose miserablemente— hasta que se den cuenta de que a menos que su gente tenga raíces viables, ¡no puede mantenerse firme! ¿Cómo deberíamos entonces establecer de una vez por todas que la ley de Dios es absoluta? No por la fuerza de voluntad carnal. Eso no funcionará. No intensificando nuestra determinación de creer. Escuchamos mucho acerca de la "fe" hoy en día, pero a menudo parece meramente un eslogan con poco o irreal contenido. La fe es una relación. Es una relación real, innegable, constantemente experimentada con Dios. La única manera en que podemos atravesar esa distancia desde el conocimiento mental a la verdadera fe "arraigados y cimentados en amor" (Efesios 3:17), ¡es obteniendo un sistema de raíces que funcione reviviendo y despertando el espíritu personal de cada individuo!

Al principio de nuestro ministerio, traté de hacer algo respecto al flujo de la pornografía que entonces estaba comenzando a extenderse a través de la tierra. Aprendiendo de la organización "Ciudadanos por la Literatura Decente" (CDL), recorrí cada cuerpo cívico donde pude conseguir una invitación para hablar en Streator, Illinois, y advertir el peligro, pidiendo confianza y reclutando ciudadanos en CDL. Al final, tuvimos más de cincuenta clubes y sociedades involucradas, y cientos de ciudadanos alertados. ¡El único fruto que pude ver como resultado de todo este esfuerzo, fue que más gente compró revistas obscenas y películas subidas de tono! ¡Ellos querían saber qué era lo que decían para estar en contra! Había resultado que, como la Iglesia Católica Romana de hace mucho tiempo, yo había prohibido los libros ¡sólo para asegurar que todos salieran corriendo a comprar uno!

La prohibición de alcohol hizo millonarios en el mercado negro y afianzó a la mafia en Estados Unidos. Aprendí, de la manera difícil, que predicar y enseñar contra la maldad sólo la promocionará y extenderá. No es que no lo debamos hacer ocasionalmente. Hacerlo de vez en cuando alerta a nuestra gente del peligro. Pero pregonarlo en forma constante produce resultados drásticamente contrarios. *¡Es la predicación de las buenas nuevas la que tiene poder!* ¡Sólo así se origina la verdadera fe y los espíritus despiertos hacen que los hombres realmente se mantengan firmes!

Sin saber o entender esto, muchos pastores cansados de sí mismos tratan de apagar incendios de matorrales de pecado hasta que el Señor vuelva, y logran efectos tan poco duraderos como una planta rodadora que el viento arrastra a través de la tierra! Por favor, escúchelo otra vez. *Sólo* cuando los hombres logran enraizarse verdaderamente en Él, obtienen poder para mantenerse firmes. Mucho de nuestro esfuerzo de hoy me recuerda aquellas velas de cumpleaños diseñadas para volverse a encender después de ser sopladas. Nosotros nos ofendemos y soplamos al pecado, sólo para verlo encenderse otra vez tan pronto como nos volvamos al próximo tema.

Escuche nuevamente la profecía de Malaquías 4:5-6:

"He aquí, yo os envío al profeta Elías, antes que venga el día de Jehová, grande y terrible. El hará volver el corazón de los padres hacia los hijos, y el corazón de los hijos hacia los padres, no sea que yo venga y hiera la tierra con maldición".

Sólo cuando el corazón de los padres se vuelva al corazón de los hijos, y viceversa, el corazón de los hijos será arraigado y cimentado en amor. Sólo entonces, los espíritus serán verdaderamente arraigados en el temor de Dios. Sólo entonces, las vidas tendrán fortaleza de espíritu para ponerse "toda la armadura de Dios para que puedan hacer frente a las artimañas del diablo... para que cuando llegue el día malo puedan resistir hasta el fin con firmeza" (Efesios 6:11,13, NVI). ¿Quieren los pastores dar a sus congregaciones la capacidad de permanecer firmes, santos y fuertes? ¡Déjenlos trabajar para restaurar sus familias! Déjenlos sanar el corazón de los heridos y revivir y despertar a los dormidos. Así, y sólo así, los hombres creerán y se mantendrán firmes en su Palabra.

Verdaderamente, cada hombre debe tomar su propia decisión y determinarse a estar firme. Pero los hombres vacíos no pueden estar firmes. Debemos darles el equipamiento. Debemos liberar sus espíritus del estupor. Una vez que el espíritu de los hombres esté despierto, la justicia correrá como un río poderoso, y el espíritu indignado de los hombres no tolerará más a los malvados que ahora sólo deploramos gentilmente. La sanidad de los espíritus heridos y dormidos es la única clave viable para rearmar una sociedad moral. ¡Vamos por ella!

NOTAS

Capítulo 3
Orientación al rendimiento

1. Erich Fromm, *El miedo a la libertad* (Ed. Paidós, Buenos Aires, 2000).

Capítulo 4
La base de la ley

1. Karl Menninger, *Whatever Became of Sin?* (¿Qué ocurrió con el pecado?) (New York: Hawthorn Books, 1973).

Capítulo 5
El poder fundamental del perdón y su necesidad

1. "¿Quieres ser salvo de toda maldad?", música por Lewis E. Jones, traducido por D.A. Mata. Dominio público.

CAPÍTULO 6
ROMPER EL CICLO

1. Vientre —que figura en la Biblia del Oso y en RV2000— es traducido como "de su interior" (RV60, RV95), "de lo más profundo de su ser" (LBLA) y "de su seno" (Biblia de Jerusalén y Nácar-Colunga).

CAPÍTULO 7
EL ROL DE UN MINISTRO DE ORACIÓN

1. U.S. Catholic Church, *Catechism of the Catholic Church*, (Catecismo de la Iglesia Católica) segunda edición (New York: Doubleday, 2003), 402.

CAPÍTULO 9
EL PECADO GENERACIONAL

1. Barbara Shlemon Ryan, *Healing Prayer* (Oración de sanidad) (Ann Arbor, MI: Charis Books, 2001).